DENG XIAO PING
PIN GE FENG FAN

邓小平品格风范

邓小平故里管理局　编著

浙江人民美术出版社

《邓小平品格风范》编委会

顾　问：姜淑萍　高　屹
主　编：钱　奇
副主编：彭兴建
策　划：杨顺高　李　鑫　周　锟
执　笔：王　桢　叶帆子　阳代军　龙为羽
　　　　张译文　刘　莉　任　非

绪　论

邓小平是中国共产党人的杰出代表，他为党和人民作出了历史性的、世界性的贡献，同时也为党和人民留下了永恒的政治遗产和精神财富。在邓小平政治遗产和精神财富丰厚的宝库中，不仅有他博大而精深的思想理论，还有他崇高而鲜明的品格风范。2014年8月20日，习近平总书记在纪念邓小平同志诞辰110周年座谈会上发表重要讲话，从信念坚定、热爱人民、实事求是、开拓创新、战略思维、坦荡无私六个方面，全面深刻地阐述了邓小平"崇高鲜明又独具魅力的革命风范"，并强调要学习邓小平的崇高风范，进一步激励全党全国各族人民在新的时代条件下把中国特色社会主义事业推向前进。

信念坚定——中国共产党人应该挺起的精神脊梁

习近平总书记指出："信念坚定，是邓小平同志一生最鲜明的政治品格，也永远是中国共产党人应该挺起的精神脊梁。"邓小平矢志不渝地坚持共产主义理想信念，始终如一地忠诚党和人民的事业。纵观邓小平的一生，可以说，坚定的信仰是邓小平最鲜明的政治品格，是他终生顽强奋斗的根本动力，也是他不断创造辉煌的内在原因。

邓小平少年时代赴法国勤工俭学时接触并接受了马克思主义，从此树立了毕生的崇高信仰。邓小平用一生践行了他的诺言。在70多年的革命生涯中，他始终坚持共产主义的理想和信念，不管遇到什么样的困难和挫折，从未动摇过。

邓小平"三落三起"的非凡政治生涯为他的信念坚定作了最好的注解。他三次被错误打倒，每次都蒙受巨大冤屈，但每次都不动摇、不消沉，无怨无悔，无私无畏，执着于自己的理想追求，对党和人民无限忠诚。20世纪30年代，邓小平遭到错误批判，被撤职并受到党内"最后严重警告"处分。"残酷斗争"没有斗倒他的信念，"无情打击"没有击垮他的意志，他仍尽自己的全力为党工作，先后主持编印了70多期《红星》报，"跟着走"走完了长征。"文化大革命"中，邓小平被错误地剥夺一切职务，遣送江西劳动改造。逆境中的邓小平没有怨天尤人，没有对认定的信仰产生丝毫动摇，对党的前途和社会主义事业仍充满信心，默默地忍耐、等待，同时不停顿地深入思索社会主义革命和建设的历史经验教训和发展方向，期望着能够重新为党工作。1975年，邓小平复出后主持党政军工作，冒着再次被打倒的风险，力挽狂澜，大刀阔斧全面整顿，同"四人帮"进行针锋相对的斗争，也因此又一次被错误地撤职、批判。1976年底，他因病住院，医务人员问他，如果再出来工作准备怎么干？邓小平依然坚定地说："我还是那一套，无非第四次被打倒。"第三次复出后，已过古稀之年的邓小平，凭着对马克思主义和社会主义事业的坚定信念和必胜信心，以巨大的政治勇气和理论勇气，领导党和人民拨乱反正，开启了中国特色社会主义的新历程。

20世纪80年代末，邓小平已是耄耋老人。为了党和国家的长远利益，他完全退出中央领导岗位，但同时表达了终生不变的赤诚情怀："作为一个为共产主义事业和国家的独立、统一、建设、改革事业奋斗了几十年的老党员和老公民，我的生命是属于党、属于国家的。退下来以后，我将继续忠于党和国家的事业。"此时，国际共产主义运动遭遇严重挫折，中国社会主义面临重大考验和挑战，中国又一次处于历史抉择的关键时刻。邓小平挺身而出，强调中国肯定要沿着自己选择的社会主义道路走到底，表现出一个坚定的马克思主义者对党、国家和民族利益的坚决捍卫，对共产主义、社会主义信念的矢志不渝，有力地回应和回击了国内外对社会主义的忧虑和质疑，使党和国家经受住了险风恶浪的严峻考验，把稳了中国特色社会主义的正确航向。

邓小平用一生证明了他对共产主义、社会主义的坚信和坚持，也证明了理想信念对于一个人乃至一个党、一个国家和一个民族的重要。他说："我是个马克思主义者。我一直遵循马克思主义的基本原则。马克思主义，另一个词叫共产主义。我们过去干革命，打天下，建立中华人民共和国，就因为有这个信念，有这个理想。""没有这样的信念，就没有凝聚力。没有这样的信念，就没有一切。"邓小平的一切——伟大光辉的一生和彪炳千秋的丰功伟绩，以及他给党、国家、人民带来的一切——新生活、新局面和光明前景，首先要归功于他具有定海神针般定力的理想信念和政治品格。邓小平之所以能够领导中国共产党开创中国特色社会主义，实行改革开放，并且取得巨大成功，最根本的就是他领导中国共产党坚守共产主义理想，毫不动摇坚持社会主义方向。

邓小平以及毛泽东、周恩来、刘少奇、朱德、陈云等老一辈革命家，在个人性格和经历方面各不相同，但他们有一点高度一致：理想信念、党性原则坚定，对党和人民无限忠诚。在坚定的信念支撑下，他们无论处境如何艰难，无论道路如何坎坷，都能无私无畏，勇往直前。这是中国共产党能够百折不挠，不断战胜艰难险阻，从胜利走向胜利的根本法宝。所以，无论什么时候，理想信念坚定，永远是中国共产党人终生追求的最高思想境界和应该挺起的精神脊梁。

今天，世情、国情、党情都发生了深刻变化，而我们党的信仰、宗旨和奋斗目标没有变。要把我们国家发展得更好，要实现中华民族伟大复兴的中国梦，仍然离不开理想信念的力量。习近平同志指出："坚定理想信念，坚守共产党人精神追求，始终是共产党人安身立命的根本。对马克思主义的信仰，对社会主义和共产主义的信念，是共产党人的政治灵魂，是共产党人经受住任何考验的精神支柱。"在新的时代条件下，面对种种考验和诱惑，共产党员特别是党员领导干部保持信念坚定，重要的是要坚守共产党人的初心，把坚定信仰作为一种生活方式、一种精神追求，树立正确的世界观、人生观和价值观以及正确的权力观、地位观和利益观，全力以赴党和人民的事业，把共产主义远大理想融入中国特色社会主义的伟大实践，不忘初心、牢记使命、攻坚克难、真抓实干。

热爱人民——共产党人应该坚守的力量源泉

邓小平称自己是"中国人民的儿子"，他热爱人民，心系人民，对人民群众怀有无比深厚的感情。习近平同志指出，热爱人民，是邓小平同志一生最深厚的情感寄托。

邓小平十分重视人民群众的愿望和诉求，总是主动走入群众中，倾听他们的呼声，了解群众的真情实感。他说："党的组织、党员，都要永远站在人民一边，同人民在一起，了解他们的要求，倾听他们的呼声，采取各种办法保护和争取他们的利益。"在改革开放和现代化建设的过程中，在探索和设计每一个步骤、每一项决策的可行性时，邓小平都始终恪守一条准则：看"人民拥护不拥护""人民赞成不赞成""人民高兴不高兴""人民答应不答应"。把人民群众的利益作为判断和衡量政策正确与否的标准，成为我们党新时期制定方针政策的出发点和归宿，也成为40多年来我们国家改革开放取得巨大成功的重要秘诀之一。

在领导改革开放的进程中，邓小平特别重视人民群众的首创精神，真心实意地相信人民、依靠群众的实践。他特别善于从群众的创造中寻找解决问题的答案，发现、总结、概括人民群众创造出来的新鲜经验，并作为党的路线、方针、政策和主张的重要依据，作为重要的决策方法。同时，他又运用这些新鲜经验来动员、组织、领导人民群众进行新的实践，从而大大推动了中国特色社会主义各项事业的迅猛发展。新时期之初，农村有些地方率先搞起了联产承包责任制，在种种质疑和责难声中，邓小平给予这项新鲜事物明确肯定和坚定支持，大大推动了农村改革的进程。

振兴中华民族，让国家发达起来，让全国人民都过上好日子，这是邓小平的最大期望和奋斗目标。他外出视察，总要到工人农民的家里看看他们吃得穿得住得怎么样。看到群众生活得好他就高兴。他说："一定要使人民得到实惠，得到看得见的物质利益，从切身经验中感到社会主义制度的确值得爱。"全体人民共同富裕，邓小平从改革一开始就讲，一直到晚年都非常牵挂，特别强调："社会主义发展生产力，成果是属于人民的。我们的目的是共同富裕。"

在新时代，对人民的热爱，就是要体现为脚踏实地践行党的宗旨，为人民利益不懈奋斗。习近平同志提出："人民对美好生活的向往，就是我们的奋斗目标"，要"让人民群众有更多获得感"。无论国内外形势和客观情况发生怎样的变化，党员领导干部都要注意倾听人民呼声、回应人民期待，本着以人民为中心的发展思想来谋划发展思路，制定发展举措，实现好、维护好、发展好最广大人民的根本利益，使发展成果更多更公平惠及全体人民。中国梦归根到底是人民的梦，人民群众是推动发展、实现中国梦的根本力量。可以设想，在实现中国梦的奋斗征程上，如果没有广大人民群众的积极支持和参与，没有广大人民群众的主动性和创造性，实现中国梦只能是纸上谈兵。而只要我们始终保持同人民群众的血肉联系，尊重人民首创精神，汲取人民群众智慧，就一定能凝聚起全国人民的力量，使广大群众在改革开放新的实践中释放出无穷的正能量，创造出更多的办法和经验，从而使伟大的中国梦变为美好的现实。

开拓创新和战略思维——共产党人应该具有的历史担当和应该树立的思维方式

勇于创新和战略思维是邓小平鲜明的特点，习近平同志评价：开拓创新是邓小平同志最鲜明的领导风范，战略思维是邓小平同志最恢宏的革命气度。

邓小平身上始终洋溢着一种理论创新的勇气和敢于实践的魄力。他认为，"不以新的思想、观点去继承、发展马克思主义，不是真正的马克思主义者"。邓小平的开拓创新精神突出体现在敢为天下先，不因循守旧，不拘于成见，不囿于常规，敢于想人之不敢想，言人之不敢言，善于从新的实践和新的形势中发现新问题，分析新情况，总结新经验，作出新判断，创立新理论，打开新局面，开创新道路。

开辟中国特色社会主义道路和创立邓小平理论，是邓小平开拓创新精神的最好体现。邓小平围绕什么是社会主义、怎样建设社会主义的问题，解放思想，突破僵化的思想观念和传统机制，领导党和国家把工作重点转移到社会主义现代化建设上来，实行改革开放政策，成功开创了一条具有开世界之先河意义的发展道路——中国特色的社会主义道路，从而赋予中华民族复兴伟业以新的生机和强大活力，国家面貌和人民生活由此开始发生翻天覆地的深刻变化。习近平总书记在总结为什么说邓小平开创了中国特色社会主义时指出，关键就在于第一次比较系统地初步回答了在中国这样经济文化比较落后的国家如何建设社会主义、如何巩固和发展社会主义的一系列基本问题，用新的思想观点，继承和发展了马克思主义，开拓了马克思主义新境界，把对社会主义的认识提高到新的科学水平。开创就开创在这里。

邓小平发动和领导的改革开放前无古人，开辟了一条把社会主义同市场经济结合起来，解放和发展生产力的崭新道路。改革极大地调动和激发了全社会的积极性和创造力，各项事业快速发展，人民生活水平迅速提高，中国特色社会主义显示出蓬勃的生机和活力。与此同时，邓小平提出中国的发展离不开世界，把对外开放确立为基本国策，强调"任何一个国家要发展，孤立起来，闭关自守是不可能的，不加强国际交往，不引进发达国家的先进经验、先进科学技术和资金，是不可能的"。中国由此搭上了世界发展的时代列车。习近平同志指出："如果没有邓小平同志指导我们党作出改革开放的历史性决策，我们国家要取得今天的发展成就是不可想象的。"

每当改革开放遇到问题，遭到质疑的时候，邓小平总是第一个站出来，鼓励人们大胆地试，大胆地闯。1992年初，中国又一次处于历史抉择的关键时刻，邓小平视察南方并发表重要谈话，强调："不坚持社会主义，不改革开放，不发展经济，不改善人民生活，只能是死路一条"，"改革开放胆子要大一些，敢于试验。看准了的，就大胆地试，大胆地闯。没有一点闯的精神，没有一点'冒'的精神，就干不出新的事业"。邓小平南方谈话从理论上深刻回答了困扰和束缚人们思想的重大认识问题，在重大历史关头，拨正发展航向，把改革开放和社会主义现代化建设推进到新的阶段。

解决香港问题也鲜明地展现了邓小平的创新思维和创新精神。为了实现祖国统一，邓小平从实际出发，创造性地提出"一个国家，两种制度"的伟大构想，并首先成功运用于香港和澳门问题的解决中。英国前首相撒切尔夫人称赞"一国两制"是最富天才的创造，是充满想象力的构想，是解决香港问题的关键。邓小平以高超的政治智慧和创造力，开创了曾经被认为是两种不可调和的政治制度在一个国家内和平共处、共同繁荣发展的先例，也为用和平方式解决国际争端提供了范例。

邓小平是具有非凡远见卓识的政治家和战略家。他说："最重要的问题是要胸襟开阔。要从大局看问题，放眼世界，放眼未来，也放眼当前，放眼一切方面。"他总是站在国内大局和国际大局相互联系的高度，站在时代的前列，运用马克思主义的宽广眼界和前瞻性思维，敏锐洞察国内外发展大势，深刻把握时代脉搏，审时度势，高屋建瓴，作出关系到党和国家长远发展的重大决策。

比如决策恢复高考。这是邓小平从现代化战略全局和国家长远发展考虑问题的一个范例。1977年，复出后重新回到中央领导岗位的邓小平，深刻认识到科技教育对于现代化建设具有战略性的影响。面对世界科技日新月异和我国科技教育落后的严峻局面，他自告奋勇抓科技教育，果断作出当年恢复高考的重大决策，从此打通了改革开放和现代化建设的人才通道。恢复高考的决策，不仅改变了一大批青年的命运，也改变了国家和民族的发展轨迹。

再比如发展高科技。邓小平敏锐捕捉到世界新科技革命蓬勃发展，科技在世界竞争中的地位日益突出的新趋势，提出科学技术是第一生产力，强调："中国必须发展自己的高科技，在世界高科技领域占有一席之地"，"这些东西反映一个民族的能力，也是一个民族、一个国家兴旺发达的标志"。在国家经济实力还不强的情况下，他大力推动"863"计划，果断启动中国高科技发展战略，从那时起，中国急起直追高技术领域世界先进水平，经过不懈努力攻关，终于催生了载人航天等一批高科技成果，极大地提升了国家的综合实力和国际地位。

新时期外交战略和军队建设也淋漓尽致地展现了邓小平的战略思维。邓小平深刻分析国际局势的新变化，作出"和平与发展是当代世界的两大问题"的战略性科学判断，并据此对外交战略和军队建设作出调整，实现了由"战争与革命"到"和平与发展"的战略转变。外交方面，他坚持独立自主的和平外交政策，在他主持下，实现了中美建交，缔结了《中日和平友好条约》，恢复了中苏两党两国关系，发展了同周边国家和第三世界国家的友好关系，打开了中国外交的新局面；军队建设方面，他确定了加强军队建设的一系列指导方针，提出建设革命化、现代化、正规化军队的新要求，军队在军事、政治、后勤、国防科技等方面进行了一系列重大改革，朝着精兵、合成、高效的方向迈出重要步伐，走上了有中国特色的精兵之路。

邓小平卓越的战略思维，为中国重塑了国际关系，打造了新型的现代化革命军队，使中国的内政外交从过去准备迎接世界大战的紧张状态中走出来，从而为中国的社会主义现代化建设和改革开放赢得了良机，争取到了有利的国际环境和更多的国际活动空间，为经济的长足发展提供了有利条件和安全保障。

实际上，以上几个方面的例子都同时蕴含着邓小平开拓创新和战略思维这两个方面的特质。邓小平开拓创新和战略思维的精神，对今天有着巨大的影响力和特别的示范意义。我们党正担负着把中国特色社会主义伟大事业推向前进的历史重任。以习近平同志为核心的党中央站在时代前沿，放眼世界，放眼未来，也放眼当前，放眼一切方面，统筹推进"五位一体"总体布局，协调推进"四个全面"战略布局，充分体现了全局观念、全球眼光和前瞻意识的战略思维。在全面建设社会主义国家新的征程上，破解改革和发展中的一个个难题，必须拿出开拓新局面的勇气、智慧和驾驭复杂局势的战略思维。习近平总书记指出，开拓创新永远是中国共产党人应该具有的历史担当，战略思维永远是中国共产党人应该树立的思维方式，要把开拓创新作为一种常态，不断用发展着的马克思主义指导新的实践，又从实践中作出新的理论概括，敢破敢立、敢闯敢试，义无反顾把改革开放不断向前推进。

实事求是与朴实坦荡——共产党人应该遵循的思想方法和应该锤炼的品质修养

习近平总书记指出，实事求是，是邓小平同志一生最重要的思想特点；坦荡无私，是邓小平同志一生最光辉的人格魅力。邓小平思考问题、制定政策都是坚持一切从实际出发，理论联系实际，从群众中来，到群众中去，尊重实践，崇尚实干，不尚空谈；同时，他始终能够正确对待个人与党、个人与人民的关系，把党和国家的前途命运放在心中最高位置，心底无私，襟怀坦荡，从不计较个人得失和荣辱进退，更不居功自傲。

党的实事求是的思想路线一度在"文化大革命"中遭到践踏和破坏，邓小平领导全党解放思想，重新确立了实事求是的思想路线。邓小平强调"拿事实来说话"，"实事求是是马克思主义的精髓。要提倡这个，不要提倡本本"，"要取信于民，要干出实绩"，"领导者必须多干实事"。中国特色社会主义之所以取得成功，一个重要的原因，就是邓小平领导中国共产党学会并掌握了实事求是的真谛。

邓小平是讲求实事求是的思想家、政治家、战略家，同时也是务实、踏实的实干家。这方面的例子不胜枚举。他一贯重视调查研究工作。他说："制定一切政策，要从实际出发。只要注意这一点，就不会犯大错误。"他经常深入工厂和农村，了解实际情况和群众的真实想法，掌握第一手资料，从而总揽全局，以凭决策。在调研中，他爱问数字、喜欢算账，并据以分析情况，作出客观、科学的判断，制定出正确决策，正是邓小平的工作特点。"三步走"的现代化发展战略就是在不断算账的基础上提出来的。

还有，他反对形式主义。邓小平力主开短会、讲短话，开会、讲话都要解决问题。主张"不开空话连篇的会，不发离题万里的议论"，多做少说；他的语言风格平实简洁、深入浅出，善于用浅显明了、简练有力的话语表达深刻的思想；他提倡勤俭办一切事情，不讲排场、不铺张浪费是他的一贯作风。1979年是中华人民共和国成立30周年，邓小平提出庆祝活动不要大搞。他实事求是地说："我们穷，为什么要讲排场呢？本来穷，就别摆富样子，好起来再说。"邓小平这些看似平淡的言行，实际上在今天有着非常强的教育意义，对于党员领导干部落实中央八项规定精神，反对"四风"，具有重要的启示作用。

邓小平是党的第二代中央领导集体的核心、社会主义改革开放和现代化建设的总设计师、中国特色社会主义道路的开创者，领导党和人民取得了举世瞩目的辉煌成就，但他对个人的作用总是看得很淡，一贯反对突出个人，从来不提及自己的功劳，总是将功绩归于党的集体领导和集体决策，归于人民群众的智慧创造。他说："永远不要过分突出我个人。我所做的事，无非反映了中国人民和中国共产党人的愿望"，"其实很多事是别人发明的，群众发明的，我只不过把它们概括起来，提出了方针政策"。他评价自己"不是完人，也犯过很多错误，不是不犯错误的人"。

身为功勋卓著的领袖，邓小平却始终保持着把自己视为人民儿子的无私情怀，邓小平不但不看重个人的名誉和地位，甚至"希望自己从政治舞台上慢慢地消失"。从国家和人民长远利益考虑，他主张并身体力行废除干部领导职务终身制，1989年11月，在中共十三届五中全会上，毅然辞去中央军委主席职务，从中央领导岗位上完全退下来，为确保党的事业后继有人和国家长治久安，发挥了决定性的作用，作出了历史性贡献。他拥有一颗普通人的朴实平常之心，说："退休以后，我最终的愿望是过一个真正的平民生活"，"国家发展了，我当一个富裕国家的公民就行了"。

邓小平的生死观也充分显示了一位真正的无产阶级革命家的坦荡无私。对待自己的生死问题，他通透豁达，处之淡然。他希望退休方式简化，死后丧事也简化，他还交代家人："我哪天去、哪天走，不关紧要。自然规律违背不得，你们要想透这个问题。"他去世后按照生前的愿望，捐献了角膜，遗体作为医学研究解剖，骨灰撒入了祖国的大海。

邓小平有两段人们早已耳熟能详的话："我自从十八岁加入革命队伍，就是想把革命干成功，没有任何别的考虑"，"谁叫你当共产党人呢。既然当了，就不能够做官，不能够有私心杂念，不能够有别的选择，应该老老实实地履行党员的责任，听从党的安排"。这是他对党和人民的真心告白和铮铮誓言，又何尝不是他一生坦荡无私的真实写照。

求真务实、坦荡无私是共产党人应当具备的政治品格和做人准则，邓小平为全党树立了学习的典范。习近平总书记指出，"空谈误国，实干兴邦"，"我将无我，不负人民"。面对新形势、新问题、新挑战和新任务，我们需要像邓小平那样，秉承坦荡无私的精神和情怀，正确看待个人利害得失，正确使用手中的权力，运用辩证唯物主义和历史唯物主义方法，实事求是观察世界、处理问题的思想方法和领导艺术，真正掌握实际情况，牢牢把握客观规律，脚踏实地，真抓实干，努力创造实绩。

邓小平以其优秀品质、优良作风和高尚情操，深刻诠释了什么是共产党人真正的精神追求和政治本色。无论听其言还是观其行，他都堪称全体共产党员学习的楷模。他的崇高品格风范永远是照亮共产党人前进道路的一束光芒，一定会激励和鼓舞一代一代共产党人，坚定理想信念，时刻心系人民，以实事求是的理论勇气、开拓创新的历史担当、深谋远虑的战略眼光、坦荡无私的高尚情怀，为实现第二个百年奋斗目标和中华民族伟大复兴的中国梦，作出新贡献，创造新辉煌。

目　录

第一章　信念坚定　　003
一、"一直就是相当共产主义的"　　003
二、"吊起脑袋干革命"　　018
三、"我是三下三上的人"　　025
四、"对社会主义的前途充满信心"　　044

第二章　热爱人民　　055
一、"同群众一块吃苦，任何困难都能够克服"　　055
二、"改革开放中许许多多的东西，都是群众在实践中提出来的"　　067
三、"海外关系是个好东西"　　075
四、"社会主义最大的优越性就是共同富裕"　　085
五、"从现在起到下世纪中叶，将是很要紧的时期"　　093

第三章　实事求是　　101
一、"我是实事求是派"　　101
二、"做到心中有数"　　111
三、"我对这件事最感兴趣"　　124
四、"开会、讲话都要解决问题"　　131
五、"我们穷，为什么要讲排场呢"　　140

第四章　开拓创新　　147
一、"解放思想，实事求是，团结一致向前看"　　147
二、"改革是中国的第二次革命"　　157

三、"即使是变，也只能变得更加开放"   164
四、"顾问制度是我提议的"   172
五、"'一国两制'这个新事物是中国提出来的"   178
六、"看准了的，就大胆地试，大胆地闯"   187
七、创立崭新理论   193

第五章　战略思维   201
一、"我讲的东西都不是从小角度讲的"   201
二、"教育是一个民族最根本的事业"   211
三、"搞科技，越高越好，越新越好"   222
四、"和平与发展是当代世界的两大问题"   236

第六章　坦荡无私   251
一、"毛泽东思想这个旗帜丢不得"   251
二、"从来不搞小圈子"   263
三、"永远不要过分突出我个人"   273
四、"我是中国人民的儿子"   278
五、"我哪天去，哪天走，不关紧要"   284

我们纪念邓小平同志，就要学习他对共产主义远大理想和中国特色社会主义信念无比坚定的崇高品格。信念坚定，是邓小平同志一生最鲜明的政治品格，也永远是中国共产党人应该挺起的精神脊梁。

早在苏联求学期间，邓小平同志就立志"更坚决的把我的身子交给我们的党，交给本阶级"。在此后70多年的革命生涯中，无论个人处境如何艰难，无论革命道路如何坎坷，邓小平同志都坚信马克思主义的科学性和真理性，坚信社会主义、共产主义的光明前景。他说："对马克思主义的信仰，是中国革命胜利的一种精神动力。"面对革命战争的枪林弹雨，他浴血奋战、视死如归；面对新中国建设的艰难局面，他励精图治、百折不挠；面对"文化大革命"的十年内乱，他信念执着、从不消沉；面对国际国内政治风波，他冷静观察、从容应对，坚信马克思主义、坚守共产主义理想，坚持在社会主义道路上推进我国现代化事业。

1992年，88岁高龄的邓小平同志在南方谈话中说："我坚信，世界上赞成马克思主义的人会多起来的，因为马克思主义是科学。它运用历史唯物主义揭示了人类社会发展的规律。""不要惊慌失措，不要认为马克思主义就消失了，没用了，失败了。哪有这回事！"

邓小平同志对理想信念的重要性具有深刻认识，他说："我认为，最重要的是人的团结，要团结就要有共同的理想和坚定的信念。我们过去几十年艰苦奋斗，就是靠用坚定的信念把人民团结起来，为人民自己的利益而奋斗。"

革命理想高于天。没有一大批具有坚定共产主义理想的中华儿女，就没有中国共产党，也就没有新中国，更没有今天我国的发展进步。要把我国发展得更好，离不开理想信念的力量。我们共产党人锤炼党性，首要的就是坚定共产主义远大理想和中国特色社会主义共同理想。我们要学习邓小平同志矢志不渝为社会主义、共产主义而奋斗的执着精神，坚定中国特色社会主义道路自信、理论自信、制度自信，坚忍不拔、风雨无阻朝着我们的目标奋勇前进。

——习近平在纪念邓小平同志诞辰110周年座谈会上的讲话（2014年8月20日）

第一章　　信念坚定

邓小平矢志不渝地坚持共产主义理想信念,始终如一地忠诚于党和人民的事业。坚定的信仰是他终生顽强奋斗的根本动力,也是他创造辉煌业绩的内在原因。

一、"一直就是相当共产主义的"

我自从十八岁加入革命队伍,就是想把革命干成功,没有任何别的考虑,经历也是艰难的就是了。

——邓小平

我从来就未受过其他思想的浸入,一直就是相当共产主义的。

——邓小平

过去我们党无论怎样弱小,无论遇到什么困难,一直有强大的战斗力,因为我们有马克思主义和共产主义的信念。有了共同的理想,也就有了铁的纪律。无论过去、现在和将来,这都是我们的真正优势。

——邓小平

我是个马克思主义者。我一直遵循马克思主义的基本原则。马克思主义,另一个词叫共产主义。我们过去干革命,打天下,建立中华人民共和国,就因为有这个信念,有这个理想。

——邓小平

20世纪20年代,邓小平远涉重洋到法国勤工俭学,寻求科学知识和救国真理,并由此走上了漫长的革命道路。

1920年8月27日，从重庆勤工俭学留法预备学校毕业的邓小平，当时的名字是邓希贤，他同82位同学一起离开故乡，踏上了前往法兰西的航程。此时他刚满16岁。他们先乘船沿长江东下到上海，再由上海登上法国的"盎特莱蓬"号邮轮。邮轮途经中国香港、越南西贡、新加坡，穿越马六甲海峡，横渡印度洋，再经过红海和苏伊士运河，进入地中海，10月19日抵达法兰西，在法国南部港口城市马赛上岸。历经39天、15000多公里的海上航行，沿途经过的大多是英国、法国的殖民地，邓小平和同学们领略了沿途风光，也看到了亚洲、非洲一些国家和地区被帝国主义瓜分掳掠、人民遭受奴役剥削的惨象。

10月21日晚，邓小平和一部分同学来到法国北部的小城巴耶，进入巴耶中学学习。学校为中国学生专门开设了补习法文的课程，把他们安排在学校的商务系学习，并单独开班。但仅仅过了几个月，邓小平身上的钱已经所剩无几了。当初离家时，家里是卖掉一些谷子和地给他凑的钱，现在已经很难再寄钱给他了。当时，法国经济情况很差。第一次世界大战后，欧洲主要国家爆发严重的经济危机，到1920年经济萧条更为严重，许多民用工厂被迫全停产或部分停产，大批工人被辞退。加上很多原来为军事服务的部门大量裁减人员，特别是大量军人退伍需要工作岗位，造成大面积失业，随之而来的是法郎大幅度贬值。1920年底，在法国的1000多名中国勤工俭学生，做工的不到总数的四分之一。无工可做、无钱上学的勤工俭学生们只能聚居巴黎华侨协社，由华法教育会每日每人发给六法郎维持生活。1921年1月中旬，华法教育会接连发出了两次通告，表示华法教育会与勤工俭学生从组织上没有任何关系，不再发放维持费。由于中断了资助，邓小平在法国真正的学习生活仅仅持续了五个月就匆匆地结束了。3月上旬，邓小平等20多位中国学生多次与校方交涉，法国教育部也致信校方提出能否减免部分学生的费用，但均被校方拒绝。离开巴耶中学，竟是邓小平在法国"俭学"生活的结束。邓小平后来回忆这段经历时说：一到法国，听先到法国的勤工俭学生的介绍，知道那时已在第一次世界大战后的两年，所需劳动力已不似大战期间（即创办勤工俭学期间）那样紧迫，找工作已不大容易，工资也不高，用勤工方法来俭学，已不可能。做工所得，糊口都困难，哪还能读书进学堂呢。于是，那些"工业救国""学点本事"等幻想，变成了泡影。

离开巴耶之后，邓小平和同学们辗转来到了法国南部城市克鲁梭。4月初，他在施奈德钢铁厂找到工作。施奈德钢铁厂是法国当时最大的一家军火工厂，也是中国勤工俭学生比较集中的一个工厂。在这家工厂里，中国学生的工资很低，与工厂签订的合同还规定要从中每天扣一法郎，待两年合同期满时再一并发还，并奖励200法郎，如果无故退工,则将所扣的钱作为赔偿费用。在这家工厂,邓小平成为轧钢车间一名散工。所谓散工,也叫杂工,是无固定的工种,视各工段的需要而流动工作。散工不仅学不到任何技术,而且劳动强度很大,工资比学徒工还要低。散工地位低,还常遭工头的责骂。散工的法文发音为"马篓五",学生们就戏称"马老五"。有一位四川籍的学生写了一首《散工曲》:"做工苦,做工苦,最苦莫过'马老五'。'舍夫'(法文,即'工头')光喊'郎德舅'(法文,意为'非上帝的善类'),加涅(法文,意为'赚得')不过'德桑苏'(法文,200个小钱,即10法郎)。"

邓小平在轧钢车间的工作主要是人工拖送热轧的钢材,即他自己后来说的"拉红铁"。他在40度以上的高温车间,必须身着工作服,脚上也不能穿皮鞋或布鞋,要穿一种特制的木鞋。工作时用长把铁钳夹着几十或上百公斤炽热的钢材拖着跑,动作要快。由于木鞋与地板是硬碰硬,一不小心就会摔跤,如果因快跑脚滑而摔倒在热轧的钢材上,全身就会被烫伤。如果轧钢机发生故障,被轧的钢条向外射出,还会发生伤亡事故。这种超强度的劳动对于只有17岁、正处在身体发育阶段的邓小平来说确实不堪重负。几十年后当他回忆这段生活时说,当时是"做很重的劳动"。除了工作强度大、危险性高,中国工人在施奈德钢铁厂的吃住条件也很差。住处盖沙南宿舍离工厂有20多里地,20多人共住一间大屋子,宿舍设有食堂,早、晚两餐由食堂供给。中午由工人自带面包及副食品到车间,做工四小时后休息20分钟时间,就在工衣柜前进餐。中国工人每天只吃面包,有时带块粗巧克力糖佐食。而且杂费开支还不小,像邓小平这样每天不足七法郎的散工,连日常生活都不能支持。邓小平后来回忆:在克鲁梭拉红铁,做了一个月的苦工,赚的钱连饭都吃不饱,还倒赔了100多法郎。后来,邓小平不止一次地对人说:我个子不高的原因就是在法国做工时干太累的活,吃不饱饭。不仅如此,他们在工厂里还常常受到工头的欺侮和辱骂。4月23日,邓小平辞去了在施奈德工厂的这份工作,厂方在他辞职的原因一栏注的是:"体力不支,自愿离开。"说邓小平是自愿离开,实际上是不得不离开。因为他弱小的身体实在承受不住这种超负荷的劳动,他倔强的性格也使得他再不能容忍工头的凌辱。

在施奈德钢铁厂虽然时间很短,但对邓小平的人生来说,却是一段非常重要的经历。他第一次当工人,自食其力,亲身体验到了工人阶级受压迫受剥削的悲惨境遇,第一次感受到了资本主义的黑暗,对无产阶级有了初步的认识和体验,也第一次接触到了现代化的大机器生产。此时,第一次世界大战后的法国,在俄国"十月革命"的影响下,工人运动蓬勃发展,马克思主义和其他社会主义思潮广为流行,一些先进的中国学生在这

1921年3月,邓小平在法国。

里先后接受马克思主义走上了革命道路。在施奈德钢铁厂，邓小平结识了赵世炎、李立三等人，在同他们的交流中，深受他们思想的影响。赵世炎和邓小平是同时进入这家工厂的，而且也同在轧钢车间做杂工。这时的赵世炎，已经是早期中国共产主义小组成员了。他来厂的目的就是为了在华工和勤工俭学生中开展工作，宣传革命思想，培养积极分子。赵世炎和李立三在厂里还组织了华工组合书记部，并陆续成立了华工工会、工人夜校、华工俱乐部、工余读书会等工人团体，并创办了刊物《华工周报》，这些活动对教育华工和勤工俭学生，启发他们的觉悟起了重要的作用。同样也对提高邓小平的觉悟，使邓小平后来走上革命道路产生了重要的影响。邓小平后来说，在法国干重体力劳动，工资很低，但也有个好处，这样的生活使他接受了马克思主义。

一个多月的时间，邓小平从失学又经受了失业的不幸遭遇。邓小平一度靠打短工来维持生活。他后来说，在法国做过各式各样的工作，而且都是杂工。他做过饭馆的招待，在火车站、码头帮助运送过货物、搬运行李，在建筑工地搬砖、扛水泥，以及做过清洁工，清扫垃圾等等。而所有工作都只能勉强糊口。

1922年，法国的经济开始好转，一些工厂逐渐恢复生产。经人介绍，邓小平又前往蒙达尔纪寻求新的出路。蒙达尔纪是在法国的中国勤工俭学生比较集中的一个地区，蔡和森、蔡畅、向警予、李维汉、李富春等人都在这里工作和学习。此时，尝试了十几种杂活的邓小平进一步体验到了资本主义制度下劳动人民艰难痛苦的生活，对资本主义社会有了更加切身的体会和深刻的认识，为他真正走上革命道路打下了基础。2月14日，邓小平进入位于蒙达尔纪市北面的夏莱特市的哈金森橡胶厂做工。挣到了一些钱后，邓小平心中又燃起了对读书的渴望。10月17日，他毅然辞去了哈金森橡胶厂的工作，前往塞纳，想进入夏狄戎中学上学，但是最终因为钱不够，没能入学，邓小平的求学梦彻底破灭了。1923年2月1日，邓小平重回哈金森橡胶厂，继续在制鞋车间做工。哈金森橡胶厂聚集了一些进步的勤工俭学生，赵世炎经常来开展革命活动，王若飞也来到这家工厂做工。在哈金森橡胶厂，邓小平和王若飞接触较多，他们常常一起散步、交谈。王若飞向邓小平介绍革命思想和马克思主义的主张。在赵世炎、王若飞等人的影响下，邓小平开始阅读"关于社会主义的书报"，如《新青年》《向导》等。邓小平后来说："最使我受影响的是《新青年》第八、九两卷及社会主义讨论集，我做工的环境使我益信陈独秀们所说的话是对的。因此，每每听到人与人相争辩时，我总是站在社会主义这边的。""从自己的劳动生活中，在先进同学的影响和帮助下，我的思想也开始变化，开始接触一些马克思主义的书籍，参加一些中国人和法国人的宣传共产主义的集会。"3月7日，他又离开了工厂。这次工卡上注明他离开的原因是"拒绝工作"，还写着："永不录用。"这一次，邓小平放弃收入比较稳定的工作，是为了追求一个新的人生目标。

在此前几天，1923年2月17日至19日，旅欧中国少年共产党在巴黎西郊的一个小镇上召开临时代表大会，参加会议的有42名代表。会议决定旅欧中国少年共产党加入中国社会主义青年团，成为"中国社会主义青年团旅欧支部"；将"旅欧中国少年共产党"改名为"旅欧中国共产主义青年团"，其领导机构改称"旅欧共青团执行委员会"。周恩来当选为执行委员会书记。这时的邓小平已经在向旅欧中国共产主义青年团组织靠拢，开始参加一些活动，受到团组织的关注。

6月11日，邓小平来到巴黎，同旅欧中国共产主义青年团团员穆清接洽，正式加入旅欧中国共产主义青年团。从此，他确立了共产主义信仰，终生从未动摇。后来，邓小平在自传中说："那时共产主义的团体在西欧已经成立了，不过因为我的生活太浪漫，不敢向我宣传，及到一九二三年五月我将离开哈金森时"，"舒辉暲才向我宣传加入团体，同时又和汪泽楷同志谈了两次话，到巴黎后又和穆清同志接洽，结果六月便加入了"。"我加入团体是汪泽楷、穆清、舒辉暲三同志介绍的。""生活的痛苦，资本家的走狗——工头的辱骂，使我直接地或间接地受到了很大的影响。最初对资本主义社会的罪恶略有感觉，然以生活浪漫之故，不能有个深刻的觉悟，其后，一方面接受了一点关于社会主义尤其是共产主义的知识，一方面又受了已觉悟的分子的宣传，同时加上切身的痛苦，于是遂于一九二三年加入了'中国共产主义青年团旅欧区'。总上所说，我从来就未受过其他思想的浸入，一直就是相当共产主义的。"

加入团组织之后，邓小平参加了在巴黎召开的旅欧中国共产主义青年团第二次代表大会。从此，他一边在工厂做工，一边在旅欧共青团执行委员会（支部）担任宣传干事。1923年底因执行委员会书记部需要人手，他离开工厂到书记部工作，主要工作是参加编辑《少年》刊物。据蔡畅回忆："《少年》刊物是轮流编辑，邓小平、李大章同志刻蜡版，李富春同志发行。"邓小平到编辑部不久，《少年》改名为《赤光》，到1925年止，一共出版了33期，在勤工俭学生、华工和各界华人中影响很大。邓小平在《赤光》编辑部负责刻蜡版和油印。他白天做工，下工后即赶到《赤光》编辑部工作。他把周恩来写好或修改好的稿件刻写在蜡纸上，然后用一台简陋的油印机印好，再装订起来。邓小平和周恩来经常工作到深夜，就在编辑部的小房间里一起打地铺。邓小平的工作态度和工作成绩给同

1925年，邓小平在法国巴黎雷诺汽车厂做工时的档案卡。

《赤光》杂志封面。

志们留下了深刻的印象。留法勤工俭学生施益生回忆:"邓小平同志负责《赤光》的编辑出版工作,几乎我每次到书记局去,都亲眼看见他正在搞刻蜡版、油印、装订工作,他的字既工整又美观,印刷清晰。"邓小平还因此得到"油印博士"的美誉。

邓小平在《赤光》的工作不仅仅是刻蜡版,也经常发表文章。晚年,他自己曾这样说过:"我在《赤光》上写了不少文章,用好几个名字发表。那些文章根本说不上思想,只不过就是要国民革命,同国民党右派斗争,同曾琦、李璜他们斗争。"邓小平在《赤光》第二十一、二十二期合刊上发表两篇文章。他在《请看帝国主义之阴谋》一文中揭露了帝国主义以统治德国的道威斯计划来统治中国的阴谋:"这是最近国际帝国主义对于中国之阴谋! 其实中国自四国银行团到新银行团之包办借债,关税盐税之外人管理,铁路航路之利权丧失……早已在比统治德国的道威斯计划还十分厉害的道威斯中了。现在它还要用新的道威斯计划来统治中国,这简直是要把穷乡僻壤都殖民地化! 简直是要想吸尽全中国人民最后的那一点血!"《先声》是以曾琦、李璜为首的中国青年党宣传"国家至上",否定阶级斗争的平台。针对《先声》制造的关于"苏俄欲实行遣兵压迫中国"等谣言,邓小平在《请看〈先声〉周报之第四批造谣的新闻》的文章中,揭露和批驳了青年党制造的谣言,特别提醒那些"为着新闻而读《先声》的人,应知反革命派就在迎合你们的需要,捏造新闻,来宣传你们欺骗你们呢"! 这时邓小平写的文章,还谈不上理论性多强,但文章短小精悍,笔锋犀利,言辞泼辣,有很强的针对性。

邓小平的弟弟邓垦回忆:"大哥在法国参加革命后,曾在周总理的领导下办一份杂志《赤光》。他经常往家里邮寄,寄了七八期。我当时才十几岁,还在念小学,只看到封面上有光身子的小孩,里面内容看不太懂。到我念中学后,逐步看懂了,什么帝国主义侵略、劳苦大众、劳农政府、翻身解放、苏维埃、人人平等、为穷人谋利益等等。我后来去上海找他,参加革命,最早受的影响就是他寄来的《赤光》。"

1924年7月,20岁的邓小平在旅欧中国共产主义青年团第五次代表大会当选为执委会委员,并转为中国共产党党员。1925年,邓小平被委派为特派员,前往里昂地区领导党团工作和华工运动,任共青团里昂支部训练干事,4月兼任党的里昂小组书记,成为里昂党团组织的主要负责人。在里昂,他参加领导了工人罢工运动。这时,国内爆发五卅运动,中共旅欧党团组织领导在法国的勤工俭学生、华工和各界华人,开展了声援五卅运动反对帝国主义的斗争。这场斗争引起了法国当局的不安,他们派出大批警察,大肆搜捕中共党员、共青团员和勤工俭学生。几天之内,中共旅欧支部负责人任卓宣、李大章等20

1924年7月,出席中国共产主义青年团旅欧区第五次代表大会的代表在法国巴黎合影。后排右三为邓小平,前排右四为李富春、左四为周恩来、左一为聂荣臻。

多人相继被捕入狱。随后,法国当局又将47名中国留法勤工俭学生驱逐出境。就在这个时候,邓小平回到巴黎,接替党团组织的领导工作。邓小平后来回忆说:"因在巴黎的负责同志为反帝国主义运动而被驱逐,党的书记萧朴生同志曾来急信通告,并指定我为里昂—克鲁梭一带的特别委员,负责指导里昂—克鲁梭一带的一切工作。当时,我们与巴黎的消息异常隔绝,只知道团体已无中央组织了,进行必甚困难。同时,又因其他同志的催促,我便决然辞工到巴黎为团体努力工作了。到巴黎后,朴生同志尚未被逐,于是商议组织临时执行委员会,不久便又改为非常执行委员会,我均被任为委员。"

6月30日,中国共产主义青年团旅欧区临时执行委员会成立,邓小平为委员,和傅钟、毛遇顺三人组成书记局。7月2日,在共青团旅欧区临时执行委员会的组织领导下,"旅法中国行动委员会"成立,在贝勒维拉市布瓦耶街23号召开有70多人参加的会议,抗议国际帝国主义在中国的暴行。邓小平在发言中提出,为反对帝国主义,应同苏联政府联合。赴法勤工俭学生杨堃回忆:"邓小平那时年轻、活跃,才华横溢,是职业革命家,而我是官费生,立场不坚定。参加革命后,我改名叫杨赤民,但心里还是想读书,拿学位,靠科学、教育救国。我记得一九二五年时我退出旅欧支部,一心去做学问。邓希贤一次见到我,拍着我的肩膀大声说,杨赤民,你那条科学救国的路在中国是走不通的。当时我没有听他的忠告,这是我一生的惭愧和内疚。"8月17日,邓小平参加旅欧中国共产主义青年团第七次代表大会第一次执行委员会会议。会议决定邓小平、傅钟、施去病三人组成书记局,傅钟任书记。9月15日,邓小平参加组织召开旅法华人反帝大会,有1000多名旅法华人参加,声势浩大。

从事革命活动的邓小平和他的伙伴们很快便引起了法国警方的注意,从1925年6月起,警察局的档案中便开始出现了"邓希贤"的名字,正是警察局的档案资料才给后人提供了邓小平当年住过的旅馆的地址。1926年1月8日,法国警方终于发出了搜捕邓小平等人的命令。早晨5时45分至7时,巴黎警方对布罗尼·比扬古尔的朱勒费里街8号、特拉维西尔街14号、卡斯德亚街3号三家旅馆进行搜查。随即报告称:"搜查这三家旅馆的目的,是为了查找从事共产主义宣传中的中国人。这些旅馆的全部房间已被搜查过,上百份中文文件都被查看过。""在卡斯德亚街3号旅馆的5号房间里,发现了大量法文和中文的宣传共产主义的小册子(《中国工人》《孙中山遗嘱》《共产主义ABC》等),中文报纸,特别是莫斯科出版的中国共产主义报纸《进步报》,以及两件油印机的必需品并带有印刷金属板、滚筒和好几包印刷纸。""名叫邓希贤、傅钟和Ping Suen Yang的三个人在这个房间里一直住到本月七日。他们昨天突然离去。""这些中国人看来是活跃的共产主义分

莫斯科中山大学旧址。

子。""看来这些人由于发现自己受到怀疑,因此,就急忙销声匿迹了。他们的同胞采取了预防措施,丢弃了一切会引起麻烦的文件。"他们并不知道,此时邓小平等人已登上了前往莫斯科的国际列车。

邓小平离开法国去苏联莫斯科,是1925年5月中共旅欧支部决定的。鉴于当时国内轰轰烈烈的大革命运动的发展急需大批干部,中共旅欧支部决定选送一批干部先到莫斯科东方劳动者共产主义大学学习一段时间,然后再回国工作。中共旅欧支部在给中共旅莫支部的信中,提出了一份拟派赴莫斯科学习的人员名单,邓小平就在其中。

邓小平非常珍惜这次学习机会,他在到莫斯科不久撰写的一份自传中,谈到"来俄的志愿"时写道:"我过去在西欧团体工作时,每每感觉到能力的不足,以致往往发生错误,因此我便早有来俄学习的决心,不过因为经济的困难使我不能如愿以偿。现在我来此了,我便要开始学习活动能力的工作。我更感觉到而且大家都感觉到我对于共产主义的研究太粗浅。列宁说:'没有革命的理论,便没有革命的行动;要有革命的行动,才能证验出革命的理论。'由此,可知革命的理论对于我们共产主义者是必须的。所以,我能留俄一天,我便要努力研究一天,务使自己对于共产主义有一个相当的认识。我还觉得我们东方的青年,自由意志颇觉浓厚,而且思想行动亦难系统化,这实于我们将来的工作大有妨碍。所以,我来俄的志愿,尤其是要来受铁的纪律的训练,共产主义的洗礼,把我的思想行动都成为一贯的共产主义化。"

不久,莫斯科中山大学创办,邓小平转入该校学习。在莫斯科中山大学,邓小平的俄文名字叫多佐罗夫。学校学制为两年(后改为三年),开设的课程主要有:政治经济学(以《资本论》为主),现代世界观,俄国革命理论与实践,民族与殖民地问题,中国革命运动史,世界通史(革命运动部分),社会发展史,哲学(辩证唯物主义与历史唯物主义),经济地理,列宁主义(主要学习斯大林《论列宁主义基础》)。学校考虑到学员们回国后从事革命斗争的实际需要,还开设了一门重要课程——军事课,讲授军事理论,进行军事训练,还组织学生到莫斯科附近的军事学院参观和到兵营打靶。共产国际、苏联共产党和中国共产党驻共产国际代表团的一些领导干部、负责人,都经常到中山大学就国际共产主义和中国革命中的一些重大问题进行演讲,使学员们加深了对书本知识的理解。

邓小平曾担任中山大学第9班中共党小组组长,他对党小组的工作非常热心。这个党小组是在1926年2月组成的,共有党员14人,其中正式党员4人,其余10人候补期已满,尚未转正,青年团员6人。

1926年6月16日,邓小平填写了一份《党员批评计划案》(表格),其内容是:

一、党员

一切行动是否合于党员的身份:一切行动合乎党员的身份,无非党的倾向。

守纪律否:守纪律。

对于党的实际问题及其他一般政治问题的了解和兴趣如何,在组会中是否积极的或是消极的提议各种问题讨论,是否激动同志们讨论一切问题:对党中的纪律问题及训练问题甚为注意,对一般政治问题亦很关心且有相当的认识,在组会中亦能积极参加讨论各种问题,且能激动同志讨论各种问题。

二、对于党的工作是怎样的

出席党的大会和组会与否:从无缺席。

党指定的工作是否执行:能切实执行。

三、对同志们的关系如何:密切。

四、对功课的关系如何

有无兴趣:很有兴趣。

能否为别人的榜样:努力学习可以影响他人。

五、党的进步方面

非党的倾向已否消灭,若是青年团团员,在青年团怎样树植党的影响:对党的认识很有进步。无非党的倾向。是团员,能在团员中树植党的影响。

六、对国民党的关系如何

在国民党中是否消灭党的面目:未。

是否不以同志的态度对国民党党员:是。

在国民党中是否能适合实行党的意见:能。

七、做什么工作是最适合的:能做宣传及组织工作。

邓小平在这份表格中对自己的认识和评价是客观的,符合实际的。这从组织对他的评价和鉴定中得到了印证。11月5日,莫斯科中山大学联共(布)党支部书记阿戈尔在邓小平的鉴定中写道:"多佐罗夫同志是一个十分积极、精力充沛的党员和共青团员(联共〈布〉预备党员)。他是该大学共青团委会的一名优秀组织工作者,组织纪律性强,有克制能力,学习能力强,在团委会的组织工作中积累了丰富的经验,进步很快。积极参加社会工作,同其他人保持同志关系。学习优秀,党性强(单独开展工作——单独做国民党党员的工作，被指派做这项工作的都是最优秀的党员）。该同志最适合做组织工作。他具有在法国无产阶级组织的工作经验。"

1926年底，中共中央经和莫斯科中山大学、莫斯科东方大学商量，选出了邓小平等20多人，派到冯玉祥的国民革命军中工作。邓小平启程回国，投身轰轰烈烈的大革命。

在莫斯科中山大学学习期间，邓小平在自述中写道："我来莫的时候，便已打定主意，更坚决的把我的身子交给我们的党，交给本阶级。从此以后，我愿意绝对的受党的训练，听党的指挥，始终为无产阶级的利益而争斗！"邓小平用自己的一生实践了这样的诺言。在70多年波澜壮阔的革命生涯中，不管遇到什么样的困难和挫折，他始终坚持共产主义的理想和信念，从未动摇过。

【评价】

父亲和他的战友们，是与整个世纪的命运紧密相连的一代人，是书写历史与创造历史的一代人，是把毕生献给祖国和人民的一代人。

——邓小平女儿邓榕

在法国的这段经历给邓小平先生留下了深深的印记。这段经历为他从事政治斗争和致力于建设一个现代化的、向世界开放的中国提供了灵感。他是把中国送上21世纪征程的国家领导人。

——法国前总统希拉克

邓小平的一生有许多光辉业绩，其中最为突出的是他从青少年时代起便以全部的热忱忠诚地为争取中国独立和社会主义事业做出了巨大贡献。

——古巴部长会议前副主席何塞·路易斯·加西亚

邓小平有着本能的爱国主义和为党献身的精神，他的同事也都受到过这种精神的鼓舞。邓小平的爱国思想形成于他14岁那年，当时他就读广安县中学，他走上街头示威并感受到民间的民族主义情绪。五年后他去了法国，分派给华人的苦力活和求学前景的落空让他大失所望，于是他加入了中国共产党法国支部。此后，直到70多年后去世，他一直是一个坚定的共产党人。

——美国学者傅高义

二、"吊起脑袋干革命"

真正把革命干成功,辛苦是值得的。今天我们需得拿出英雄气概,拼命地干,前仆后继,英勇奋斗,一定可以干成功。

——邓小平

我们在上海做秘密工作,非常的艰苦,那是吊起脑袋在干革命。

——邓小平

邓小平在国内正式开启的革命工作,从一开始就伴随着巨大的困难和危险。

邓小平1927年春由苏联回到国内,此时正是国共两党第一次合作的高潮时期。他来到西安冯玉祥国民军联军担任中山军事学校政治处处长,兼政治教官,并任该校中共组织的书记。但是,不久,蒋介石在上海发动了四一二反革命政变。参加了汪精卫在郑州召开的反共会议的冯玉祥,开始清除自己军队中的共产党员。邓小平经与同在冯玉祥部工作的刘伯坚等共产党员研究,在冯玉祥决定以"集训"为名,集中共产党人于开封,最后"礼送出境"之前,在6月底7月初,由西安前往武汉寻找党中央。他来到中共中央机关工作,被分配担任中央秘书。不久,汪精卫主持的武汉政府也公开反共,严重的白色恐怖笼罩全国,中国共产党被迫转入地下。为适应秘密工作环境,他从此由邓希贤改名为邓小平。随后,他又以中央秘书身份参加了八七会议的有关工作。这次中共中央紧急会议,纠正和清算了陈独秀的右倾投降主义,确定了实行土地革命和武装反抗国民党反动派的总方针。就是在这次会议上,他第一次见到了比自己大11岁的毛泽东。

1927年底,邓小平随中共中央机关秘密迁往上海。不久,23岁的邓小平被任命为党中央秘书长。他除了协助周恩来等中央领导处理中央日常工作、列席和参加中央各种会议并作记录外,主要从事管理中央机关的文书、机要、交通、财务等工作以及各种会议安排。为掩护秘密工作,邓小平在浙江路清河坊开了一家二层楼的杂货铺。楼上是他住的地方,楼下是铺面,卖些香烟、肥皂之类的东西。邓小平经常头戴礼帽,身穿长袍,俨然

1980年，邓小平在武汉参观八七会议旧址，回忆当年出席会议的情况。

一个阔老板。这家杂货铺也是党中央开会的一个地方。后来他把这家杂货铺交给当时在中央机关工作的张纪恩经营,自己又另外租房,开了一家古董店。

1928年中国共产党在莫斯科召开第六次全国代表大会,邓小平协助留在国内的中央领导人处理日常工作。后来,邓小平回忆:"我们在上海做秘密工作,非常的艰苦,那是吊起脑袋在干革命。我们没照过相,连电影院也没去过。我在军队那么多年没有负过伤,地下工作没有被捕过,这种情况是很少有的。但危险经过好几次,最大的危险有两次。"

这两次危险,邓小平回忆说:其中一次是指1928年4月15日,何家兴叛变,出卖罗亦农(当时任中共中央政治局常委、组织局主任)。"我去和罗亦农接头,办完事,我刚从后门出去,前门巡捕就进来了,罗亦农被捕。我出门后看见前门特科一个扮成擦鞋子的用手悄悄一指,就知道出事了。就差不到一分钟的时间。""还有一次,我同周总理、邓大姐、张锡瑗同住在一个房子里。那时我们特科的工作好,得知巡捕发现了周住在什么地方,要来搜查,他们通知了周恩来,当时在家的同志就赶紧搬了。但我当时不在,没有接到通知,不晓得。里面巡捕正在搜查,我去敲门,幸好我们特科有个内线在里面,答应了一声要来开门。我一听声音不对,赶快就走,没有出事故。"多年后,邓小平还常常提到这两次危险的经历:"这是我遇到的最大的两次危险。那个时候很危险啊!半分钟都差不得!"

1929年夏天,邓小平作为中共中央代表前往广西,去做广西地方实力派的统战工作,相机发展中共领导下的政治军事力量。他化名邓斌,任中共广西前敌委员会书记,公开身份是广西省政府秘书,因为,名义上他是由当时的广西省政府主席俞作柏、省绥靖司令李明瑞请来的客人。邓小平的上层工作很有成效。在他的影响下,俞作柏、李明瑞释放了一批大革命失败后被捕的共产党员和进步人士。邓小平领导的恢复和整顿党组织工作也很有成效。短时期内,他和广西特委一起,抓紧恢复党内组织零散状况,严密规定各级党组织隶属关系,举办党员学习班,出版了党内刊物。

百色起义于1929年12月11日,即广州起义二周年纪念日发动,中国工农红军第七军宣告正式诞生。第二天,右江苏维埃政府也宣告成立。而精心运筹的邓小平,在安排就绪起义的各项工作之后,已于11月下旬奉命前往上海汇报工作。百色起义因为准备充分,所以取得了胜利,而这种充分准备是与邓小平等精心筹划分不开的。据当事人袁任远、韦国清等回忆:为了发动起义,邓小平主持召开党委会议,"决定进一步发动群众,宣传党的'六大'主张;改造和扩大部队,建立政治工作制度,组织士兵委员会,实行官兵平等;通过地方组织武装农民,开展打击土豪劣绅的斗争"。党中央批准了起义计划后,"邓小

1929年底1930年初,邓小平同张云逸等在广西先后领导和发动百色起义、龙州起义,创建中国工农红军第七军、第八军和左右江革命根据地,邓小平任红七军、红八军政治委员。

平立即在百色和龙州筹划一切,具体部署武装起义的各项准备工作"。

关于龙州起义和成立红八军的工作,邓小平在两个多月前赴中央汇报途经龙州时就安排了。龙州起义也确实在邓小平从上海回龙州前的1930年2月1日就发动了,并且正式成立了红八军,左江的红色政权也建立起来了。不过,邓小平敏锐地发现,红八军内部和新建的红色苏维埃政权还存在着许多问题,左江地区群众基础差,红八军枪少人少,还基本掌握在旧军官手中。在这种情况下,还要红七军、红八军协同去攻打南宁,显然后果不堪设想。于是,邓小平急电李明瑞、张云逸等,请他们停止进攻南宁。随后,邓小平召开各种会议,详细说明赴上海汇报的情况,全力挽救危局。但是,由于各种原因,龙州起义建立起来的红八军及革命政权,还是在邓小平离开红八军后失败了。

人们常常说邓小平一生是"三落三起",实际上,在此之前,他在党内路线斗争中就受到过王明"左"倾教条主义路线的冷遇,这件事发生在百色、龙州起义之后。由于形势不利,邓小平率红七军离开右江,转战湘、粤、赣。起义部队辗转到江西崇义,邓小平再次到上海向党中央汇报工作,具体时间是1931年3月至6月。邓小平到上海后,先在老惠中旅馆住了下来。过了三四天,党中央的交通员才和他接上头。又过了几天,党中央的交通员找了一个亭子间,把他安顿下来。邓小平立即通过交通员请求向中央领导人报告红七军的工作,但迟迟没有消息。随后,他又几次请求,仍然没有得到执行王明"左"倾教条主义的中央领导人的答复。邓小平通过交通员向中央提出请求回红七军,几天后得到的答复是:中央与红七军现在没有交通联络。既然不能汇报,又不能回部队,邓小平试图用书面形式汇报。4月29日,邓小平写出了《七军工作报告》,详细叙述了红七军、红八军的建立、发展经过和战斗历程,左江、右江地区地方党组织的状况及土地革命开展的情况,总结了各方面工作的成功经验和失败教训。然而,王明"左"倾教条主义统治的中央,对邓小平的这份报告毫不理睬。5月14日,中共中央还专门发出给七军前委的信,提出:"我们认为,立三主义的'左'的言词之下,右倾机会主义的本质与富农路线,没有像七军前委的领导表示的明显的了!"邓小平默默承受着这一次始料未及的挫折,仍然坚持为革命事业继续奋斗。1931年夏,邓小平从上海辗转到达江西中央革命根据地。

尽管在革命工作开始阶段就屡受挫折,但是邓小平从未对自己的信仰产生过动摇。后来,毛泽东则多次评价"他没有历史问题,即没有投降过敌人",称赞他"政治思想强""人才难得"。邓小平1986年9月接受美国记者华莱士采访时说:"我是个马克思主义

1986年，邓小平在中南海接受美国哥伦比亚广播公司《六十分钟》节目记者迈克·华莱士的电视采访。

者。我一直遵循马克思主义的基本原则。马克思主义,另一个词叫共产主义。我们过去干革命,打天下,建立中华人民共和国,就因为有这个信念,有这个理想。"他还说:"我们过去几十年艰苦奋斗,就是靠用坚定的信念把人民团结起来,为人民自己的利益而奋斗。没有这样的信念,就没有凝聚力。没有这样的信念,就没有一切。"

三、"我是三下三上的人"

我是三下三上的人，没有乐观主义态度，没有相信自己的信念总会实现的思想，不可能活到今天。

——邓小平

如果对政治上东山再起的人设置奥林匹克奖的话，我很有资格获得该奖的金牌。

——邓小平

邓小平一生辉煌而富有传奇色彩，他三次被打倒，又三次奇迹般地站起来。即使是在受到错误批判、蒙受巨大冤屈时，他仍然坚信真理，坚持共产主义的理想信念，不动摇、不消沉，无怨无悔，对党和人民无限忠诚。一生"三落三起"的非凡经历，为邓小平的信念坚定作了最好的注解。

1931年，邓小平到达江西中央苏区"首府"瑞金，担任县委书记，不久担任会昌中心县委书记、江西省委宣传部长。临时中央全面推行"左"倾路线。他们错误地认为坚持毛泽东主张的邓小平执行了"纯粹"的防御路线，即"罗明路线"，开始对其开展斗争。苏区中央局机关报《斗争》在这一时期发表了大量的文章，指责邓小平领导的会昌中心县委，犯了"机会主义"的错误。在中央苏区，站在同"左"倾路线斗争前列的除了邓小平，还有毛泽覃、谢唯俊、古柏。1933年3月，在会昌、寻乌、安远党的积极分子会议上，邓小平遭到了严厉的批判，还被撤去了职务，送到红军总政治部驻地一间小破屋里隔离审查，并被责令作出"申明"和"检查"。在这种情况下，邓小平没有妥协。无奈，"左"倾领导又一次严令邓小平：必须向党交出一份"像样的"申明书。邓小平陈述道："我所上交的两份检查，写的全是实话。回顾历史，认为自己所做的一切，是对党的事业负责任的，是对中国革命负责任的……"

1933年5月，在临时中央和中央局派员主持的江西省委工作总结会议上，江西省委通过了《江西省委对邓小平、毛泽覃、谢唯俊、古柏四同志二次申明书的决议》，对他们作了组织处理，部分或全部地撤销了他们的职务，邓小平被撤销了江西省委宣传部长的职务，给予党内"最后严重警告"处分。这就是著名的"邓、毛、谢、古"事件。这是邓小平政治生涯中的第一次跌落。

被撤职后，邓小平被指定在江西省委驻地——乐安县的南村区当巡视员。不到十天，他又被命令返回宁都，在宁都七里村附近农村参加劳动。据说因为乐安南村靠近白区，怕出问题。

在邓小平遭受错误批判以后，妻子金维映也离开了他。面对磨难，邓小平勇敢面对，泰然处之。对所受到的沉重打击和冤屈，他也从不向人申诉。尽管身处逆境，邓小平最担心的不是个人的前途和命运，他最担心的是"左"的路线会葬送革命前程。这一年邓小平只有29岁，年轻的邓小平既表现出了对党的忠诚，也表现出超出他年龄的坚定性。他并不因为受到党内"左"倾机会主义者的打击迫害而放弃对真理的追求。他对党仍然是一片赤胆忠心，决不脱离革命队伍。他坚定地认为自己的主张和做法是正确的，不承认自己是机会主义。"左"倾分子强迫邓小平写检讨书，他也写，但不按照"左"倾机会主义者的意思写，只承认工作中有错误和不足，坚决不承认参与逃跑路线和反党组织。不管"左"倾机会主义者怎样残酷斗争，邓小平坚信自己执行的是马克思主义的正确路线，正确的就要坚持。难能可贵的是，邓小平没有怨恨批判他的人，相反，批判他的大多数人后来成了邓小平的亲密战友和团结对象。更为难能可贵的是，遭受残酷打击的邓小平，出于对党的忠诚，总是积极要求做工作。他见到上边来人，就提出做工作的要求；见到身边的同志，也总是这样的态度。邓小平的忠诚和坚定，以及他不断要求工作的态度，为他改变处境打下了一定基础。

到1933年，蒋介石调集50万兵力，亲自指挥对中央苏区进行第五次大规模军事"围剿"，反"围剿"作战成为中央苏区的中心工作。担任红军总政治部秘书长的萧向荣调往前线，中革军委副主席兼总政治部主任王稼祥正在住院疗伤，临时负责总政治部工作的贺昌向王稼祥推荐邓小平担任总政治部秘书长，王稼祥亲自向当时中央的主要负责人博古提出，几经努力得到同意。邓小平于6月回到瑞金。

总政治部机关设在瑞金郊外下肖村西，所辖的组织部、宣传部、武装动员部、敌工部、青年部、秘书处和《红星》报编辑部都设在这里。总政治部秘书长的工作，也是事务性的工作，负责定期收集、综合各军团的情况，向主任、副主任汇报，并代总政治部和中革军委起草各种指示和其他文件。一个月后，邓小平提出想多做一些实际的工作，要求总政治部分配他到下属的宣传部当干事。就这样，邓小平开始主编《红星》报。

《红星》报创刊于1931年12月11日，是中央革命军事委员会的机关报，由红军总政治部编辑出版，主要反映红军和根据地军民军事斗争的情况。邓小平尽心尽力，把《红星》报办得有声有色。他主编的第一期《红星》报在1933年8月6日出版，后来，他把报纸扩大为8版，到10月，还增办了《红星》副刊。

邓小平采用社论、署名文章和开辟《党的生活》《支部通讯》专栏以及专题报道等形式，从各个侧面全面反映红军党的建设、青年工作、政治工作、群众工作、文化娱乐等方面的情况。他还开辟《铁锤》《自我批评》等专栏，揭露红军中存在的官僚主义、消极怠工、贪污浪费、贪生怕死等不良现象，变消极因素为积极因素。

《红星》报像一架大无线电台，红军的各个战斗消息，都可以传到同志们的耳朵里。它通过《消息报道》《最后电讯》《捷报》《前线通讯》《革命战争》等专栏，迅速及时地报道红军的战斗情况和胜利消息。

邓小平还将《红星》报办成为"红军的俱乐部"和红军中各种竞赛的"裁判员"。他通过报纸，帮助红军指战员获得了更多的军事知识、文化知识和生活知识，使红军部队中的文化生活更加生动活泼。

为办好《红星》报，邓小平倾注了大量心血。除他自己是主编外，只有一名通讯员给他当帮手。每期近万字，数十篇文章，从征稿、写稿、编辑加工、版面设计甚至校对，几乎他一人包干。《红星》报犹如战火中绽放的奇葩，受到苏区军民尤其是红军指战员的热烈欢迎。它的发行量，1933年仅在中央苏区就达17300份，在苏区数十种报刊中名列第三，仅次于《红色中华》报和《青年实话》报。

长征开始后，党中央在中央苏区办的其他报刊都已停办，《红星》报是跟随党中央和中央红军一起行动的唯一报纸。为了便于行动，中共中央和红军总部机关及直属单位人员编为两个野战纵队行动，邓小平和《红星》报编辑部随总政治部机关被编入第二野战纵队。《红星》报编辑部的两名工作人员各挑着两只铁皮箱子，走在队伍的中间。铁皮箱里面装着办报的全部设备：一台钟灵牌油印机、几盒油墨、几筒奥国蜡纸、两块钢板、几支铁笔和一些毛边纸。在日夜行军作战中，邓小平仍然坚持办《红星》报。他一边赶路，一边搜集各方面的情况和材料。一到宿营地，别人睡觉时，他就把铁皮箱当成办公桌，写稿、编稿、刻写蜡版、油印报纸。为了轻装，他扔掉了一台笨重的油印机，留着一只手滚的油印机，继续编印。10月20日，邓小平主编的长征中的第一期《红星》报出版了。邓小平亲手题写报头"红星"。头版刊登的文章是《突破敌人封锁线，争取反攻敌人的初步胜利》。文章首先简明地指出了红军战略转移的必要性，并指出"在新的任务与新的战

《红星》报。

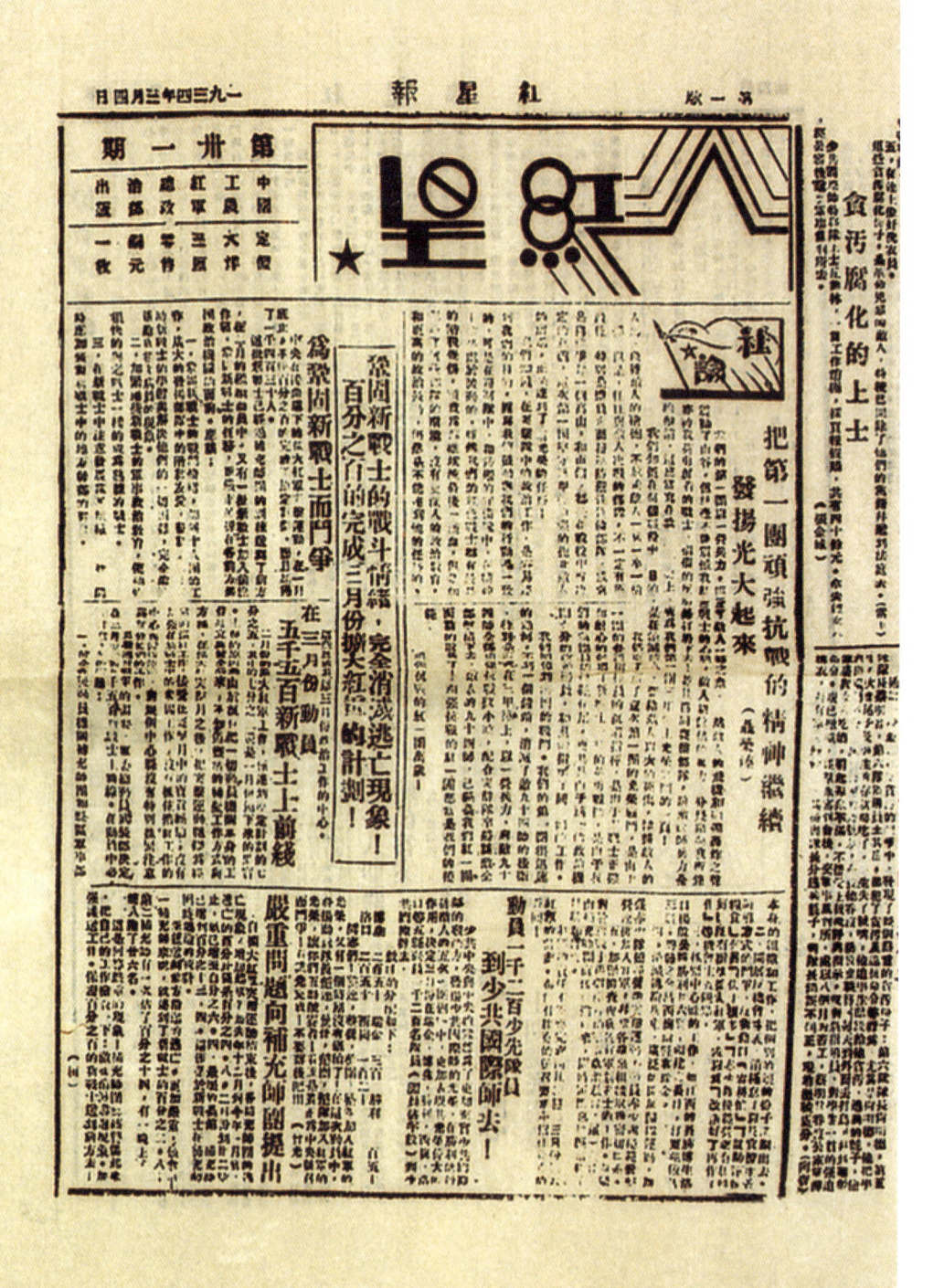

斗的面前，要求每个红色军人以最负责的态度、自我牺牲的精神，坚决的执行上级的指示和命令，用自己的模范来影响和领导其他同志"。邓小平在第二期《红星》报上，编发《十天行军中化装宣传一瞥》等小评论，说明各部队在白区加强宣传和发动群众工作的重要性，指导部队行军途中运用写标语、画壁报等形式向群众作宣传。在11月9日出版的第三期《红星》报上，他编发题为《关于目前地方居民中的工作》的社论，提出要根据白区群众的实际情况，"宣传的方式必须首先从群众切身的利益开始，然后逐步进入到苏维埃基本主张的宣传。必须以最通俗的语言，极大的耐心，同群众接近，来启发他们的斗争"。11月14日，邓小平在第四期《红星》报上编发了一篇重头文章《我们在反攻中的胜利（讨论提纲）》，鲜明地提出："发扬我们的战斗精神，巩固我们的队伍，提高我们的纪律，到处发动群众的斗争，组织群众与瓦解白军，是完成这些任务的必要条件。必须同一切对于我们目前的行动表示怀疑，在前进中所发生的困难面前表示投降无办法，悲观失望，以及逃跑开小差甚至个别投敌的现象，做坚决的斗争。"此外，《红星》报第四期第四版还刊登一篇《怎样解决草鞋问题？》的小文章，提出了解决草鞋问题的三条具体办法："一、供给机关有计划地收买草鞋，尽可能做到发草鞋不发草鞋费；二、将没收土豪的烂衣裤分发给战士、运输员打草鞋；三、发动会打草鞋的同志帮助不会打草鞋的同志打草鞋。"这篇文章帮助部队解决了很大的问题。11月25日出版的第五期《红星》报头版发表社论《以坚决勇敢的战斗消灭当前的敌人》，说明红军摆脱困境的最好办法，就是大量地消灭敌人，号召广大的红军指战员、政治工作人员，"更加发扬顽强战斗的决心，提高战斗情绪到最高限度，随时准备以坚决勇敢的战斗，完全消灭当前之敌"。

12月18日，中央政治局在黎平召开会议，接受毛泽东在通道会议上提出的正确主张，决定中央红军向贵州西北进军，在川黔边创造新的根据地。黎平会议后，中革军委根据新的形势的需要，压缩机关人员，充实战斗部队，同时对干部也进行了一些调整。邓小平调任中央纵队秘书长，也就是中共中央秘书长，《红星》报主编由陆定一接任。到此时，长征已进行了两个多月，《红星》报在长征路上出版了七期。1935年1月9日，邓小平随中央纵队进入遵义城。1月15日至17日，中共中央政治局在遵义召开了扩大会议，即著名的遵义会议。邓小平参加了遵义会议，并担任会议记录工作，虽然没有正式发言，但是亲历了中国共产党这一次重要的历史转折。他后来说："在历史上，遵义会议以前，我们的党没有形成过一个成熟的党中央。从陈独秀、瞿秋白、向忠发、李立三到王明，都没有形成过一个有能力的中央。我们党的领导集体，是从遵义会议开始逐步形成的。"以遵义会议为标志，不仅中国革命的面貌发生了根本改变，邓小平的革命生涯也开始了新的征程。

邓小平手拄一根木棍，和战士们一起，一步一步爬过了大雪山。下山后到达达维镇，中央红军与红四方面军第三十军会师，邓小平同担任红四方面军政治部副主任的老朋友傅钟相遇了。看到邓小平衣衫破烂，傅钟送给他一匹马、一件狐皮大衣和一包牛肉干，这三件礼物为邓小平能够走完长征提供了极大帮助。6月26日，中共中央在两河口召开政治局扩大会议，决定红军集中主力向北进攻，首先取得甘肃南部，创造川陕甘根据地。两河口会议后，为了加强前线的领导力量，中央决定调邓小平担任红一军团政治部宣传部长。到红一军团工作，使他重新回到了军事斗争第一线，而且进入主力红军并担任重要领导职务，这对于他后来在抗日战争和解放战争中，成为人民军队主力部队的主要领导人之一，是非常重要的。

中华人民共和国成立后，邓小平深受党中央和毛泽东的信任。在党的八大上，邓小平当选为中央政治局常委、中央委员会总书记，进入中央领导核心。20世纪60年代初，他是中央第一线主要领导人之一。但在1966年开始的"文化大革命"中，他却被打倒，再次落入人生低谷。

1966年5月16日，中共中央发出"五一六通知"，标志着"文化大革命"的全面发动。当北京高校出现乱揪乱斗现象后，在京主持中央日常工作的刘少奇和邓小平准备向各大中学派驻工作组，把"文化大革命"纳入党的领导的轨道。8月1日，在毛泽东的主持下，中共八届十一中全会在北京召开。毛泽东在会上严厉批评工作组是"镇压群众运动的错误路线"，起了阻碍运动的作用。7日的会上，印发了毛泽东的《炮打司令部——我的一张大字报》，虽然没有点名，但明显是针对刘少奇、邓小平的。此后，邓小平作为被打倒的重要人物，被要求作出检查并被实际停止工作。10月16日，陈伯达在中央工作会议上作《无产阶级"文化大革命"中的两条路线》的发言，指责刘少奇、邓小平提出了"压制群众、打击革命积极分子的错误路线"。邓小平在会上违心地作检讨。在江青、陈伯达、康生、张春桥一伙的精心策划下，对刘少奇、邓小平的批判不断升级。11月8日，聂元梓与另外十人贴出了《邓小平是党内走资本主义道路的当权派》的大字报，全国性鼓噪随之而起。12月25日，蒯大富带领5000余人摇旗呐喊，在北京城区公然进行诬陷刘少奇、邓小平的宣传，把"打倒刘少奇！""打倒邓小平！"等巨幅标语，贴上了天安门城墙。

1967年1月1日，北京20多所高等院校学生和一些群众在天安门广场举行集会，"声讨"刘少奇、邓小平的"罪行"。1月11日，邓小平被取消了出席中央政治局会议的资格。4月1日，

遵义会议旧址。

1956年9月,中国共产党第八次全国代表大会在北京举行。邓小平在会上作关于修改党的章程的报告,着重阐明了执政党的建设问题。

《人民日报》、《红旗》杂志公开点名批判邓小平,称他为"党内另一个最大的走资本主义道路的当权派"。7月29日上午,在戚本禹的具体指挥下,中南海一些"造反派"以开支部会名义,批斗邓小平和他的妻子卓琳。邓小平夫妇受到体罚,被勒令三天内交出"请罪书",当天邓小平即被限制行动自由。1968年5月,邓小平专案组要求邓小平先写一份历史自传,从8岁写起,随写随送专案组,限定最迟7月初全部写完,目的是从中查找邓小平"历史问题"的"线索"。邓小平非常清楚林彪、江青等人的用意,他并没有用激烈的态度抗拒,而是再次表现出镇定和坚忍。他坦然同意写自述。6月20日,邓小平开始在家写《我的自述》,至7月5日下午写出26500多字的初稿,分12个小标题,叙述了自己的出身和经历。他在《我的自述》中表示:我的最大的希望是能够留在党内,做一个普通党员。我请求在可能的时候分配我一个小小的工作,参加一些力所能及的劳动,给我以补过自新的机会。

身陷逆境的邓小平这样处置,展现了他大政治家面对政治风暴的镇定自若和坚忍不拔,他没有失去自信,以冷静和忍耐对待不公、侮辱和冲击,同时努力争取解决自己"问题"的机会。尽管邓小平写清了自己的经历,专案组也没有查到他"叛变自首"等"罪证"材料,但林彪、江青等人并未放过他。1968年7月下旬,邓小平专案组写出题为《党内另一个最大的走资本主义道路的当权派邓小平的主要罪行》的综合报告。报告分7个部分,约15000字,充斥着对邓小平的攻击和诬蔑的内容。但也不得不称:"到目前为止,除了入团、转党问题尚未找到直接人证,以及一些执行机会主义路线的问题外,还没有查到有被捕、叛变、通敌等重大问题的线索。"周恩来在审阅专案组的报告时,就邓小平入团入党问题在报告的下角处批:"邓小平是在留法勤工俭学时入团、转党的,我和李富春、蔡畅同志均知道此事。"这样,邓小平入团转党的事也得到了证明。

毛泽东曾多次表示,对邓小平的态度有两条,一条是:邓小平所犯错误是严重的,要批判。另一条是:刘、邓可以分开,对邓要保。1968年10月召开的中共八届扩大的十二中全会上印发邓小平专案组提交的《党内另一个最大的走资本主义道路的当权派邓小平的主要罪行》的报告后,林彪、江青、康生、谢富治等人大肆批判邓小平。同时,要求开除邓小平的党籍。但毛泽东却在全会上讲话说:"邓小平这个人,我总是替他说一点话,就是鉴于他在抗日战争跟解放战争中间都是打了敌人的,又没有查出他的别的历史问题来。"在10月31日全会闭幕会上,毛泽东在讲话中说:"邓小平,大家要开除他,我对这一点还有一点保留。我觉得这个人嘛,总要使他跟刘少奇有点区别,事实上是有些区别的。""我这个人的思想恐怕有点保守,不合你们的口味,替邓小平讲几句好话。"毛泽东

1965年，邓小平参加北京地下铁道开工典礼。右三为朱德，右二为彭真。

1966年"文化大革命"开始后，邓小平受到错误批判。1969年10月，他被送到江西南昌新建县监督劳动。这是逆境中的邓小平夫妇及继母夏伯根。左为夏伯根，右为卓琳。

在关键时刻的明确表态,使林彪、江青等人开除邓小平的党籍并将他置于死地的阴谋未能得逞,从而保住了邓小平的政治生命。

不仅如此,毛泽东还想起用邓小平。据当时的"中央文革"成员王力回忆,1967年7月16日毛泽东曾说:"林彪要是身体不行了,我还是要邓出来。邓至少是常委。"在林彪、江青倒邓风潮中,毛泽东仍然想在党的九大上让邓小平当中央委员,他在1967年9月20日晚的一次谈话中说:邓小平恐怕要保。第一他打过一些仗。第二他不是国民党的人。第三他没有"黑修养"(指刘少奇《论共产党员的修养》一文)。可不可以选他当中央委员,你们讨论一下,九大谁可以当中央委员?邓小平是一个标兵。

但在"文革"的政治环境下,由于林彪、江青的拼命阻挠,邓小平仅仅保住了党籍。在中南海含秀轩被监管了两年之后,邓小平又被送到江西省新建县拖拉机厂接受劳动改造和再教育,开始了半劳动、半读书的生活,在那里度过了三个艰难的春秋。

在此期间,邓小平身心受到了巨大摧残。此时的邓小平,大儿子因他致残,下落不明,其他几个孩子下乡的、下放的,分散各处,一时音讯全无,他自己在这里,仍然处于受监管状态。1970年,邓小平的工资被扣发,实际上只给一点儿生活费,致残的大儿子找到后接来,由邓小平和卓琳亲自照顾。从中央政治局常委一下子跌落到长期监管对象的邓小平并不悲观,也没有消沉,没有急躁,更没有丝毫垂头丧气的样子,他仍然镇定沉稳,在忍耐中等待,在逆境中彰显出坚忍不拔的性格。这是他长期革命斗争实践锤炼出来的坚强品格。他每天上班都笑着与大家打招呼。平时言语不多,但与工人相处得很融洽。逆境中的邓小平如此乐观,是因为他有一个坚定的信念:我的问题终究能够搞清楚,我一定要复起,出来工作。在江西,邓小平每天坚持听广播、读报,思考国家的大事情。他去工厂劳动之余,就静下心来读书,或者在自己动手开辟的菜园子里劳动。他非常平静,很少说话,忧愁和烦躁仿佛和他无缘。晚饭后,在院子中一圈圈地散步、思索。

邓小平女儿邓榕当时有一段时间陪伴在父亲身边,见证了这一切,她在《我的父亲邓小平:"文革"岁月》一书中写道:

"父亲又开始了晚饭后在院中的散步。围着小楼,他一步一步、一圈一圈地走着,走得很快,却很从容。他就这样地走着,沉默地走着,一边走着,一边思索。他不是在担忧眼前生活的艰难,更不是在考虑个人的政治机缘。他不断思索的,是几十年的革命画卷,是党和国家所走过的不平坦的道路,是胜利的辉煌,是惨痛的教训。"

1971年"九一三事件"后,受到极大震动的毛泽东开始重新考虑政治格局和人事安

在江西艰难的日子里,刚出生的外孙女,给邓小平带来了难得的快慰。

排。有丰富政治经验的邓小平预感到自己争取复出、为人民再做工作的时机来了。1971年11月5日上午,他在工厂听了中共中央关于林彪叛国出逃的通知及其反党集团的罪行材料的正式传达,经过思考,于三天后给毛泽东写了一封信。信中除了表示坚决拥护中共中央关于处理林彪反党集团的决定,还汇报了自己两年来在江西及孩子的情况。毛泽东阅信后要求汪东兴继续管邓小平的事,并在信封上批示:"印发政治局。他家务事请汪(东兴)办一下。"虽然毛泽东还没有表示让邓小平复出,但这封信却重建了两人之间的联系。1972年1月10日,毛泽东出席陈毅追悼会时,说邓小平是"人民内部矛盾"。毛泽东这个定性,对邓小平命运的改变起了关键作用。在场的周恩来马上暗示陈毅家人将此信息传递出去。1972年8月3日,邓小平在江西再次致信毛泽东。信中除对林彪集团进一步揭发、批判,对自己的"错误"作检查外,重要内容是提出了工作要求:"我觉得自己身体还好,虽然已经六十八岁了,还可以做些技术性的工作(例如调查研究工作),还可以为党、为人民工作七八年,以补过于万一。"毛泽东于8月14日阅信后批示:"邓小平同志所犯错误是严重的,但应与刘少奇加以区别。""他在中央苏区是挨整的,即邓、毛、谢、古四个罪人之一,是所谓毛派的头子","他协助刘伯承同志打仗是得力的,有战功"。毛泽东的批示,为邓小平的政治命运带来了转机。同日,周恩来批示汪东兴"立即照办"。当晚,周恩来主持中共中央政治局会议,传达毛泽东的批示内容。1972年12月18日已查出患有癌症的周恩来写了一封信给纪登奎、汪东兴,提出:邓小平曾要求做点工作,请你们也考虑一下,主席也曾提过几次。12月27日,纪登奎、汪东兴就安排邓小平重新工作一事复信周恩来,提出:邓仍任副总理,分配适当工作。周恩来阅后表示:邓事待请示主席后定。

毛泽东决定起用邓小平,同意恢复邓小平的国务院副总理职务。1973年3月10日,中共中央发出《关于恢复邓小平同志的党的组织生活和国务院副总理的职务的决定》。1973年3月29日下午,已经回到北京的邓小平随周恩来到毛泽东处谈话。毛泽东和邓小平见面握手时说:"努力工作,保护身体。"毛泽东问起这些年是怎么过来的,邓小平回答说:"等待。"这是两人分别六年后的第一次会面,邓小平用"等待"两字高度概括自己六年磨难中的思想,充分显示了他不屈不挠,沉着坚韧,处逆境而不消沉的乐观主义精神。当晚,周恩来主持召开的中共中央政治局会议,邓小平参加。会议决定:邓小平正式参加国务院业务组工作,并以国务院副总理身份参加对外活动;有关重要政策问题,邓小平列席政治局会议参加讨论。3月30日,周恩来致信毛泽东,报告政治局会议所议上述事项,毛泽东批示:同意。邓小平正式恢复国务院副总理工作。1973年4月12日晚,周恩来在人民大会堂主持盛大宴会，热烈欢迎西哈努克亲王和夫人一行，邓小平以国务院副总理身份出席晚宴。经过对邓小平复出后工作情况的观察，毛泽东对他的工作很满意。1973年12月，毛泽东提议邓小平为中央政治局委员、中央军委委员兼中国人民解放军总参谋长。1974年12月下旬，毛泽东在长沙与前来汇报四届人大筹备工作情况的周恩来、王洪文多次谈话，在谈话中称赞邓小平"政治思想强""人才难得"，并且决定，在周恩来生病的情况下，由邓小平主持国务院的工作。1975年邓小平出任中央政治局常委、中央副主席、中央军委副主席兼中国人民解放军总参谋长，这标志着邓小平走完了第二次由"落"到"起"的路程。

邓小平始终坚信正义必将战胜邪恶，真理必将战胜谬误。尽管黑云压城，他却勇敢地置个人荣辱安危于度外，与恶势力进行不屈不挠的斗争。邓小平这种独特的党性人格魅力，不仅受到党内外人士的敬重，也深受外国友人的敬佩和赞誉。西方一家杂志社送给他一个雅号——"打不倒的东方小个子"。加拿大前总理皮埃尔·特鲁多在一次与邓小平的会谈中，曾向邓小平询问重返政治舞台的"秘诀"，邓小平意味深长地回答："忍耐。"这种在逆境中"容天下难容之事"，等待时机再干大事的涵养，鲜明地体现他认定目标，锲而不舍地追求真理，不随波逐流，独立思考的党性人格魅力。

1975年，周恩来病重，邓小平在毛泽东和周恩来的支持下主持中央工作。他根据毛泽东的指示，同"四人帮"进行了针锋相对的斗争。主持党、政、军工作期间，邓小平不顾个人荣辱，冒着再次被打倒的风险，力挽狂澜，对军队、工业、农业、交通、科教、文艺等领域进行大刀阔斧的全面整顿。他斩钉截铁地指出："现在问题相当多，要解决，没有一股劲不行。要敢字当头，横下一条心。"

整顿，就是要把"文化大革命"搞乱了的社会生产秩序恢复正常，这必然触动靠"文革"起家的"四人帮"的利益。于是，"四人帮"利用各种机会，不断向毛泽东吹风，说邓小平要否定"文化大革命"，要刮"右倾翻案风"。毛泽东认为"文化大革命"是他一生做的两件大事之一，因此不能容忍邓小平否定"文化大革命"。他多次批评邓小平要算"文化大革命"的账，"走资派还在走"。但是，毛泽东仍然对邓小平抱有希望，说："他还是人民内部问题，引导得好，可以不走到对抗方面去（如刘少奇、林彪那样）。邓与刘、林还是有一些区别的，邓愿作自我批评，而刘、林则根本不愿。要帮助他，批他的错误就是帮助，顺着不好。批是要批的，但不应一棍子打死。"

1975年底，中央政治局会议根据毛泽东的意见，提出由邓小平主持作一个关于"文化大革命"的决议，总的看法是"文化大革命"基本正确，有所不足。邓小平婉拒，表示：

1973年8月，邓小平在中国共产党第十次全国代表大会上当选为中央委员。左为邓颖超。

由我主持写这个决议不适宜,我是桃花源中人,"不知有汉,无论魏晋"。由于系统纠正"文化大革命"的错误,邓小平又一次被错误地撤职、批判。

1975年冬,毛泽东发起了"反击右倾翻案风"的运动。邓小平被定为"右倾翻案风"的"风源"。"批邓、反击右倾翻案风"运动并没有得到全国干部和群众的积极拥护,而只限于在主要报刊上发表由"四人帮"组织写作的文章,挑选一些"学习无产阶级专政下继续革命理论积极分子"开讨论会、发表演讲和写文章,因此江青不得不亲自出面批邓。1976年2月20日,江青在"批邓、反击右倾翻案风"会议期间,与上海代表谈话时攻击邓小平,说:"他是一言堂,独立王国,法西斯。"并恨恨地说:"要集中火力揭批邓小平,去年他斗了我几个月。我是关在笼子里的人,现在出来了,能讲话了,我要控诉他。"但江青的煽动并没有收到她预想的结果,各地党组织没有积极响应"批邓"的号召。可以说,这场运动由于干部群众想不通而受到了不同形式的抵制。

1976年1月8日周恩来总理逝世后,邓小平不再主持中央工作。2月2日,中共中央发出通知,由华国锋同志任国务院代总理。虽然邓小平在党内、政府内和军内的职务还没被免,但实际上他已不能工作,"靠边站"了。很快,"批邓"运动在全党大规模开展。"批邓、反击右倾翻案风"运动的冲击,使全国生产秩序混乱,社会出现动荡不安局面。1976年4月初,天安门广场出现了群众自发悼念周恩来、反对"四人帮"、拥护邓小平的运动。4月4日晚,中央召开政治局会议。在江青等人的左右下,这次会议把天安门广场悼念活动的性质定为"反革命搞的事件","是邓小平搞了很长时间的准备形成的"。与此同时,天安门广场群众运动却发展起来。1976年4月5日清明节在北京天安门广场爆发的"四五事件",是人民群众悼念周恩来、拥护邓小平、反对"四人帮"的强大抗议运动。有群众愤怒声讨"四人帮",公开为邓小平辩护;还有人在天安门广场周围的松树上挂了许多小瓶子,呼唤"小平",表达对邓小平的敬意。天安门广场成了声讨"四人帮"的主要战场。毛泽东于4月6日批示赞同毛远新整理的4月5日政治局会议报告,将天安门广场群众运动判定为"反革命事件"。4月7日上午,毛泽东再次听取毛远新汇报,肯定了中央政治局对天安门广场事件所采取的措施,提议由政治局作出两项决议:一、任命华国锋为党中央第一副主席、国务院总理;二、撤销邓小平党内外一切职务,保留党籍,以观后效。对邓小平的批判迅速升级,"批邓、反击右倾翻案风"几乎冲击所有领域。

毛泽东对邓小平还是采取了一个异乎寻常的保护措施:派汪东兴秘密把邓小平安置在东交民巷一所房子里保护起来。4月7日,中央警卫局派人到邓小平住的地安门东大街

1976年1月,周恩来与世长辞。在追悼大会上,邓小平代表中共中央致悼词。4月,邓小平再次被撤销党内外一切职务。

43号,接邓小平到东交民巷17号。邓小平的女儿邓榕回忆当时的情形时写道:我们全家老老少少近十口人,年轻的扶着老的,大人抱着孩子,一起给父亲送行。邓林灵机一动,在最后的一刻,想起往父亲的中山服口袋里放进了一副扑克牌……泪水涌上了我们的眼睛。也许,这就是与父亲的永诀啊!家人心里清楚,邓小平此去前途难料。周恩来已经逝世,叶剑英也实际上"靠边站"了,"四人帮"还在台上,在政治局有一定势力,并且还在大力抓捕在天安门广场抗议"四人帮"的人。毛泽东身患重病,身体极度虚弱,华国锋刚刚担任中共中央第一副主席、国务院总理,能否掌控住局面还很难说,如果毛泽东去世,"四人帮"上台,邓小平就性命堪忧。

面对人生第三次大磨难,邓小平依然表现出从容乐观的政治品格。他沉默无语,从容地随来人乘车住到东交民巷17号院。当天下午,他的夫人卓琳也被接到这里来。在17号院,只有警卫,没有任何人跟随,邓小平与卓琳就自己打扫卫生和洗衣做饭。过了一段时间,警卫找来了原来的厨师,帮助做午、晚两餐,早餐还是他们自己准备,好在他们的早餐一贯简单。17号院外边的世界非常热闹,"四人帮"在全国范围展开了公开点名的"批邓、反击右倾翻案风"运动。邓小平从报纸和广播里也知道这些,但他根本不理会这些政治闹剧,平静而从容,吃得饱、睡得香,照样有规律地生活。只是孩子们不在身边,使他们感到寂寞和惦念。不久,卓琳因病住院了,17号院就只剩下邓小平一个人,他依然保持平静从容的性格,每天生活很有规律。实在没事可做,他就拿出邓林塞到他衣服口袋里的扑克牌,一个人在桌子上摆牌开牌。邓小平女儿回忆说:这副全新的扑克牌,到了最后,已被用得牌角都磨白了。

7月19日,汪东兴感到局势稳定,请示毛泽东同意后,才由中央警卫局派人把邓小平接回宽街与家人团聚。但邓小平仍然不能走出这座小小的四合院,也没有任何事情可做。面对如此处境,邓小平毫不怨天尤人,更没有半点悲观失望,始终保持乐观的情绪。没有事情做,他就自己找点儿既能锻炼身体又有些益处的体力活干。见院子里杂草丛生,无人清理,他就找来一把过去工作人员丢弃在库房里的大剪刀去剪院子里的杂草。时值盛夏,太阳很毒,穿着一件破了好几个洞的老头衫的邓小平却站在毒辣辣的日头下,用剪刀认真地剪草,汗水从额头上下来,湿透了衣衫。经他种植、伺弄,原来空空荡荡的院子,长满了青草绿树和鲜花。

当时的人们以及后来的许多人都不理解,邓小平在遭受严重政治打击的情况下,何以能够这样从容、淡定。后来,邓小平自己作了解答。1984年3月25日,日本首相中曾根康弘曾问邓小平:在你个人的经历中,最痛苦的是什么?邓小平回答:"我一生最痛苦的当然是'文化大革命'的时候。其实即使在那个处境,也总相信问题是能够解决的。前几年外国朋友问我为什么能度过那个时期,我说没有别的,就是乐观主义。所以,我现在身体还可以。如果天天发愁,日子怎么过?"

1976年10月,"四人帮"被粉碎。邓小平得知后,先后给华国锋写了两封信。1976年底,邓小平因病住院,当医务人员问他出来工作准备怎么干时,邓小平仍然坚定地说:"我还是那一套,无非第四次被打倒。"12月14日,华国锋批准恢复邓小平看文件的权利,并且亲自在301医院为邓小平治病的手术方案上签字。之后,叶剑英将邓小平接到西山居住。

在广大领导干部和人民群众的强烈呼吁下,1977年7月17日,党的十届三中全会通过了《关于恢复邓小平同志职务的决议》,决定恢复邓小平的中共中央委员,中央政治局委员、常委,中共中央副主席,中共中央军委副主席,国务院副总理,中国人民解放军总参谋长的职务。这是邓小平一生"三落三起"中的第三次复出。

对于这传奇性的人生经历,邓小平自己却看得很平常,只是在开玩笑的时候才偶尔提及。当外国客人问他为什么能够历经磨难而不倒时,邓小平平静地说:"我能在被打倒后的极其困难的情况下坚持下来,没有什么秘诀,因为我是共产主义者,也是乐观主义者。"

第三次复出后,邓小平在党的十届三中全会上的讲话中表态说:"作为一名老的共产党员,还能在不多的余年里为党、为国家、为人民做一点力所能及的事情,在我个人来说是高兴的。出来工作,可以有两种态度,一个是做官,一个是做点工作。我想,谁叫你当共产党人呢,既然当了,就不能够做官,不能够有私心杂念,不能够有别的选择,应该老老实实地履行党员的责任,听从党的安排。"他在之后的实践中履行了他的诺言,凭着对马克思主义和社会主义事业坚定的信念,以巨大的政治勇气和理论勇气,领导党和人民拨乱反正,改革开放,成功开创出一条中国特色社会主义的通衢大道。

【评价】

我们芬兰语中有个特别的词语:忍耐。含义是拥有崇高的信仰,对为之奋斗的事业充满信心。这个忍耐与信仰便是邓小平的财产。

——芬兰前首相索尔萨

他对中国的发展目标胸有成竹,希望中国人民主要依靠自己的力量发展自己,而这一点中国确实做到了,并已经发展成为经济巨人。

——肯尼亚前总统莫伊

1977年7月31日，复出不久的邓小平在中国人民解放军建军50周年庆祝大会上。

四、"对社会主义的前途充满信心"

中国搞社会主义，是谁也动摇不了的。我们搞的是有中国特色的社会主义，是不断发展社会生产力的社会主义，是主张和平的社会主义。只有不断发展社会生产力，国家才能一步步富强起来，人民生活才能一步步改善。

——邓小平

社会主义是可爱的，为社会主义奋斗是值得的，这同时也是为共产主义奋斗。

——邓小平

坚定维护社会主义，是邓小平从未改变的鲜明立场。20世纪80年代末90年代初，当国际共产主义运动遭遇挫折，中国社会主义面临重大考验的关头，邓小平挺身而出，坚定地指出，中国人民不怕孤立，不信邪。不管国际风云怎么变幻，中国都是站得住的。社会主义的中国谁也动摇不了，我们要坚持我们的社会主义制度，实现我们的发展战略，振兴中华民族。关键时刻，邓小平再次表现出一个坚定的共产党员矢志不渝的信念。

20世纪80年代后期，世界局势出现重大变化。一方面，美苏对峙的冷战格局趋向缓和；另一方面，东欧社会主义国家及苏联先后出现政治动荡，执政的共产党、工人党面临巨大压力。1989年春夏之交，中国发生了严重的政治风波。以美国为首的西方国家加紧对社会主义国家施压，试图以压促变。国际共产主义运动面临严峻考验，一些人在理想信念上产生了动摇。这时有人断言，社会主义已经成为20世纪的历史遗产。国内外、党内外对社会主义的忧虑、质疑和失望随之产生。作为一名坚定的马克思主义者，邓小平深刻认识人类社会历史的发展规律，认真总结共产党执政的经验教训，系统思考中国改革开发的生动实践，坚信"社会主义中国谁也动摇不了"。他旗帜鲜明，坚决维护国家的独立、尊严、安全和稳定，使党和国家经受住了险风恶浪的严峻考验，坚持了中国特色社会主义的正确航向。

1989年政治风波后，西方一些国家从政治上、经济上、外交上对中国进行所谓"制裁"。7月14日，西方七国首脑和欧洲共同体委员会主席在巴黎开会，宣布对中国采取中止高层政治接触及延缓世界银行贷款等"制裁"措施。西方"制裁"导致中国同西方的政治经济关系出现了严重倒退。一些外商对华投资项目、中外合作项目的建设，都因此受到影响。1989年，中国引进的外资由上年的98.13亿美元减少到51.85亿美元。中国对外关系遭遇了改革开放以来空前的压力和困难局面。

对国际国内形势的演变，邓小平有十分清醒的认识。1989年6月9日，邓小平在接见首都戒严部队时讲话指出："四个坚持本身没有错，如果说有错误的话，就是坚持四项基本原则还不够一贯，没有把它作为基本思想来教育人民，教育学生，教育全体干部和共产党员。""我们原来制定的基本路线、方针、政策，照样干下去，坚定不移地干下去。"9月4日，他在同中央负责同志谈话时说："国际局势还有一个方面，就是社会主义国家动乱。东欧、苏联乱，我看也不可避免，至于乱到什么程度，现在不好预料，还要很冷静地观察。"11月，他在会见南方委员会主席、坦桑尼亚革命党主席尼雷尔时指出："我希望冷战结束，但现在我感到失望。可能是一个冷战结束了，另外两个冷战又已经开始。一个是针对整个南方、第三世界的，另一个是针对社会主义的。西方国家正在打一场没有硝烟的第三次世界大战。所谓没有硝烟，就是要社会主义国家和平演变。"从根源上说，西方国家视社会主义为异端，和平演变的战略从未改变。这种策略对东欧剧变起了重要作用，中国的政治风波也是受此影响，正如邓小平指出的那样："这场风波迟早要来。这是国际的大气候和中国自己的小气候所决定了的，是一定要来的，是不以人们的意志为转移的，只不过是迟早的问题，大小的问题。"在他看来，部分西方国家之所以几十年如一日，不遗余力地推行和平演变的策略，目的就是要彻底消灭社会主义制度。随着东欧一些社会主义国家的共产党和工人党在剧变中纷纷丧失政权，特别是第一个社会主义国家苏联解体后，国际共产主义运动遭受重大挫折，社会主义的中国面临着巨大的压力。据中央外事工作领导小组原办公室主任、中央安全工作领导小组原办公室主任刘华秋回忆："东欧剧变、苏联解体，当时西方的很多预言家都讲，说社会主义不行了，马克思主义也不行了，那么这个动乱，这个解体还要进入高潮。后来小平同志看到西方这些预言家这些判断以后，他是很愤慨的，愤慨地指出，他说中国的社会主义肯定能够成功的，他当时说关键是我们自己，特别是我们这个党要坚定。"1989年9月，邓小平在同中央负责同志谈话时以大无畏的气势明确提出："别人的事情我们管不了，只讲一个道理：中国的社会主义是变不了的。中国肯定要沿着自己选择的社会主义道路走到底。谁也压不垮我们。只要中国不垮，世界上就有五分之一的人口在坚持社会主义。我们对社会主义的前途充满信心。"

同时，为了党和国家的长治久安，邓小平完全退出中央领导岗位。他退下来的时候，真切表达了退休后对党和国家事业不变的情怀。他说："作为一个为共产主义事业和国家的独立、统一、建设、改革事业奋斗了几十年的老党员和老公民，我的生命是属于党、属于国家的。退下来以后，我将继续忠于党和国家的事业。"退休以后，邓小平依然关心和思考社会主义的前途和命运，关注党和国家的发展。1990年3月，他在同中央几位负责同志谈话时指出："对国际形势还要继续观察，有些问题不是一下子看得清楚，总之不能看成一片漆黑，不能认为形势恶化到多么严重的地步，不能把我们说成是处在多么不利的地位。实际上情况并不尽然。世界上矛盾多得很，大得很，一些深刻的矛盾刚刚暴露出来。我们可利用的矛盾存在着，对我们有利的条件存在着，机遇存在着，问题是要善于把握。综观全局，不管怎么变化，我们要真正扎扎实实地抓好这十年建设，不要耽搁。这十年时间能够实现第二个翻番，就是我们最了不起的胜利。"他强调，中国改革开放以来发展迅速，国力显著增强，人民生活水平明显改善，人民群众真心拥护改革开放，拥护共产党和社会主义制度，而且中国仍然处于战略机遇期，是千载难逢的发展机会，要紧紧抓住，不能错过。1991年，邓小平在与金日成谈话时说："现在整个世界的格局还没有定，恐怕要成十年成十年的时间才能形成。在这个过程中，我们主要是观察，少露锋芒，沉着应付。孤立中国，谁也办不到。"他还明确指出："还是社会主义好，还是共产党的领导好。真正要出问题，是我们内部出问题，别人拿我们没办法，美国也没办法。因此我们扎扎实实地做好工作，包括自我教育，党员干部的模范作用，不搞特殊化，这是过硬的东西。中国是大国，也可以说中国的社会主义事业不垮，世界的社会主义事业就垮不了。东欧、苏联的事件从反面教育了我们，坏事变成了好事。问题是我们要善于把坏事变成好事，再把这样的好事变成传统，永远丢不得祖宗，这个祖宗就是马克思主义。"

面对纷繁严峻的国际局势，邓小平提出了冷静观察、稳住阵脚、沉着应付、韬光养晦、善于守拙、决不当头的战略策略方针。他特别强调，国际舆论压我们，要坚决顶住。一是"绝不能示弱"，二是"泰然处之"。"朋友还要交，但心中要有数。""要沿着自己选择的社会主义道路走到底。谁也压不垮我们。"他的一系列指示帮助中国度过了那段艰难的岁月。

1992年初，当国际国内形势发生重大变化，中国处在向何处去的关键时刻。苏联的解体导致长期以来的冷战结束，两极格局正在向多极化演进，经济全球化的趋势初见端倪，为加快发展和扩大开放提供了广阔空间和便利条件。经过三年治理整顿的中国经

1989年6月9日，邓小平在中南海怀仁堂接见首都戒严部队军以上干部，发表重要讲话。他强调：要坚定不移地坚持党的十一届三中全会以来制定的一系列路线、方针、政策，冷静地考虑过去，考虑未来。

退休之日,邓小平与家人在一起。

1992年1月，邓小平在武昌火车站与湖北省负责人谈话。

1993年底，邓小平在上海冒着霏霏细雨参观杨浦大桥，途中笑吟："喜看今日路，胜读十年书。"左一为吴邦国，左二为黄菊。

济,已经恢复了元气。周边一些国家和地区,尤其是被称为亚洲"四小龙"的韩国、新加坡以及中国香港和中国台湾的发展态势迅猛。与它们相比,中国内地在经济上还存在着明显差距,更不必说与美国、日本以及欧洲发达国家的差距。处在夹缝中的中国,如不急起直追,迎头赶上,前途不堪设想。然而,许多人的思想此时还被"左"的错误困扰和束缚着。面对复杂多变的国际国内形势,特别是在苏联、东欧"易帜",改革开放遇到问题,出现了一些负面现象后,党内和社会上出现了这样那样的议论和倾向,各种思想相互激荡。千载难逢的机遇稍纵即逝,中国能不能抓住机遇,有所作为?每五年举办一次的党的代表大会,将在这一年如期举行。十四大确定一个什么样的奋斗目标?中国今后的路怎样走,往何处去?是继续加快改革步伐,还是就此止步?是继续扩大开放,还是退回到原来的老路?这许许多多的问题如果不给出明确的答案,中国的发展将举步维艰。

困扰人们思想的诸多问题急需回答,中国又一次来到历史的十字路口,改革开放成败和社会主义现代化建设前途命运,到了作出抉择的重要时刻。就在此时,邓小平不顾88岁高龄,于1992年1月18日至2月21日,凭着对党和人民伟大事业的深切期待,先后赴武昌、深圳、珠海和上海视察,并发表重要谈话。在南方谈话中,他反复强调:"我坚信,世界上赞成马克思主义的人会多起来的,因为马克思主义是科学。它运用历史唯物主义揭示了人类社会发展的规律。封建社会代替奴隶社会,资本主义代替封建主义,社会主义经历一个长过程发展后必然代替资本主义。这是社会历史发展不可逆转的总趋势,但道路是曲折的。资本主义代替封建主义的几百年间,发生过多少次王朝复辟?所以,从一定意义上说,某种暂时复辟也是难以完全避免的规律性现象。一些国家出现严重曲折,社会主义好像被削弱了,但人民经受锻炼,从中吸收教训,将促使社会主义向着更加健康的方向发展。因此,不要惊慌失措,不要认为马克思主义就消失了,没用了,失败了。哪有这回事!"他还说:"我们要在建设有中国特色的社会主义道路上继续前进。资本主义发展几百年了,我们干社会主义才多长时间!何况我们自己还耽误了二十年。如果从建国起,用一百年时间把我国建设成中等水平的发达国家,那就很了不起!从现在起到下世纪中叶,将是很要紧的时期,我们要埋头苦干。我们肩膀上的担子重,责任大啊!"

3月26日,《深圳特区报》率先发表了《东方风来满眼春——邓小平同志在深圳纪实》的重大报道,并集中阐述了邓小平南方谈话的要点内容。这历史性谈话也成为1992年度中国乃至亚洲的重大新闻,有力地激发了全社会的发展活力。1992年我国GDP总量同比增长14%,成为1988年以来增速最快的一年,且之后一直保持10%以上的增长速度。

同时，南方谈话也为秋季召开的十四大奠定了总基调和主旋律，建设社会主义市场经济体制已成为党心民心所向，并成为我国再度深化改革、加快开放的引擎和动力。另外，南方谈话对于纠正党内外一些人的错误观念和消极思想起到了巨大的促进作用，明确了90年代社会主义现代化建设的总航向，为全面建设小康社会奠定了坚实的思想基础和理论基础，对党的第三代中央领导集体团结带领全国人民顺利迈向新世纪提供了行动指南和理论准备。邓小平南方谈话的发表，标志着邓小平理论的形成和成熟，他在历史的关键时刻，及时、深刻地回答了我国改革开放中"什么是社会主义，怎样建设社会主义"的重大问题，极大地解放了人们的思想和坚定了人们的社会主义信念，极大地推动了我国改革开放的进程，是建设有中国特色社会主义道路上的又一座里程碑，成为继十一届三中全会以来的第二份宣言书，指引了中华民族沿着中国特色社会主义道路前进的正确航向。从此，一个快速发展的社会主义中国屹立于世界的东方。

1992年7月，邓小平在与弟弟邓垦的谈话中真诚地说："共产主义理想是伟大的，但要经过相当长的历史阶段才能达到。社会主义是可爱的，为社会主义奋斗是值得的。这同时也是为共产主义奋斗。"

1993年夏，年近九旬的邓小平冒着酷暑审阅了《邓小平文选》第三卷全部文稿，他说："这本书有针对性，教育人民，现在正用得着"，"这是个政治交代的东西"。曾参加《邓小平文选》第三卷编辑工作的郑必坚回忆说："在小平同志指导下编《邓选》第三卷的亲历，使我感慨万分，受益匪浅，像小平同志这样一位代表了时代的伟大人物，以89岁的高龄，在伏暑盛夏的时节，亲身投入编审工作，而且抓得那样紧，那样细，终于完成了一部具有重大现实和长远的战略意义的理论著作，把它作为'政治交代'献给党，献给祖国和人民。这种情形，古往今来，恐怕也是罕见的吧！"邓小平晚年的论述，在对人类社会发展规律的科学把握中，表达了一位共产主义者坚定的理想信念，激励着全党为中国特色社会主义事业不懈奋斗的信心和热情，凝聚起各方力量，从而夯实了广泛牢固的群众基础。邓小平坚信马克思主义是科学，坚信马克思主义就是坚持和发展社会主义。

作为一位世纪伟人，邓小平亲身经历了中国革命、建设、改革各个历史时期的艰辛历程，深深了解中国人民、中国共产党通过艰苦的斗争和探索，选择马克思主义、选择社会主义的历史过程，认定必须把马克思主义基本原理同中国实际和时代特征相结合，走自己的道路，不断开拓创新，才能实现中华民族的振兴。

邓小平曾指出："只要中国不垮，世界上就有五分之一的人口在坚持社会主义"，"只要中国社会主义不倒,社会主义在世界将始终站得住"。40多年来,中国正是在沿着邓小平开创的中国特色社会主义道路不断前进,创造了经济健康发展的奇迹,形成了政治稳定、经济发展、民族团结、社会进步的生机勃勃的局面,显示出社会主义的巨大活力和发展前景。中国特色社会主义的伟大实践,在世界社会主义发展史上树立起了一座伟大的里程碑。

【评价】

邓小平是一个伟大的人,而他的伟大源于他对自己国家和民族的忠诚。

——柬埔寨前国王西哈努克

我遇见了一位能掌握住国家局势的领导人。邓小平能够代表他的整个国家说话,他流露出绝对的信心,胸有成竹和意志坚强。

——瑞典前首相卡尔松

他在中国的历史上发挥了如此显著的作用,中国人民将永远怀念他。

——英国女王伊丽莎白二世

我们纪念邓小平同志，就要学习他对人民无比热爱的伟大情怀。热爱人民，是邓小平同志一生最深厚的情感寄托，也永远是中国共产党人应该坚守的力量源泉。

邓小平同志曾经写道："我是中国人民的儿子，我深情地爱着我的祖国和人民。"邓小平同志从对人民的挚爱，延伸到对党、对祖国的挚爱。他说过："我的生命是属于党、属于国家的。"这质朴的语言，集中表达了邓小平同志对党、对祖国、对人民的大爱。

邓小平同志高度重视人民群众的地位和作用，他强调："群众是我们力量的源泉，群众路线和群众观点是我们的传家宝。党的组织、党员和党的干部，必须同群众打成一片，绝对不能同群众相对立。如果哪个党组织严重脱离群众而不能坚决改正，那就丧失了力量的源泉，就一定要失败，就会被人民抛弃。"在他的一生中，无论身居要职还是身陷困苦，都始终与人民群众同甘共苦，努力为党和国家分忧解难。

邓小平同志孜孜以求的是增进人民福祉。他多次讲："贫穷不是社会主义，社会主义要消灭贫穷。不发展生产力，不提高人民的生活水平，不能说是符合社会主义要求的。"他领导改革开放和社会主义现代化建设，心中想着的就是最广大人民。

邓小平同志坚持从人民创造历史的活动中吸取思想营养和前进力量。他说："改革开放中许许多多的东西，都是群众在实践中提出来的"，"绝不是一个人脑筋就可以钻出什么新东西来"，"这是群众的智慧，集体的智慧"。他反复强调，要把人民拥护不拥护、赞成不赞成、高兴不高兴、答应不答应作为制定方针政策和作出决断的出发点和归宿。邓小平同志始终以人民利益为最高准则来开展领导工作。

爱祖国、爱人民，是最深沉、最有力量的情感，是博大之爱。我们要学习邓小平同志对祖国、对人民的深情大爱，始终为人民利益而奋斗，任何时候任何条件下都忠于祖国、忠于人民，脚踏实地践行党的宗旨，把自己的一生交给党和人民，为党和人民的事业鞠躬尽瘁，死而后已。

——习近平在纪念邓小平同志诞辰110周年座谈会上的讲话（2014年8月20日）

第二章　热爱人民

邓小平同志曾经写道："我是中国人民的儿子，我深情地爱着我的祖国和人民。"一句朴实而又饱含真情的话语，表达了邓小平对祖国和人民的无限忠诚和热爱，是邓小平一生人格情怀的真实写照。国家富强、民族振兴、人民幸福，是邓小平一生的不懈追求。他热爱人民，心系人民，时刻关注最广大人民的利益和愿望，总是把人民拥护不拥护、赞成不赞成、高兴不高兴、答应不答应作为制定方针政策和作出决断的出发点和归宿。

一、"同群众一块吃苦，任何困难都能够克服"

我们所做的一切事情，都必须符合人民的利益，对于损害人民利益的事情就应该加以反对，加以纠正；对于人民的困难就必须毫不犹豫地采取办法，有步骤、有方法地加以解决。

——邓小平

党的组织、党员，都要永远站在人民一边，同人民在一起，了解他们的要求，倾听他们的呼声，采取各种办法保护和争取他们的利益。

——邓小平

越是困难的时候，越要关心群众。只要你关心群众，同群众打成一片，不仅不搞特殊化，而且同群众一块吃苦，任何问题都容易解决，任何困难都能够克服。

——邓小平

每个地方、每个单位遇到任何问题，都应该主动向群众宣传和解释，做好工作。要注意听取群众的呼声，同群众商量办事，共同克服困难。

——邓小平

"我是中国人民的儿子，我深情地爱着我的祖国和人民"，明白无误地道出了邓小平群众观的思想情感来源，就是始终把人民群众放在心中最高位置，时刻关注人民群众的根本利益。早在1950年主政西南期间，邓小平就在西南军政委员会第一次全体委员会议第五次大会上说："我们所做的一切事情，都必须符合人民的利益，对于损害人民利益的事情就应该加以反对，加以纠正；对于人民的困难就必须毫不犹豫地采取办法，有步骤、有方法地加以解决。"邓小平的爱民情怀，可以用以下几个方面来展现。

其一，坚持群众路线，心系群众冷暖，是邓小平一贯的工作作风。

在改革开放和现代化建设的过程中，在探索和设计每一个步骤、每一项决策的可行性时，邓小平始终坚守一条准则：看"人民拥护不拥护""人民赞成不赞成""人民高兴不高兴""人民答应不答应"。他说："我们的路走对了，人民赞成，就变不了。""凡是符合最大多数人的根本利益，受到广大人民拥护的事情，不论前进的道路上还有多少困难，一定会得到成功。""人民，是看实践。人民一看，还是社会主义好，还是改革开放好，我们的事业就会万古长青！"把人民群众的利益作为判断和衡量政策正确与否的标准，成为我们党新时期制定方针政策的出发点和归宿，也成为40多年来我们国家改革开放取得巨大成功的秘诀。

从20世纪50年代末开始，中国的建设长期受到"左"的错误的影响，农民的生活很贫穷，农村的生产也得不到发展。1978年初，邓小平出访尼泊尔，途经成都时作了短暂停留。四川省委的同志向邓小平汇报了农村的情况。听完汇报后，邓小平说："农村和城市都有个政策问题。我在广东听说，有些地方养三只鸭子就是社会主义，养五只鸭子就是资本主义，怪得很！农民一点回旋余地没有，怎么能行？农村政策、城市政策，中央要清理，各地也要清理一下，零碎地解决不行，要统一考虑。自己范围内能解决的，先解决一些，总要给地方一些机动。"邓小平根本的出发点，就是要让农民的生活好一些。

家是每一个中国老百姓安居乐业的根本，住房是关系民生的重要问题。千百年来，历尽沧桑的中国百姓，一直把"耕者有其田，居者有其屋"作为理想社会的基本标志，把"安居乐业"作为毕生的向往和追求。使每一位中国老百姓能够"居者有其屋"，也是邓小平心中的一个夙愿。1978年10月20日，邓小平亲自在北京视察住宅楼的装修工作，他想了解住房的建设能否满足老百姓的要求。在对宣武门大街16号楼的视察中，邓小平最感

1978年1月31日至2月3日,邓小平在四川视察。图为在成都会见家乡代表。

兴趣的问题是住房的面积。当听说两居室房间面积分别是14平方米、9平方米，三居室的面积分别是14平方米、12平方米、9平方米时，邓小平说："小了点儿。"接着，邓小平又特意询问了楼房的抗震系数。北京市建委领导介绍说，前三门大街的住宅楼动工时赶上了唐山地震，在后来的设计上考虑到按地震烈度8度设防，邓小平对此十分满意。随后，邓小平又到了宣武门西大街新华社对面的4号板楼。他仔细查看了住房，用商量的口气问："层高能不能降一些，把面积搞得大一些？"可以看出，邓小平非常希望百姓能够住进更加宽敞的房子，所以他最关心房屋面积。除了房屋面积，楼房的抗震能力也是邓小平极其牵挂的一个大问题，唐山大地震给人们带来的灾难，他记忆犹新。针对抗震，邓小平提出，要多采用新型的建筑材料，突破我们中国传统的"秦砖汉瓦"建材格局。同时，邓小平很细心地为群众着想。在当时的历史条件下，独门独户的淋浴间并不常见，邓小平却特别交代，要解决人们"洗澡难"的现象，要多安装一些沐浴设备，这样居民就能够在家里洗上热水澡。

其二，邓小平始终注意密切联系人民群众，和群众打成一片。

群众路线是我们党在长期艰苦奋斗中，在胜利与挫折的不断锤炼中，形成的优良作风和成功法宝，也是我们党的根本经验和政治优势。我们党的领导人对群众路线历来高度重视，并作为优良传统一代一代接力传承。无论在革命时期、建设时期，还是改革开放新时期，邓小平始终把群众作为"我们力量的源泉"，视群众路线和群众观点为"我们的传家宝"。他是倡导群众路线的典范，也是践行群众路线的典范。

早年，邓小平带部队挺进大西南。西南地区解放后，一些同志忘记了全心全意为人民服务的宗旨，在实际工作中脱离群众。在这种情况下，工作难免出现疏漏，甚至使一些重要工作陷入了被动。1951年12月，他在西南局第三次城市工作会议上作总结报告时指出："现在党、政、工、团脱离群众的现象是严重的。由于领导上帮助教育不够，积极分子脱离群众也是严重的，这是我们工作中的真正危险。"对此，邓小平专门提出了发动群众的有效方法："发动群众与教育群众相结合。要注意交代政策，进行爱国主义共产主义的教育，才不致迷失方向。"

1961年10月23日，邓小平在接见中国共产主义青年团中央工作会议全体同志时，用通俗而又深刻的语言再次强调群众路线的重要性。他说："我们要把大量的工作放到群众中去，同他们一块生活，一块活动，一块说笑话，一块下棋，然后去做工作。一不要党气，二不要团气。这就难了。所以，我们做细致的工作，不是比过去更容易。最容易的工作是开大会,发个一般号召,敲锣打鼓,搞得热热闹闹,那个工作究竟见多少效?"

进入新时期后,他更加注意这个问题。1979年11月,邓小平在中央党、政、军机关副部长以上干部会上的报告中说:"我们的历史经验是,越是困难的时候,越要关心群众。只要你关心群众,同群众打成一片,不仅不搞特殊化,而且同群众一块吃苦,任何问题都容易解决,任何困难都能够克服。"1980年10月25日,邓小平在同胡乔木、邓力群谈话时再次提到:"党的组织、党员,都要永远站在人民一边,同人民在一起,了解他们的要求,倾听他们的呼声,采取各种办法保护和争取他们的利益。"

其三,邓小平始终要求党员干部,特别是高级领导干部以身作则,带头恢复和发扬党的艰苦朴素、密切联系群众的优良传统。

1956年下半年,东欧波匈事件在国际环境上造成了极大震动,而此时的中国在经济建设过程中却仍存在着一些冒进的思想,某些风潮出现在国家的政治生活和经济建设中。在这种背景的影响下,一些同志把群众的批评和建议统统当作阶级斗争的表现形势,试图用粗暴生硬的办法对群众进行打压。很快,中央对这种现象有了警觉。在调整经济建设思路和方针的同时,中央着手开展以正确处理人民内部矛盾为主题的整风运动。1957年3月,担任中共中央总书记的邓小平离开北京,前往西安。3月23日,抵达西安当天,邓小平在西安止园南楼大会议室召开西安干部会,并作了报告。鉴于地方已经发生了不少在工作中伤害了人民感情的事,邓小平中肯地提出:"群众有气就要出,我们的办法就是使群众有出气的地方,有说话的地方,有申诉的地方。群众的意见,不外是几种情况。有合理的,合理的就接受,就去做,不做不对,不做就是官僚主义。有一部分基本合理,合理的部分就做,办不到的要解释。有一部分是不合理的,要去做工作,进行说服。总之,要让群众能经常表达自己的意见,在人民代表大会上,政协会议上,职工代表大会上,学生代表大会上,或者在各种场合,使他们有意见就能提,有气就能出。"在这次报告中,邓小平还提到了目前的国际形势,指出中国社会主义道路的光明前途。他说:"匈牙利搞大民主,要几年才能恢复元气,吃亏的还是人民。波兰搞大民主也需要相当一个时期才能恢复元气。……要善于面对群众,依靠群众,耐心地去做工作,这样问题就可以解决。"

邓小平经常到基层去,走到群众中去,这样能更好地把握基层的信息,了解人民的愿望,充分相信群众和依靠群众,不断从群众中吸取智慧。邓小平的每一次调查,每一次与群众的交往,都十分注意不搞特殊化。他反复对身边负责安全工作的同志提出要

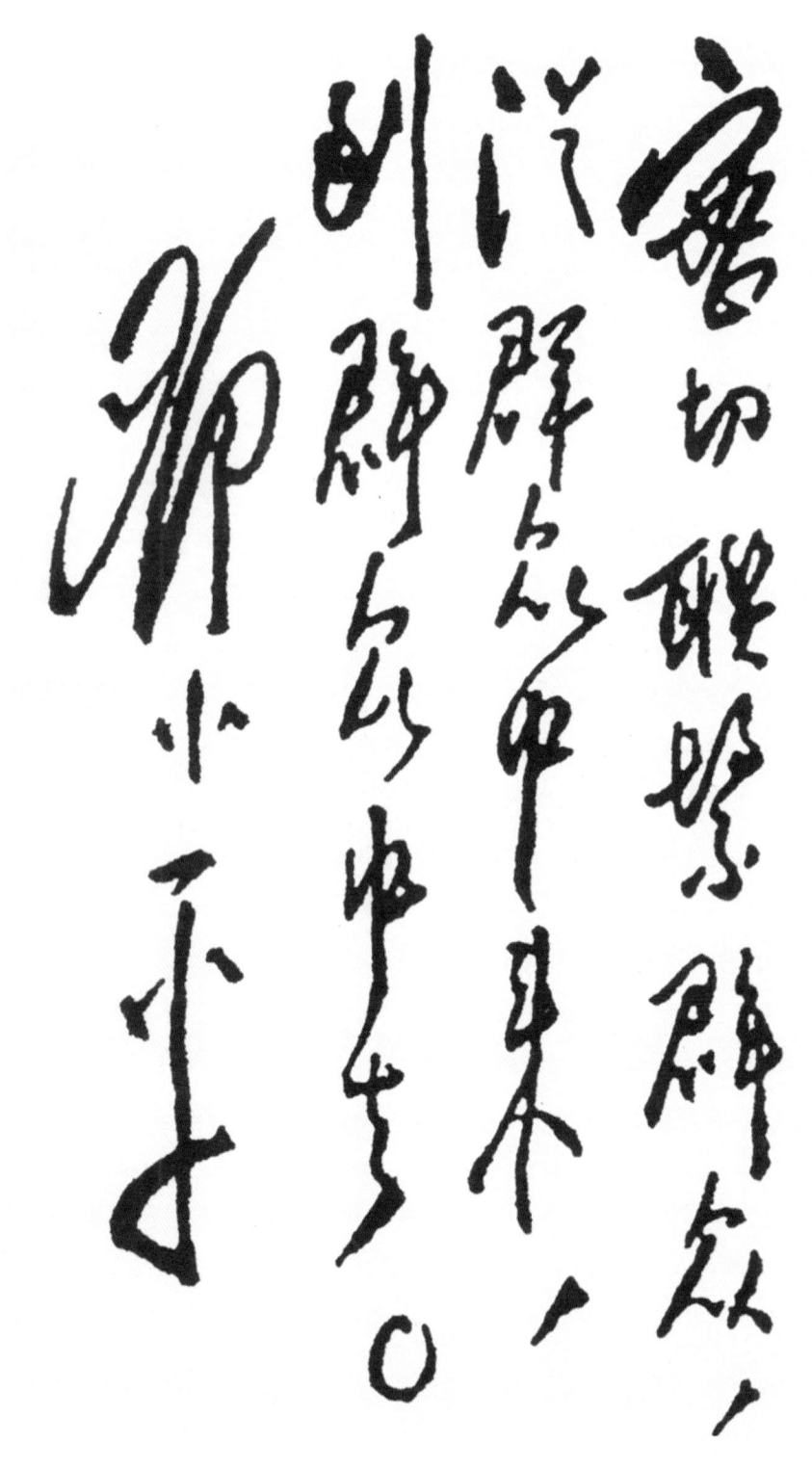

邓小平同志题词:"密切联系群众,从群众中来,到群众中去。"

求,不要妨碍群众,不能搞特殊化。邓小平担心搞了特殊化,就不能真正地联系群众,和群众之间就有隔阂了。

新时期之初,邓小平倡导恢复和发扬党的群众路线等优良传统和作风,为正本清源,进而推动改革开放,开创中国特色社会主义新道路,奠定了良好的思想和工作基础。在纠正"文化大革命"错误,进行全面拨乱反正的过程中,邓小平投入了很大的精力来推动恢复和发展党的群众路线等优良传统和作风。邓小平号召全党解放思想,实事求是,强调:"毛泽东同志倡导的作风,群众路线和实事求是这两条是最根本的东西。"在《解放思想,实事求是,团结一致向前看》《高级干部要带头发扬党的优良传统》《关于党和国家领导制度的改革》等重要讲话中,邓小平强调了坚持群众路线的重要性,对脱离群众的形式主义、官僚主义等进行了深刻的剖析和批判。他说:"一个革命政党,就怕听不到人民的声音,最可怕的是鸦雀无声";"只要我们信任群众,走群众路线,把情况和问题向群众讲明白,任何问题都可以解决,任何障碍都可以排除";"如果哪个党组织严重脱离群众而不能坚持改正,那就丧失了力量的源泉,就一定要失败,就会被人民抛弃。全党同志,各级干部,特别是领导干部,必须经常记住这一点,经常用这个标准检查自己的一切言行"。

当时干部特殊化现象比较严重。邓小平抓住这个突出问题,把反对干部特殊化作为恢复和坚持群众路线重要一环来抓。邓小平认为,干部搞特殊化必然脱离群众。1979年11月2日,邓小平在中央党、政、军机关副部长以上干部会上强调:"我们脱离群众,干部特殊化是一个重要的原因。干部搞特殊化必然脱离群众。我们的同志如果对个人的、家庭的利益关心得太多了,就没有多大的心思和精力去关心群众了,顶多只能在形式上搞一些不能不办一办的事情。现在有少数人就是做官当老爷,有些事情实在不像话! 脱离群众,脱离干部,上行下效,把社会风气也带坏了。"也就是在这一次讲话中,邓小平提出了切实解决干部特殊化问题的三条措施:一是高级干部要带好头;二是加强制度建设,对高级干部的生活待遇作出明确规定;三是必须恢复和发扬党的艰苦朴素、密切联系群众的优良传统。为了确保中央和国务院下发的《关于高级干部生活待遇的若干规定》的实施,邓小平指出:"这个规定一经中央和国务院下达,就要当作法律一样,坚决执行,通也要执行,不通也要执行。"

其四,邓小平始终胸怀"当人民的勤务员"的态度。

1977年复出后,邓小平在党的十届三中全会上谈到"做官"的态度,这件事广为人

1977年7月,中共十届三中全会通过了恢复邓小平党、政、军领导职务的决议。图为邓小平在会上讲话,他针对"两个凡是"的错误观点,指出必须完整地准确地理解毛泽东思想;强调群众路线和实事求是,是毛泽东倡导的作风中最根本的东西。

知,其实早在1962年扩大的中央工作会议上,邓小平就谈到了这个问题。进了城,执了政,是做官,还是当人民的勤务员?邓小平说:"可以有两种态度:一种是做官,一种是当人民的勤务员。如果不是做官,而是当人民的勤务员,那就要以普通劳动者的面貌出现,要平等待人,要全心全意地为人民服务。"

胸怀"当人民的勤务员"的态度,邓小平十分重视人民群众来信反映的意见和建议,经常作出批示,着力解决群众提出和反映的问题。他曾说:"每个地方、每个单位遇到任何问题,都应该主动向群众宣传和解释,做好工作。要注意听取群众的呼声,同群众商量办事,共同克服困难。"

1974年,一封来自江苏省植物研究所的信摆在了邓小平的面前。信中反映了南京中山植物园的困境。原来,"文化大革命"开始后,中山植物园的工作人员受到冲击,植物园的工作几近停滞。所有职员都被下放,植物园培育的大量珍稀树种被随意砍伐,苗圃与温室里荒诞地种上了水稻和蔬菜。1972年夏,《中国科学史》的作者李约瑟先生来到南京,他提出想到中山植物园参观。李约瑟说:"人员去'斗、批、改'了,植物不去'斗、批、改',能不能让我去看看植物?"结果自然是遭到拒绝。1973年3月,刚刚恢复国务院副总理职务的邓小平,在极其复杂的政治斗争环境中进行工作。可植物研究所的同志并不了解当时党内的政治环境,他们凭着直觉,认定邓小平是他们可以寄托希望的领导人,并给邓小平写了一封求救信。邓小平曾经在南京工作过,对南京深有感情。1949年4月南京解放后,为了做好城市接收工作,他专门在南京停留了一个星期。不料现在,连这样一座世界闻名的植物园也遭到了破坏,可见形势是多么的严峻。邓小平深感痛心,很快对此信作出批示:"军队占用地方房屋,凡能腾出的都应归还。此件转给南京军区处理(如来信属实,应坚决归还),并向军委报告。"当天,国务院即向江苏省委打电话,核查江苏省植物研究所的情况,要求省委及时上报。不久,中山植物园的归还问题就解决了。江苏省植物研究所的同志们得知是邓小平作的批示后,十分感动。

1978年7月,邓小平审阅中共最高人民检察院党组就群众来信中控诉邢台地区广宗县委书记包庇其弟杀人罪行,死者家属向有关部门控告后受到迫害一事的报告,作出批示:"我赞成以检察院为主负责调查。"后经调查情况属实。该杀人犯被判处死刑,该县委书记受到开除党籍、撤销党内外一切职务的处分。1978年12月,他就《青年来信摘编》反映的云南省景洪农场部分知识青年在思想上、工作上、生活上存在的

1985年2月，邓小平参观南京中山植物园。

一些问题，以及他们想回家的愿望受到压制一事，作出批示："云南省委注意。应做工作，不应压制。"1982年8月，他在一封反映广西与1979年相比群众生活水平严重下降的来信上作出批示："广西情况值得注意，省（区）委应该好好总结一下经验，认真解决问题。"

以上是邓小平对几件群众来信的批示，这些批示只是他对群众复信的极少部分。邓小平是以最大精力来倾听群众的呼声的，除了工人、农民，对其他来自各个方面的呼声他都十分关注，特别是教育界。

20世纪60年代初期，邓小平每年的六一儿童节都要到景山公园，与景山学校的少先队员们一起欢度节日。景山学校作为教育改革实验基地，积极致力于开展教育改革实验工作，"文化大革命"爆发后，邓小平仍然多次派人到学校了解情况，勉励大家在困难时期要顶住压力继续研究教育改革。"文革"结束后，在邓小平的领导下，推翻了制约教育发展的"两个估计"，景山学校的教师们集体给邓小平写了一封信，说："我们感到解放了，真正地解放了！"邓小平立即回信："要长志气，要把世界的先进水平作为我们的起点。"1983年9月，景山学校以全体师生员工名义再次给邓小平写信，在感谢他关心学校的同时，请他对新的历史时期如何进行教育改革作出指示。邓小平欣然提笔为景山学校题写了一幅条幅："教育要面向现代化，面向世界，面向未来。""三个面向"是邓小平对景山学校提出的殷切期望，更是他对胸怀热情的景山师生们的积极回应。

"群众是我们力量的源泉，群众路线和群众观点是我们的传家宝。党的组织、党员和党的干部，必须同群众打成一片，绝对不能同群众相对立。如果哪个党组织严重脱离群众而不能坚决改正，那就丧失了力量的源泉，就一定要失败，就会被人民抛弃。"这是邓小平领导革命和建设经验的总结。党的十八大以来，以习近平同志为核心的党中央，紧紧抓住事关人民群众根本利益的热点和难点，出台了一系列改善民生的重大举措，民生问题得到有力破解，人民群众获得感、幸福感、安全感显著增强。中国共产党最根本的政治立场就是人民立场。实践证明，只有赢得人民群众的信任和拥护，才能领导人民群众，同心协力，为实现中华民族伟大复兴的中国梦而奋斗。

【评价】

　　我始终敬重这位中国现代化建设的总设计师，是他使中国出现了目前已被世人公认的、许多发展中国家一直为之而奋斗的经济飞跃的奇迹。

——联合国前秘书长加利

　　历史将记载这位在中国历史上作出杰出贡献的政治家。邓小平为改善中国人民生活作出了巨大贡献。正是他，使中国成为一个经济、政治强国。

——美国前国务卿基辛格

　　我相信中国在各个领域的进步，尤其是在如此短时间内，让绝大多数人口摆脱贫穷桎梏的巨大成功，同时也是全人类的进步。作为这个伟大成就的领导者，历史会铭记邓小平！

——印度前总理瓦杰帕伊

　　邓小平作为"社会主义市场经济之父"，把中国带出了"落后和孤立"。10亿人民随着他的呼吁走向富裕，中国由计划经济走向市场经济的转变是没有教科书的。邓小平倡导的方针和社会的变革已不可能回头。

——德新社

　　邓小平是中国改革开放的设计师，是一位战略家，一位亲民的领导人，一位对自己的人民和家人充满爱心的人。

——保加利亚《言论报》

　　您心里永远装着人民，时刻想着人民，一切为了人民，您是造福于中国人民的一代伟人。

——邓小平故居陈列馆观众

二、"改革开放中许许多多的东西,都是群众在实践中提出来的"

我们党提出的各项重大任务,没有一项不是依靠广大人民的艰苦努力来完成的。

——邓小平

农村改革中的好多东西,都是基层创造出来,我们把它拿来加工提高作为全国的指导。

——邓小平

其实很多事是别人发明的,群众发明的,我只不过把它们概括出来,提出了方针政策。

——邓小平

在领导改革开放的进程中,邓小平特别重视尊重人民群众的首创精神,真心实意地相信人民、依靠群众的实践,并且善于概括群众的经验和创造。在他看来,只有依靠人民群众,我们的事业才会取得成功。1982年9月1日,邓小平在中国共产党第十二次全国代表大会开幕词中说:"在全国人民中,共产党员始终只占少数。我们党提出的各项重大任务,没有一项不是依靠广大人民的艰苦努力来完成的。"邓小平特别善于从群众的创造中寻找解决问题的答案,他总是能在社会发展实践中,虚心向人民群众学习,及时发现、总结概括人民群众创造出来的新鲜经验,并将其作为决策的重要依据,上升为党的路线、方针、政策。同时,他又能运用这些新鲜经验来动员、组织、领导人民群众进行新的实践,推动社会历史发展。

中国的改革始于农村。进入新时期之初,农村有些地方率先搞起了联产承包责任制,在种种质疑和责难之声不绝于耳的情况下,邓小平给予这项新鲜事物明确肯定和坚定支持,大大推动了农村改革的进程,充分体现了他对人民群众诉求和创造的尊重。1992年,邓小平在南方谈话中总结道:"农村改革中的好多东西,都是基层创造出来,我们把它拿来加工提高作为全国的指导。"他还说:"改革开放中许许多多的东西,都是群众在实践中提出来的。"

安徽凤阳县委书记王昌太曾这样说:"60年代初期,农民们就想搞包产到户,搞责任

1979年7月,邓小平和中共安徽省委第一书记万里在黄山。

田,搞了三次,三次都被当作资本主义批判下去了,许多干部为此受到无情打击。1978年这一次又搞了,而且搞成功了。这是为什么?就是因为有了思想解放运动,有了实践是检验真理唯一标准的大讨论。归根到底,靠的是邓小平的启发和支持。"

这件事情要追溯到十一届三中全会前后,一些地方开始尝试各种形式的责任制。四川、云南搞了包产到组;广东农民实行了"五定奖";安徽迈出的步子比一般省份要大,搞包产到户。1979年1月《人民日报》陆续报道了这四个省实行生产责任制的情况。

然而,随之而来的却是由农村生产责任制引起的一场激烈争论。1979年3月15日,《人民日报》在头版头条位置刊登了署名"张浩"的《"三级所有,队为基础"应当稳定》的来信和"编者按"。来信认为"三级所有,队为基础"符合当前农村的实际,应当稳定,不能随便变更。轻易地从"队为基础"退回去,搞分田到组,是脱离群众、不得人心的,也会给生产造成危害。《人民日报》的"编者按"指出:"已经出现分田到组、包产到组的地方,应当正确贯彻执行党的政策,坚决纠正错误做法。"中央人民广播电台也向全国播发了这一消息。消息一经传出,引起的震动很大。有的人认为,这是中央的新精神,还有人认为"三中全会的精神偏了,该纠正了"。在干部群众中产生了思想混乱,一些地方立即停止了"包工到组、包产到组"的推行。有些地方由于拿不定主张,由此影响了春耕。

"包产到户、包产到组"受到的责难和质疑纷至沓来。这样的责任制还能不能搞?

邓小平敏锐地认识到农民自发产生的农村承包责任制体现了广大农民的根本利益和愿望,他先是对安徽省委第一书记万里说:你就这么干下去。1980年5月31日,他又专门就农村改革问题发表了明确意见,他说:农村政策放宽以后,一些适宜搞包产到户的地方,搞了包产到户,效果很好。情况变化很快。安徽肥西绝大部分搞包产到户,增产幅度很大。他认为,总的说来,农业上主要还是思想解放不够。除集体化这个问题外,还有因地制宜。所谓因地制宜,就是说那里适宜发展什么就发展什么,不适宜发展什么就不要去硬搞。还是老框框,思想不解放。

邓小平的讲话,给尝试改革的农村干部和农民吃了一颗定心丸,拂去了压在他们心头的疑云。根据邓小平的讲话精神,中央召开了各省、市、自治区党委第一书记座谈会,讨论关于进一步加强和完善农业生产责任制的几个问题。会后中央发出通知,这是以中央文件的形式第一次肯定了大包干和包产到户。通知中指出,这种责任制并没有所谓资本主义复辟的危险,也不会脱离社会主义轨道。在邓小平的支持下,以包产到户、家庭联产承包责任制为特征的农村改革在全国全面铺开。

1980年夏天,邓小平视察四川农村。

邓小平在谈到农村改革时说,中国的改革是从农村开始的,这个发明权是农民的。然而,广大农民却这样认为,没有邓小平,改革是搞不起来的,即使搞起来了也会夭折。农民们由衷地感谢邓小平对他们愿望的尊重和支持。

1983年2月,邓小平离开北京,踏上开往南方的列车,目的地之一是有中国鱼米之乡之称的江苏苏州。

十一届三中全会以后,江苏苏州地区的农村顺应经济建设为中心这个大局,并洞察国际发展机遇,开始全面实行联产承包,社队企业迅速发展。新生的社队企业为经济发展贡献巨大,地方经济飞速发展,人民生活水平明显提高,苏州地区农村焕发出勃勃的生机和活力。邓小平希望此行了解苏州发展的情况和经验。

2月7日,江苏省委和苏州地委的负责人来到邓小平下榻的苏州南园宾馆。他们向邓小平汇报说,十一届三中全会以来,苏州农村经济得以出现新的飞跃,主要靠两条:一条是重视知识分子的作用,依靠技术进步;另一条是发展集体所有制,也就是大力发展社队企业。邓小平十分仔细地听取汇报,对每一条汇报都熟记于心。社队企业的发展涉及市场经济,而市场经济是邓小平在心中思考已久的大问题。基层干部群众在实践中领悟到了市场经济的作用,社队企业才得以出现和发展。从社队企业的运营上来看,主要是依靠开放的经营手段,遵循市场的供需关系积极运转。政府给了一定支持,但并没有从企业运作上进行过多的干预。企业每一次原料的取得,资金的周转,甚至到企业产品的出售,都在市场中完成。邓小平同时看到,苏州地区的社队企业发展非常迅速,已经有了一定的集群优势。但从长远来看,还属于打基础的阶段,仍有很大的发展空间。要想进一步发展,它们需要的就是国家的政策支持,如果有为社队企业量身定做的政策,社队企业再实行一次飞跃式的发展是完全可能的。所以,制定合适的政策是今后一个相当重要的工作。

这次苏州之行,邓小平对社队企业有了比较深入的了解。回到北京后,他同中央负责同志和中顾委的同志反复提及这次视察,高度赞赏苏州的做法。第二年,中共中央下发文件,为尚未明确"户口"的社队企业落了户,正式称社队企业为"乡镇企业"。"乡镇企业的异军突起",成为改革开放初期的一大亮点。

1988年9月5日,邓小平会见捷克斯洛伐克总统胡萨克时说:"其实很多事是别人发明的,群众发明的,我只不过是把它们概括出来,提出了方针政策。"

这就是邓小平,始终尊重人民的首创,倾听人民的呼声。

1983年春,邓小平视察江苏、浙江、上海等地。图为邓小平同江苏省省长顾秀莲谈小康目标。

从1978年到1982年，仅仅三年内，个体经济飞速发展。当时，由于我国生产力发展水平还比较低，又很不平衡，在很长时期内需要多种经济形式的同时并存，需要鼓励个体经济在国家规定的范围内、在工商行政管理下适当发展，作为公有制的必要的、有益的补充。个体经济的发展导致个体经营的迅速壮大，个体经营的壮大又必然会出现一个新的要求——人力需求。先壮大起来的个体户纷纷开始雇工，由个体户变成了私企老板。这就出现了一个天大的难题——定性问题。问题的矛盾点集中在私营企业如果能雇工，确切的可雇用人数是多少。

　　"傻子瓜子"就是个经典例子。"傻子瓜子"的老板叫年广久，做个体生意已经有很长时间了，精通于瓜子的炒制。在他的悉心经营下，"傻子瓜子"这一企业品牌被他越做越大，名气也越做越响。在当时的个体户中，年广久的企业可以说是一枝独秀。随着个体经营的不断发展，他的企业所雇用的工人越来越多，一度达到140余人。

　　这件事情发生在改革开放政策刚刚实行不久。当时在一些人眼里，"傻子瓜子"企业的发展，不是什么好事，他们开始非议和质疑，主要攻击的就是"傻子瓜子"企业的雇工人数。当时人们是按照这样的标准要求个体工商业的——可以请一两个帮手，不超过四五个学徒，合在一起可以雇七个人。为什么可以雇七个人呢？因为马克思的著作中有一个例子，涉及七个雇工。现在看来，这个标准令人啼笑皆非。但当时却是个大事，质疑和反对的人认为年广久是大资本家，做的是剥削人民的事情，甚至有人向相关部门反映，要求查办年广久和他的企业。

　　这件轰动社会的事情，自然也引起了邓小平的注意。在了解此事的原委之后，邓小平明确表态说："我的意见是放两年再看。那个能影响到我们的大局吗？如果你一动，群众就说政策变了，人心就不安了。你解决了一个'傻子瓜子'，会牵动人心不安，没有益处。让'傻子瓜子'经营一段，怕什么？伤害了社会主义吗？"

　　事实证明，"傻子瓜子"企业的发展并没有给中国的社会主义事业带来损害，相反，它不仅从税收上支持了国家财政，解决了就业，并且还引发了全国各地包括瓜子在内的食品加工热潮，大大带动了个体经济的发展。

　　一件件鲜活的事例充分表明，邓小平相信和依靠人民群众的实践，坚持从人民群众的视角来考量我们国家的政策，善于从人民的需要、人民的选择出发考虑大局，把人民群众创造出来的新鲜经验上升为党的路线、方针、政策，再回到实践，领导更广泛的新的实践，从而推动各项事业的发展。邓小平说："党的正确的路线、政策是从群众中来的，是反映群众的要求的，是合乎群众的实际的，是实事求是的，是能够为群众所接受、能够动员起群众的，同时又是反过来领导群众的，这就叫群众路线。"今天我们正坚定地行进在实现中华民族伟大复兴的中国梦的奋斗征程上，可以设想，如果没有广大人民群众的积极支持和参与，没有广大人民群众的主动性和创造性，中国梦只能是纸上谈兵。只要我们党始终保持同人民群众的血肉联系，坚持一切为了群众、一切依靠群众，做到问政于民、问需于民、问计于民，全心全意为人民群众造福，实现好、维护好、发展好最广大人民的根本利益，就一定能凝聚起全国人民的力量，使广大群众在改革开放新的实践中释放出无穷的正能量，创造出更多更新的方法和经验，把伟大的中国梦变为美好的现实。

【评价】

　　他成功地发挥人民的想象力，鼓励他们为美好的未来而努力工作。这样的观念和信念是值得许多国家继承的宝贵思想遗产。

——联合国前秘书长加利

　　邓小平善于运用其智慧和想象力把握历史形势，并指引伟大的中华民族走上了进步和发展的正确道路。他的思想给中国带来了重大的改革，这对整个国际社会的格局都有着重要影响。

——阿根廷前总统梅内姆

三、"海外关系是个好东西"

华人中有很多人才，如李政道、杨振宁，多几个这样的人才就好了。

——邓小平

大陆同胞，台湾、香港、澳门的同胞，还有海外华侨，大家都是中华民族子孙。我们要共同奋斗，实现祖国统一和民族振兴。

——邓小平

说什么"海外关系"复杂不能信任，这种说法是反动的。我们现在不是海外关系太多，而是太少。海外关系是个好东西，可以打开各方面的关系。

——邓小平

我们都是立足于振兴中华民族，口号是"振兴中华"。不管怎样，我们都是一个根。

——邓小平

当改革开放、建设社会主义现代化成为时代的主旋律，邓小平独具慧眼，以战略家高瞻远瞩的视野和海纳百川的胸怀，格外关注到海外同胞拥有强大的经济实力、雄厚的科技实力、丰富的人才资源，更拥有深厚的民族情愫和强烈的爱国情怀，他们热切期盼中国强盛，早日实现中华民族的伟大复兴，是中国尽快发展起来的一支不可忽视的重要力量。邓小平不仅从思想、方针、政策方面提出充分发挥海外华人华侨的作用，而且亲力亲为，促进海外华人华侨帮助祖国架起通向世界的桥梁，参与和支援现代化建设事业，推动祖国统一大业。他积极邀请海外华侨华人为祖国的建设出谋划策。在邓小平的关怀和帮助下，海外华侨华人为中国的发展注入了新的活力。

从反"右派"斗争到"文化大革命"，我国的侨务工作曾一度受到极大的干扰和破坏。特别是在"文化大革命"中，海外关系被扭曲，归侨、侨眷与国外亲友的关系被视为"海外关系"，而"海外关系"是一种"复杂政治关系"，甚至可能为"敌我关系"。许多侨胞因为"海外关系"而被怀疑、排斥。海外华人华侨心系祖国，却难以为之效力。有海外关系的人被冠以"特务""里通外国"等罪名，受到歧视、打击和迫害，这极大地压制和挫伤了海外华人华侨的爱国热情和建设家乡的积极性。

粉碎"四人帮"后，邓小平敏锐地看到了问题的关键。1977年10月2日，邓小平接见港澳同胞国庆代表团时指出："说什么'海外关系'复杂不能信任，这种说法是反动的。我们现在不是海外关系太多，而是太少。海外关系是个好东西，可以打开各方面的关系。'四人帮'胡说什么'地、富、反、坏、侨'，把华侨同地、富、反、坏并列起来。这种错误政策一定要纠正过来。"并且说："要做大量工作，进行政策教育，全国执行。""海外关系是个好东西"，短短一句通俗易懂的话语，旗帜鲜明地肯定了"海外关系"。对海外华侨的爱国心作出正确判断和充分肯定，对他们的重要作用作出准确定位，从而彻底为颠倒了的海外关系正了名，温暖了广大海外华人华侨的心。

改革开放伊始，在推动对外开放迈出实质性步伐的时候，邓小平首先考虑到海外华人华侨的作用，明确主张引进华人华侨资金搞建设。1979年初，他邀工商界领导人胡厥文、胡子昂、荣毅仁等人共商大计，他说："现在搞建设，门路要多一点，可以利用外国的资金和技术，华侨、华裔也可以回来办工厂。"这在当时公有制一统天下的情况下，无疑是一个十分大胆的突破。

邓小平最早筹划布局经济特区的时候，也充分考虑到了海外华人华侨这个因素。1979年4月，他在中共中央工作会议期间，第一次提出创办特区的大胆设想，并在会上提出：广东、福建实行特殊政策，利用华侨资金、技术，包括设厂，这样搞不会变成资本主义。确定建立深圳、珠海、厦门、汕头四个经济特区，正是考虑到这些地方拥有海外和港澳台同胞投资优势。对这一点，邓小平后来回顾和总结建立经济特区的设想时讲得很清楚："那一年确定四个经济特区，主要是从地理条件考虑的。深圳毗邻香港，珠海靠近澳门，汕头是因为东南亚国家潮州人多，厦门是因为闽南人在外国经商的很多。"

邓小平认为，吸引海外华人回来参与建设，"这是最节省的办法"。1985年12月17日，在中共中央政治局常委会议上，邓小平讲到杨尚昆转来的一封信，来信建议要充分发挥华人、华裔的力量。邓小平很赞赏这种方式，他说："有些人回来工作也可以，回来几个月也可以，但要解决待遇问题。"1986年6月，荣氏家族200多名亲属从海外回祖国团圆观光。他们中不少在国外工商界、科技界享有很高的知名度。邓小平亲切地接见了他们，对他们说："我们要争取整个中华民族的大团结。你们有本领、有知识，是能够为我们国家做出重要贡献的。"荣毅仁正是通过中国国际信托投资公司和荣氏家族广泛的海外联

1979年9月29日，邓小平会见来京欢度国庆和参观游览的海外华侨、港澳同胞、台湾同胞和中国血统的外籍人旅行团正副团长和知名人士。

邓小平同荣毅仁亲切交谈。

系，为我国引进外资、融通资金、引进先进技术设备和管理方法，作出了突出的贡献。

引入海外华商资本对于改革开放之初建设资金短缺、技术匮乏的中国来说意义重大，同时它还有两个重要意义，一是影响和带动国内经济，二是吸引更多的外国投资者来中国投资。1984年2月，邓小平视察厦门后指出："要把整个厦门岛搞成特区。这样就能吸收大批华侨资金、港台资金，许多外国人也会来投资，而且可以把周围地区带动起来，使整个福建省的经济活跃起来。"

对海外华人的关心重视和信任，激发了广大海外华人热爱祖国和为中华民族振兴加油助力的热情。许多人大量投资中国经济，直接间接地参与各项建设事业。邓小平对他们的爱国热情给予充分肯定。他指出："绝大多数华侨都是带着爱护和发展社会主义祖国这个愿望来的，与纯粹的外国投资不同。"这种信任也是吸引华人大胆来投资的一个重要因素。

事实证明，邓小平的判断是完全正确的，海外同胞经受住了历史风浪的考验。1989年政治风波后，西方国家对我国实行制裁，外国企业纷纷停止来华投资，有些已经投资的也撤了回去。但海外华商和港澳同胞不但没有撤资，而且继续坚持投资。在祖国遇到困难的时候，他们鼎力相助。对此，1990年4月7日，邓小平会见泰国正大集团董事长谢国民等人时自豪地说："西方一些国家对中国的制裁是不管用的。"因为"我们还有几千万爱国同胞在海外，他们希望中国兴旺发达，这在世界上是独一无二的"。

20世纪80年代末90年代初，国际风云变幻，中国面临挑战的同时也迎来了发展的大好机遇。邓小平再次站在战略的高度，反复强调抓住机遇，把经济搞上去，同时把海外同胞视为中国大发展的独特机遇。1993年初，邓小平同上海各界人士共迎新春时，强调要重视海外同胞的作用，他说："对中国来说，大发展的机遇并不多。中国与世界各国不同，有着自己独特的机遇。比如，我们有几千万爱国同胞在海外，他们对祖国做出了很多贡献。"

改革开放40多年来，海外华人积极参与祖国现代化建设，为中国经济发展注入了新的活力，对国内企业起到了示范和推动作用。我国的许多产品，借助华侨华人和外商的销售网络，源源不断进入国际市场，推动了中国对外贸易迅速发展。同时，正如邓小平所期望的，海外华商以及港澳台商发挥了重要的桥梁纽带作用，促进了中国对外合作交流，吸引了一批批外国人前来我国投资，不仅弥补了建设资金不足的问题，还学习了外国先进的经营管理经验和方法，从而大大推动了改革开放和现代化建设的进程。

邓小平对发挥海外华人华侨力量的考虑，还有一个重要的方面就是奋斗在世界科技各个领域、取得显著成就的数十万华人华侨科技人才。他认为，与海外华人加强交流，是中国学习外国先进科学技术，吸收外国先进科技经验和成果的一个重要的直接的渠道。海外华人科学家的知识和经验也是振兴我国的科学技术事业的独特而宝贵的财富。他相信，华侨和华人都有一片爱国心。美国有很多华人科学家，但心是在中国的，愿意帮助中国实现四个现代化。所以，邓小平把加强同海外华人华侨专家的交流沟通作为现代化建设的一项重要战略举措来抓，提出接受华裔学者回国是我们发展科学技术的一项具体措施。

从1979年开始，我国有关部门有计划有步骤地邀请成千上万的华人华侨学者、专家和其他人才来华工作，主要是讲学，进行学术和技术交流。当时，党内在这个问题上思想还不够解放，思路没有打开。1983年7月8日，邓小平同国务院副总理万里、姚依林及国家科委主任方毅和国家计委主任宋平等谈话，明确提出要利用外国智力，"请一些外国人来参加我们的重点建设以及各方面的建设"。根据这个新的具有战略意义的构想，8月24日，中共中央、国务院作出了《关于引进国外智力以利四化建设的决定》。9月7日，中央成立了引进国外人才领导小组。

邓小平把引进国外智力特别是海外华人中的科技人才智力，作为我国发展高科技的重要环节，为此他特别重视华人中的杰出科学家，感叹"华人中有很多人才，如李政道、杨振宁，多几个这样的人才就好了"。一向举重若轻，善于抓大放小的邓小平，在对待这个问题上一改通常的处事风格。根据《邓小平年谱（1975—1997）》的记载，仅1977年8月到这年年底，也就是邓小平刚刚复出的这段时间里，会见海外华人就达十次之多。从70年代末直至整个80年代，邓小平频频与有影响的海外华人华侨见面，见得最多的是著名的华人科学家，一来表明他对海外赤子的重视，二来对他们关心支持祖国建设表示感谢，更为重要的是当面倾听他们的意见和建议，过问有关具体问题，亲自作出决策。他接触比较多的有诺贝尔奖获得者李政道、杨振宁、丁肇中，著名的数学家陈省身，物理学权威袁家骝、吴健雄夫妇等。在邓小平的关心和促进下，杨振宁、李政道、丁肇中、李远哲、吴健雄等海外华人科学家纷纷回国讲学交流。

美籍华人教授陈省身曾任美国国家数学研究所所长，为了使中国在国际上取得应有的地位，早日成为数学强国，他于1985年回国创办了南开大学数学研究所并任所长，决心在中国本土建立起自主培养高级数学人才的基地。研究所很快影响和造就了一大批活跃

1977年8月17日，邓小平会见美籍华人物理学家丁肇中。在谈到科技工作发展问题时，邓小平说，对科技工作，要想得远一些，看得宽一些。一是要派人出去学习，二是要请人来讲学。不但科研机构这样，企业也要这样。

1984年，邓小平会见美籍华人数学家、美国加州大学伯克利分校数学系教授陈省身及夫人。

在海内外的高水平中青年科学家,成为具有重要国际影响的数学研究和交流中心。邓小平多次会见这位为提升祖国数学研究水平作出突出贡献的海外华人教授。1986年11月3日会见时说:"你立足国内培养人才,这个方法好。用这个方法可以培养更多的人。"

邓小平了解许多身在海外的华人科学家一直处于世界科技前沿,把握世界科技发展现状与趋势,因而他非常重视听取华人科学家的意见和建议,从他们那里了解国际科技新动态及看法,鼓励他们建言献策,共商大计。同他们接触交流,对邓小平了解国际科技新动态,形成新时期科技发展指导方针和思想,及时作出决策起了一定的启发作用。比如,中国要在世界高科技领域占有一席之地这一思想的提出。

"中国必须发展自己的高科技,要在世界高科技领域占有一席之地"这个重要思想是邓小平视察北京正负电子对撞机国家实验室的时候提出来的。李政道是北京正负电子对撞机工程建设的积极推动者,但由于种种原因,项目历经几年论证,悬而未决。1984年5月21日,他见到邓小平,再次建议要快点确定这项工程的建设,邓小平听后当机立断,"要解决具体问题,不要拖,拖是最大的官僚主义",并指定让万里解决财政拨款问题。同年10月7日,北京正负电子对撞机国家实验室正式开工,邓小平亲自出席了奠基典礼。1988年10月16日,中国第一台高能粒子加速器——北京正负电子对撞机首次对撞成功。这是中国在高科技领域取得的一项重大突破性成就,对推动中国高科技发展起到了重要作用。

为了争取几万名在国外的优秀留学生回国工作,并使他们尽快成长为学科领域带头人,李政道曾两次给中国国家领导人写信,建议在中国设立博士后流动站,实行博士后制度。在1984年5月的会见中,李政道又当面向邓小平提出了这个建议,在询问国外对博士后培养的情况后,邓小平当即表示赞同,说:"设立博士后流动站,是一个新的方法,这个方法很好。培养和使用相结合,在使用中培养,在培养和使用中发现更高级的人才。十个博士后流动站太少,要建立成百成千的流动站,要成为制度。"1985年7月,国务院正式批准了国家科委、教育部、中国科学院在中国试行博士后制度的报告,中国开始设立博士后流动站,实施博士后制度。博士后制度对培养高端人才,推动科学研究,发挥了重要作用。

除此之外,李政道教授对中国的科技发展还提出过多方面的建议,邓小平非常重视,一一作出表态或批示。比如,邓小平在1985年7月16日会见李政道时,李政道建议中国应建立国家科学基金委员会,并由第一流科学家负责,邓小平当即表示:"这是一

1988年10月24日,邓小平在李政道(左二)的陪同下参观北京正负电子对撞机。

个新方法,我们没有经验。但只要是新的事物,管它对不对,管它成功不成功,试验一下。"1986年2月,国务院成立国家自然科学基金委员会,唐敖庆任主任。

为祖国科技发展献计献策的海外华人科学家还有很多。许多享誉世界的海外华人科学家,怀着强烈的爱国心和报国之志为中国科技事业的发展无私地贡献着自己的聪明才智。对他们饱含真情、具有前瞻性的意见和建议,邓小平同样给予了重视。1977年10月10日,邓小平听说美籍华人、高能加速器专家邓昌黎教授参观高能物理研究所、原子能研究所和广播器材厂后,认为这些机构水平高但面窄时说:"这个意见很好!我们要采取具体措施,创造条件,抓住了问题就解决。"1983年12月28日,邓小平会见美籍华人杨振宁教授,杨振宁建议在中国科技大学少年班成立软件小组,邓小平说:"这个意见很好。要看得远一点,要不然来不及。科技大学要作为重点支持。"

美籍华人吴健雄教授提出,中国解决农业问题要搞生物工程,投资少,见效快,这个意见引起了邓小平的重视。1986年9月13日,邓小平听取中央财经领导小组汇报当前经济情况和明年经济体制改革方案。在讲到农业情况时,他特别提到了吴健雄教授的这个意见,明确提出,2000年粮食要达到9600亿斤,要靠生物工程。

邓小平重视海外华人科学家对国家科技教育事业的发展提出的各种意见和建议,也促成了许多意见和建议得到有关部门和领域采纳,并付诸实施。在邓小平的直接推动下,许多海外华人科学家经常回国讲学,为中国的科技发展积极建言献策,指导和参与重要的科学研究工作,这对促进我国科学技术的发展,缩短同世界的差距,发挥了十分重要的作用。改革开放以来,中国在一些重要的高科技领域取得了重大突破,取得了显著成就,比如计算机技术、放射技术和航天工程等,大大缩短同世界先进水平的距离,有的甚至接近或达到同期世界一流水平。应当说,海外华人华侨功不可没,邓小平功不可没。

邓小平会见美籍物理学家吴健雄和她的丈夫袁家骝教授。

四、"社会主义最大的优越性就是共同富裕"

一部分人生活先好起来,就必然产生极大的示范力量,影响左邻右舍,带动其他地区、其他单位的人们向他们学习。这样,就会使整个国民经济不断地波浪式地向前发展,使全国各族人民都能比较快地富裕起来。

——邓小平

一个公有制占主体,一个共同富裕,这是我们所必须坚持的社会主义的根本原则。

——邓小平

共同致富,我们从改革一开始就讲,将来总有一天要成为中心课题。

——邓小平

邓小平心中始终装着人民,惦记着人民的安危冷暖。时刻萦绕在他心头的是如何让人民日子过得更富裕一些,生活得更幸福一些。实现中华民族的伟大复兴和中国人民的共同富裕,让全国人民都过上富裕的好日子,是邓小平的最大期望。全体人民共同富裕,邓小平从改革一开始就讲,是他最为牵挂的问题。1978年提出这一政策后,邓小平从未停止过思考,可以说"共同富裕"的理想,贯穿于我国改革开放的伟大实践。

让一部分人、一部分地区先富裕起来,逐步达到共同富裕,这是邓小平在1978年十一届三中全会前夕的中央工作会议上提出的一个崭新思路。从1957年"大跃进"开始,国家的建设和发展长期受到"左"的错误的影响。同时,由于缺少建设经验,在工作中对社会主义的社会公平作了过高的、脱离实际的估计,盲目追求"一大二公",把同等富裕和同步富裕等同于共同富裕。这样的建设思路带来的结果是出现了吃"大锅饭"和平均主义的现象,严重挫伤了群众的生产积极性。特别是"文化大革命"极左思潮泛滥,"四人帮"甚至提出了"宁要贫穷的社会主义"的口号。相比同时期的发达国家,中国处于一个落后和贫穷的状态。

"文化大革命"结束后,以邓小平同志为核心的党的第二代中央领导集体开始对什么是社会主义、怎样建设社会主义的问题进行反思。如何让中国的老百姓脱离贫困过上好日子，是邓小平日思夜想的问题。

1978年9月，邓小平应邀对朝鲜进行了一次短暂访问。回国后，他没有直接回北京，而是到东北三省及河北唐山、天津进行视察。就在这次视察中，邓小平提出了一系列关乎中国人民生活的观点。在视察中，邓小平毫不避讳地坦陈中国存在的问题。9月16日，邓小平在长春听取中共吉林省委常委汇报工作时说："现在在世界上我们算贫困的国家，就是在第三世界，我们也属于比较不发达的那部分。""如果在一个很长的历史时期内，社会主义国家生产力发展的速度比资本主义国家慢，还谈什么优越性？我们要想一想，我们给人民究竟做了多少事情呢？我们一定要根据现在的有利条件加速发展生产力，使人民的物质生活好一些，使人民的文化生活、精神面貌好一些。"

针对过去搞绝对的平均主义，吃"大锅饭"带来的危害等问题，邓小平鲜明地提出了不同以往的观点。9月15日，邓小平在视察哈尔滨时谈道："按劳分配政策很值得研究，不能搞平均主义。"9月16日，他在长春再次指出："不管大中小企业，搞得好的要奖励，不能搞平均主义，要鼓励先进。""要真正搞按劳分配，鼓励向上，鼓励人们努力学习，这对社会主义的极大益处是发展社会生产力。"9月20日，他在天津又提到分配的问题，说："我们过去是吃大锅饭，鼓励懒汉，包括思想懒汉，管理水平、生活水平都提不高。现在不能搞平均主义。毛主席讲过先让一部分人富裕起来。好的管理人员也应该待遇高一点，不合格的要刷下来，鼓励大家想办法。讲物质刺激，实际上就是要刺激。"

可以看出，在十一届三中全会前夕，邓小平对如何改变中国的困难局面，如何带领人民走上富裕道路已经有了较为深入和成熟的思考了。12月13日，邓小平在中央工作会议上所作的《解放思想，实事求是，团结一致向前看》讲话中进一步明确提出："在经济政策上，我认为要允许一部分地区、一部分企业、一部分工人农民，由于辛勤努力成绩大而收入先多一些，生活先好起来……使全国各族人民都能比较快地富裕起来。"讲话虽未提出"共同富裕"这一概念，但其含义却是十分明确的，就是"使全国各族人民都能比较快地富裕起来"。

邓小平的观点，彻底打破了20多年来平均主义、"大锅饭"对人们思想的禁锢和对国家体制的束缚，为社会主义发展生产力、解放生产力开辟了一条"捷径"。在邓小平看来，由于劳动者之间和地区之间所处的具体条件不同，出现先富、后富和富裕程度的差别是不可避免的，这是实现共同富裕目标所必须经历的一个阶段。只有生产力发展了，才

1978年9月,邓小平访问朝鲜回国后视察东北。他提出要解放思想,开动脑筋,实现工作重点转移。

能创造出实现共同富裕的物质条件。1979年7月5日,邓小平在黄山听取中共安徽省委和徽州地委主要负责人汇报时明确指出:"九亿人口的收入平均发展是不可能的,总是有的地区先富裕起来,一个地区总有一部分人先富裕起来。"

打破了平均主义、"大锅饭",人们被压制多年的活力和能量被激发出来,极大地调动了人们的生产积极性,越来越多的人和地区走上富裕之路。紧随其后,政策的效力迅速扩展到深圳、珠海、汕头、厦门等经济特区、沿海开放城市和一些先行改革的试点企业及城市,形成了有相当气候的改革开放大好形势。

经过几年的实践,1984年10月,中共十二届三中全会通过的《中共中央关于经济体制改革的决定》,首次把鼓励一部分人、一部分地区先富起来的政策写进党的文件。文件指出:"长期以来在消费资料的分配问题上存在一种误解,似乎社会主义就是要平均,如果一部分社会成员的劳动收入比较多,出现了较大的差别,就认为是两极分化,背离社会主义。这种平均主义思想,同马克思主义关于社会主义的科学观点是完全不相容的。"

邓小平始终注意在实践中验证和完善这个新政策,并注意从人民群众鲜活的实践中总结经验。他从当时的实际情况出发,强调反对平均主义、鼓励"先富起来",思考和提出问题的重点是放在鼓励先富、扶持先富、引导先富上。实践证明,这样做在很大程度上调动了广大人民群众的生产热情,有力地促进了生产力的发展。

事实上,在倡导部分地区和部分人先富起来的条件下,邓小平心里还有一本账,即"共富"问题。这一课题与改革大局密切相关,更与我们的社会制度密切相关。社会主义不能搞平均主义,但我国社会主义制度的根本性质决定了我们还要避免和防止两极分化,这是实现共同富裕的根本保证。1984年11月9日,邓小平在会见意大利共产党书记处书记巴叶塔时明确提出"共同富裕"的问题。他指出:"我们党已经决定国家和先进地区共同帮助落后地区。在社会主义制度下,可以让一部分地区先富裕起来,然后带动其他地区共同富裕。"1985年3月7日,邓小平在全国科技工作会议上指出:"社会主义的目的就是要全国人民共同富裕,不是两极分化。如果我们的政策导致两极分化,我们就失败了;如果产生了什么新的资产阶级,那我们就真是走了邪路了。""一个公有制占主体,一个共同富裕,这是我们所必须坚持的社会主义的根本原则。"1985年9月23日,邓小平指出:"鼓励一部分地区、一部分人先富裕起来,也正是为了带动越来越多的人富裕起来,达到共同富裕的目的。"

可以看出,邓小平提倡让一部分人、一部分地区先富裕起来,是启动改革开放,解

1986年8月,邓小平在天津视察时说:"我的一贯主张是,让一部分人、一部分地区先富起来,大原则是共同富裕。"图为邓小平和时任中共天津市委书记的李瑞环在一起。

放和发展社会生产力的重大举措,是为了激励和带动其他地区也富裕起来,使先富裕起来的地区帮助落后的地区更好地发展。1986年3月28日,邓小平在会见新西兰总理朗伊时指出:"我们坚持走社会主义道路,根本目标是实现共同富裕。"这是邓小平第一次把实现共同富裕确定为社会主义的目的和根本目标。随即,共同富裕被写进了党的十三大报告。

在改革开放的推动下,无论沿海地区还是内地(即东部和中西部地区),经济的发展明显加快,到20世纪80年代末,全国大部分地区基本上摆脱了贫困,解决了温饱问题,开始向20世纪末"翻两番"的小康目标迈进。但是,在深化改革和发展社会主义市场经济的过程中,随着社会经济成分、利益关系和分配方式等的不断多元化,贫富不均的问题逐渐凸显出来,有人因此把问题归咎于邓小平提出的先富后富政策。实际上,按照邓小平同志的一贯主张,"先富"只是途径和手段,全体人民的共同富裕才是社会主义的"目的""目标""原则""优越性"。他不讳言也不回避改革过程中出现的社会分配不公、贫富差距拉大的问题,为此提出了"两个大局"的思想,并富有预见地提出共同致富"将来总有一天要成为中心课题"。1988年9月12日,邓小平在听取关于价格和工资改革初步方案汇报时说:"沿海地区要加快对外开放,使这个拥有两亿人口的广大地带较快地先发展起来,从而带动内地更好地发展,这是一个事关大局的问题。内地要顾全这个大局。反过来,发展到一定的时候,又要求沿海拿出更多力量来帮助内地发展,这也是个大局。那时沿海也要服从这个大局。"邓小平还从社会稳定的角度来考虑全面贯彻人民富裕问题的现实必要性。1990年4月5日,邓小平在会见泰国正大集团董事长谢国民等人时说:"现在,沿海地区先发展起来了,发展到一定程度,就要注意内地的发展,否则社会稳定不了。中国情况是非常特殊的,即使百分之五十一的人先富裕起来了,还有百分之四十九,也就是六亿多人仍处于贫困之中,也不会有稳定。中国搞资本主义行不通,只有搞社会主义,实现共同富裕,社会才能稳定,才能发展。社会主义的一个含义就是共同富裕。"

随着对共同富裕认识的深化,1990年12月24日,邓小平第一次把共同富裕确定为社会主义的本质要求,他在同江泽民、杨尚昆、李鹏谈话时再次谈到"共同富裕"。他指出:"共同致富,我们从改革一开始就讲,将来总有一天要成为中心课题。社会主义不是少数人富起来、大多数人穷,不是那个样子。社会主义最大的优越性就是共同富裕,这是体现社会主义本质的一个东西。如果搞两极分化,情况就不同了,民族矛盾、区域间矛盾、阶级矛盾都会发展,相应地中央和地方的矛盾也会发展,就可能出乱子。"这段谈话

邓小平和邓颖超、聂荣臻在十三大会议休息室。

中，邓小平明确提出"共同富裕"是"体现社会主义本质的一个东西"。在同一年，他还说过："社会主义的一个含义就是共同富裕。"

经过对改革开放实践的观察和总结，经过深思熟虑，邓小平1992年初在南方谈话中明确指出："社会主义制度就应该而且能够避免两极分化。解决的办法之一，就是先富起来的地区多交点利税，支持贫困地区的发展。当然，太早这样办也不行，现在不能削弱发达地区的活力，也不能鼓励吃'大锅饭'。什么时候突出地提出和解决这个问题，在什么基础上提出和解决这个问题，要研究。可以设想，在本世纪末达到小康水平的时候，就要突出地提出和解决这个问题。"邓小平判断，在20世纪末我国经济发展的第二步战略目标已经实现，东部沿海发达地区的经济实力更为强大，整个国家的经济基础更加雄厚，从而已经具备了大力度帮助、支持内地发展的条件。

1992年的那个春天，在深圳仙湖公园，邓小平亲手种下一棵榕树。当旁边有人向他介绍"发财树"时，邓小平接过话头："让全国人民都种，让全国人民都发财。""让全国人民都发财"，成为邓小平晚年思考最多的问题之一。

邓小平还曾经深情地说："国家发展了，我当一个富裕国家的公民就行了。"

【评价】

邓小平是中国现代化的设计师。邓小平在中国这个朝气蓬勃的时期留下了他的不可磨灭的印记。邓小平为他自己的国家十分忠诚地操劳了这么长的时间，不但在他自己的国家，而且在国际社会，他将作为中国的现代化和生机勃勃的经济发展的主要设计师而受到人们的怀念。

——联合国前秘书长安南

邓小平对100多年来中国面对的根本问题作出了回答，即在尊重中国特性和统一的同时向外部世界开放，并且能够充分解放中国人民巨大的创造力。是邓小平推动中国进入了世界经济舞台。

——法国前总统吉斯卡尔·德斯坦

五、"从现在起到下世纪中叶,将是很要紧的时期"

我们要实现的四个现代化,是中国式的四个现代化。我们的四个现代化的概念,不是像你们那样的现代化的概念,而是"小康之家"。

——邓小平

经过二十年的时间,使我国现代化经济建设的发展达到小康水平,然后继续前进,逐步达到更高程度的现代化。

——邓小平

我们制定的目标更重要的还是第三步,在下世纪用三十年到五十年再翻两番,大体上达到人均四千美元。做到这一步,中国就达到中等发达的水平。

——邓小平

1983年2月邓小平视察苏州、杭州后,提出一个问题:在经济发展之后,社会"发展前景是一个什么样子"?在实地考察中,在与干部群众的交流中,邓小平得出了"小康六条"标准:第一,人民的吃穿用问题解决了,基本生活有了保障;第二,住房问题解决了,人均达到20平方米;第三,就业问题解决了,城镇基本上没有待业劳动者了;第四,农村的人总想往大城市跑的情况已经改变;第五,中小学教育普及了;第六,犯罪行为大大减少。

邓小平所关心的共同富裕状态不仅仅停留在概念上,而是体现在人民群众吃穿住行的各个方面,是具体实在的社会面貌与发展前景。改革开放之初,邓小平立足中国国情,把握时代特点,实事求是地提出了"小康社会"目标,之后不断完善,提出了我国现代化建设的"三步走"发展战略,阐述了从20世纪80年代到21世纪中叶经济社会发展的目标及实现途径,科学地回答了中国经济社会发展的基本战略问题。

对于现代化目标,中华人民共和国成立后,中国共产党就开始了探索。1964年12月21日,周恩来总理在三届人大一次会议上宣布,我国今后的战略目标是"把我国建设成为一个具有现代农业、现代工业、现代国防和现代科学技术的社会主义强国"。然而,一年

邓小平宴请日本首相大平正芳。

多以后开始的"文化大革命",使这个目标刚开始实施就被迫中断。"四人帮"被粉碎后,1978年2月,五届人大一次会议重新提出了实现四个现代化的目标。

十一届三中全会以后,邓小平提出要从国情出发搞现代化建设,对现代化目标开始新的思考和探索。1978年,74岁的邓小平亲自走出国门,访问了缅甸、尼泊尔、朝鲜、日本、泰国、马来西亚、新加坡,1979年初又出访美国。世界现代科技和经济的飞速发展状况,给他留下了深刻的印象,他觉得中国的发展确实太落后、太慢了。邓小平在谈到引进技术发展经济问题时说:"我们一定要以国际上先进的技术作为我们搞现代化的出发点。最近我们的同志出去看了一下,越看越感到我们落后。什么叫现代化?五十年代一个样,六十年代不一样了,七十年代就更不一样了。"

邓小平开始思考在中国人口多、底子薄的情况下,如何为中国的现代化准确定位问题。1979年3月,邓小平在会见英中文化协会执委会代表团时说:"我们定的目标是在本世纪末实现四个现代化。我们的概念与西方不同,我姑且用个新说法,叫做中国式的四个现代化。""由于缺乏经验,实现四个现代化可能比想象的还要困难些。"两天后,他在中央政治局会议上说:"我同外国人谈话,用了一个新名词:中国式的现代化。到本世纪末,我们大概只能达到发达国家七十年代的水平,人均收入不可能很高。"

1979年7月28日,邓小平第一次为"中国式的现代化"定出了标准。他说:"搞现代化就是要加快步伐,搞富的社会主义,不是搞穷的社会主义。"当然我们不是像西方那样。"如果我们人均收入达到一千美元,就很不错,可以吃得好,穿得好,用得好。"两个多月后,在10月4日召开的中央政治局会议上,他参照国际上通用的人均国民生产总值,对这个标准作了详细的论证和说明。他说:"中国式的现代化,就是把标准放低一点。特别是国民生产总值,按人口平均来说不会很高。""前一时期我讲了一个意见,等到人均达到一千美元的时候,我们的日子可能就比较好过了。"

1979年12月6日,邓小平会见了来访的日本首相大平正芳。邓小平提出:"我们要实现的四个现代化,是中国式的四个现代化。我们的四个现代化的概念,不是像你们那样的现代化的概念,而是'小康之家'。到本世纪末,中国的四个现代化即使达到了某种目标,我们的国民生产总值人均水平也还是很低的。要达到第三世界中比较富裕一点的国家的水平,比如国民生产总值人均一千美元,也还得付出很大的努力。就算达到那样的水平,同西方来比,也还是落后的。所以,我只能说,中国到那时也还是一个小康的状态。"

小康的提出,是邓小平主动修正以往不切实际的发展目标。为了稳妥地实现目标,在

1984年10月22日,邓小平在中顾委第三次全体会议上阐述实现小康目标对中国的意义,认为实现了这一目标,就使得再花30年到50年时间接近发达国家生产生活水平变成可以看得见、摸得着的东西。

提出到20世纪末中国人均国民生产总值一千美元标准后，他又在多次谈话中提出"翻两番"后人均达到八百美元的设想。"小康之家"的"中国式的现代化"，是邓小平对过去设想的要在20世纪末"走在世界前列"，赶上或超过世界先进水平这样一个"全面实现四个现代化"的战略目标所作的重大调整和修改。

小康作为中国式的四个现代化概念的具象，又意味着什么呢？"小康"是"四个现代化的最低目标"，"就是还不富裕，但日子好过"，"社会存在的问题能比较顺利地解决"。因为，中国这样的底子，人口这样多，耕地这样少，劳动生产率、财政收支、外贸进出口都不可能一下子大幅度提高，国民收入的增长速度不可能很快，所以"我们的四个现代化是中国式的"。

在明确了"在本世纪末我们肯定不能达到日本、欧洲、美国和第三世界中有些发达国家的水平"之后，邓小平对小康作了精心的设计和规划，他提出争取20年翻两番，即"到本世纪末人均国民生产总值达到八百至一千美元，进入小康社会"。1982年9月，党的十二大正式把邓小平提出的20世纪末实现小康目标的构想确定为今后20年中国经济建设总的奋斗目标。邓小平用"小康之家"这样一个中国历史上普通百姓所向往的吃穿不愁、日子好过的理想社会状态，定位党在20世纪末所要实现的战略目标，第一次把我们党的战略目标同人民群众的生活密切地联系起来，从而使长期以来十分抽象的经济发展战略，变成了与每一个中国人利益攸关的具体而明确的发展目标。这就使得小康目标既能为广大的中国百姓所熟知，又易于为世界各国所理解，还能根据世界经济发展水平进行调整，使之成为一个生动的、动态的、开放式的发展目标。

提出小康目标后，邓小平并没有停下进一步探索的脚步。邓小平开始思考21世纪中国的发展战略规划。1980年12月25日，在中央工作会议上他指出："经过二十年的时间，使我国现代化经济建设的发展达到小康水平，然后继续前进，逐步达到更高程度的现代化。"

1987年4月30日，邓小平同西班牙工人社会党副总书记、政府副首相格拉谈话时，提出了"三步走"的现代化发展战略："我们原定的目标是，第一步在八十年代翻一番。以一九八〇年为基数，当时国民生产总值人均只有二百五十美元，翻一番，达到五百美元。第二步是到本世纪末，再翻一番，人均达到一千美元。实现这个目标意味着我们进入小康社会，把贫困的中国变成小康的中国。那时国民生产总值超过一万亿美元，虽然人均数还很低，但是国家的力量有很大增加。我们制定的目标更重要的还是第三步，在下世纪用三十年到五十年再翻两番，大体上达到人均四千美元。做到这一步，中国就达到中等发达的水平。"就在这一年的11月,"三步走"战略被写进党的十三大报告中。十三大报告明确提出"到下个世纪中叶,人均国民生产总值达到中等发达国家水平,人民生活比较富裕,基本实现现代化"。

邓小平一贯尊重社会发展的客观性。邓小平经常对中国的发展进程提出时间概念,如"五十年""七十年""一百年"。表面上看,这可能是邓小平在讲话中的笼统比喻,但当我们深究就能够发现,这些时间概念都是邓小平深思熟虑后提出的。如1987年3月3日,邓小平在会见美国国务卿舒尔茨时提到:"四个现代化,我们要搞五十至七十年。"在邓小平看来,中国特色社会主义要经过50年到70年的持续发展过程。在这个发展过程后,社会主义才能更好体现出社会制度上的优越性,相信社会主义的人会越来越多。中国的现代化建设,同样如此。在十一届三中全会前,我们设想的是到20世纪末追上发达国家,实现中国的现代化,而邓小平设想的是21世纪中叶,建国100年的时候,把中国建设成为一个中等发达的国家,基本实现现代化。虽然邓小平给出的时间放慢了,但却是符合中国实际,切切实实可以实现的一个设想。所以,在1992年邓小平语重心长地嘱托人们:"如果从建国起,用一百年时间把我国建设成中等水平的发达国家,那就很了不起!从现在起到下世纪中叶,将是很要紧的时期,我们要埋头苦干。我们肩膀上的担子重,责任大啊!"

无论是小康社会的提出还是"三步走"战略的设想,邓小平永远是心怀人民。他要让中国的百姓吃得好,穿得暖,过上幸福生活。"我是中国人民的儿子,我深情地爱着我的祖国和人民",这不仅是邓小平真情实感的流露,更是邓小平奋斗一生的信条。

当一位16岁少年在远赴重洋的轮船上时,他胸怀振兴中华的梦想;当一位88岁的老人在驶向南方的列车上时,他仍不忘年少时的初心。他为祖国的人民奉献了一生。

【评价】

我们应大大感谢邓小平,因为经济改革的影响远远超出了中国,而对世界这个地区的经济发展作出了贡献。

——澳大利亚前副总理兼贸易部长蒂姆·费希尔

他不是乌托邦式的人物,他认为人们判定方针政策只有根据实际情况,找出前进的方向,马列主义、毛泽东思想只有在实践中通过检验才是有价值的。

——德国前驻华大使埃尔维因·魏克德

我们纪念邓小平同志，就要学习他始终坚持实事求是的理论品质。实事求是，是邓小平同志一生最重要的思想特点，也永远是中国共产党人应该遵循的思想方法。

邓小平同志坚持党的思想路线，坚持一切从实际出发，常说自己是"实事求是派"，反复强调"拿事实来说话"，"实事求是是马克思主义的精髓。要提倡这个，不要提倡本本。我们改革开放的成功，不是靠本本，而是靠实践，靠实事求是"。"要取信于民，要干出实绩。""领导者必须多干实事。"邓小平同志以一生的实践证明，他是一位高瞻远瞩的思想家、政治家、战略家，也是一位求实、务实、踏实的实干家。

上个世纪60年代初期，面对国家困难，邓小平同志提醒各级干部要"实事求是地说明情况"。当时为了推动恢复和发展农业生产，他说："生产关系究竟以什么形式为最好，恐怕要采取这样一种态度，就是哪种形式在哪个地方能够比较容易比较快地恢复和发展农业生产，就采取哪种形式；群众愿意采取哪种形式，就应该采取哪种形式，不合法的使它合法起来。"

进入改革开放新时期，邓小平同志更加强调坚持彻底的求真务实精神。他说："我读的书并不多，就是一条，相信毛主席讲的实事求是。过去我们打仗靠这个，现在搞建设、搞改革也靠这个。"他强调，要把是否有利于发展社会主义社会的生产力、是否有利于增强社会主义国家的综合国力、是否有利于提高人民的生活水平作为判断一切工作是非得失的标准。正是因为具有这种彻底的求真务实精神，邓小平同志果断从容地处理了党和国家面对的一系列重大问题，指导党和人民劈波斩浪开创了党和国家事业新局面。

事实是真理的依据，实干是成就事业的必由之路。这也是"空谈误国，实干兴邦"的真谛。我国革命、建设、改革的历史反复证明，只有制定符合实际的政策措施，采取符合实际的工作方法，党和人民事业才能走上正确轨道，才能取得人民满意的成效。我们要学习邓小平同志善于运用辩证唯物主义和历史唯物主义观察世界、处理问题的思想方法和领导艺术，掌握真实情况，把握客观规律，发扬务实高效、不尚空谈的工作作风，踏踏实实把党的基本理论、基本路线、基本纲领、基本经验、基本要求贯彻落实好。

——习近平在纪念邓小平同志诞辰110周年座谈会上的讲话（2014年8月20日）

第三章　实事求是

邓小平一生坚持实事求是原则,善于按辩证法办事。他始终坚持一切从实际出发,理论联系实际,从群众中来,到群众中去,尊重实践,不尚空谈。

一、"我是实事求是派"

我们改革开放的成功,不是靠本本,而是靠实践,靠实事求是。

——邓小平

我读的书并不多,就是一条,相信毛主席讲的实事求是。过去我们打仗靠这个,现在搞建设、搞改革也靠这个。

——邓小平

实事求是是中国共产党的思想路线,也是党的优良传统和作风,但我们党曾一度偏离了这条路线,特别是在"文化大革命"中实事求是的思想路线更是遭到了严重的践踏和破坏。1978年,经历了"文化大革命"巨大磨难的中国,站在了向何处去的重大历史关头,是邓小平领导全党解放思想,重新确立了实事求是的思想路线。

1977年7月21日,刚刚正式复出的邓小平在发表讲话时,就一针见血地指出:"群众路线和实事求是这两条是最根本的东西。"他回顾"文化大革命"的历史,痛心地说:"我为什么说实事求是在目前重要呢?要搞好我们的党风、军风、民风,关键是要搞好党风。现在,'四人帮'确实把我们的风气搞坏了。'四人帮'的破坏实际上是十年,或者说是十年以上,开始是同林彪结合在一起。他们弄得我们党内同志不敢讲话,尤其不敢讲老实话，弄虚作假。甚至于我们有些老同志也沾染了这些坏习气，这是不应该原谅的啊！"

同年8月18日，邓小平在中共十一大闭幕会上致辞说："我们一定要恢复和发扬毛主席为我们党树立的实事求是的优良传统和作风，做老实人，说老实话，办老实事，这是一个共产党员的起码标准。"1978年3月18日，邓小平又在全国科学大会上讲话强调："追求表面文章，不讲实际效果、实际效率、实际速度、实际质量、实际成本的形式主义必须制止。说空话、说大话、说假话的恶习必须杜绝。"

然而当时的中央领导人仍坚持"两个凡是"的错误方针，即"凡是毛主席作出的决策，我们都必须拥护；凡是毛主席的指示，我们要始终不渝地遵循"。其实质是要继续维护毛泽东晚年的错误，这完全违背了毛泽东倡导的实事求是的思想路线。"两个凡是"严重束缚着人们的思想，给满怀激情的人们带来越来越多的困惑和疑虑。如果继续坚持这一错误思想，中国将无法摆正航向，也不可能从"文化大革命"的错误中走出来。

1977年4月10日，邓小平在致华国锋、叶剑英和党中央的信中，率先提出"我们必须世世代代地用准确的完整的毛泽东思想来指导我们全党、全军和全国人民，把党和社会主义的事业，把国际共产主义运动的事业，胜利地推向前进"。他旗帜鲜明地指出："'两个凡是'不符合马克思主义。""彻底的唯物主义者，应该像毛泽东同志说的那样对待这个问题。马克思、恩格斯没有说过'凡是'，列宁、斯大林没有说过'凡是'，毛泽东同志自己也没有说过'凡是'。"他指出：坚持"两个凡是"，就是想原封不动地坚持毛泽东晚年的错误思想。坚持"两个凡是"并不是什么真正高举毛泽东思想旗帜，而是割裂、歪曲毛泽东思想，是"形式主义的高举，是假高举"。他还一再强调：是否反对"两个凡是"是个重要的理论问题，是个关系到能否坚持历史唯物主义的问题。显然，邓小平的态度十分明确，要推翻"两个凡是"，肃清林彪、"四人帮"的危害，首要的就是"一定要恢复和发扬毛主席为我们党树立的实事求是的优良传统和作风"。邓小平在这个大是大非的原则问题上为全党敲响了警钟，也为恢复毛泽东思想的本来面目、重新确立实事求是的思想路线进一步扫清了障碍。

邓小平的这一努力，得到了叶剑英、陈云、聂荣臻、徐向前等党内德高望重的老同志的响应与支持。1977年9月，在毛泽东逝世一周年之际，他们纷纷在报纸、刊物上发表纪念文章或讲话，成为批评"两个凡是"，解放思想，在思想路线上拨乱反正的先导。如《人民日报》在9月5日发表聂荣臻的《恢复和发扬党的优良作风》，19日发表徐向前的《永远坚持党指挥枪的原则》，28日发表陈云的《坚持实事求是的革命作风——纪念伟大的领袖和导师毛主席逝世一周年》，宣传毛泽东倡导的实事求是等党的优良传统和作风，倡导要完整地、准确地领会和掌握毛泽东思想的精神实质。10月9日，叶剑英在中央党校开学典礼上作了《坚持和发扬理论联系实际的学风》的讲话，强调在学习马克思理论著作时，一定要提倡融会贯通，联系实际，实事求是，有的放矢。

在邓小平等老一辈革命家的带动下，在全国范围内逐渐形成了要求恢复实事求是优良传统的政治氛围。在这种氛围中，人们对"两个凡是"的抵制和批评越来越强烈。理论界就如何理解毛泽东思想纷纷开始酝酿和撰写文章。关于真理标准的讨论就是在这样的氛围中发生的。

1977年下半年，《光明日报》编辑部收到南京大学哲学系教师胡福明写的一篇文章《实践是检验真理的标准》。该报负责人杨西光意识到这个选题的重要，与胡福明以及中央党校理论研究室的同志一起对文章作了进一步修改，并将标题改为《实践是检验真理的唯一标准》，准备作为重要文章在报纸头版发表。文章经主持工作的中央党校副校长胡耀邦最后审定后，首先在中央党校内部刊物《理论动态》上刊发。5月11日，《光明日报》以"特约评论员"的名义在头版发表，新华社当天发了通稿。

《实践是检验真理的唯一标准》一文针对性很强，它从根本理论上对"两个凡是"进行了否定。文章明确提出：实践是检验真理的标准，而且是唯一的标准。这是因为，辩证唯物主义所说的真理是客观真理，是人的思想对于客观世界及其规律的正确反映。文章强调："一个理论，是否正确地反映了客观实际，是不是真理，只能靠社会实践来检验。这是马克思主义认识论的一个基本原理。"文章有针对性地提出："马克思主义的理论宝库并不是一堆僵死不变的教条"，不能"躺在马列主义、毛泽东思想的现成条文上"，更不能"拿现成的公式去限制、宰割、裁剪无限丰富的飞速发展的革命实践"。

这篇文章虽然主要是对马克思主义认识论的一个基本问题作正面阐述，但实际上是从思想路线方面批判"两个凡是"的观点，并且触及盛行多年的思想僵化和个人崇拜现象。文章思想观点的鲜明和尖锐，抓住了当时拨乱反正的总问题、总根子，从基本理论上讲清楚了"两个凡是"的错误。文章发表后立即在党内外引起极大的关注，12日，《人民日报》《解放军报》以及《解放日报》等全文转载。13日，又有多家省报予以转载。由此，一场关于真理标准问题的大讨论在全国范围内展开。

然而，这篇文章一经发表，最先引来的是来自党内的责难。时间仅仅过去不到一周，一位中央负责人在一个会议上点名批评了这篇文章。他说："理论问题要慎重。""党内邓小平题词:"实践是检验真理的唯一标准。"

1978年5月11日,《光明日报》以特约评论员名义公开发表《实践是检验真理的唯一标准》。

外议论纷纷,实际上是把矛头指向主席思想。我们的党报不能这样干,这是哪个中央的意见?""要查一查,接受教训,统一认识,下不为例。"中央宣传部负责人在中央召开的部分宣传和新闻单位负责人会议上告知与会的各省份负责宣传工作的同志,不要因为《人民日报》转载了,新华社发了,就成定论了,要提高鉴别能力,并要求大家回去要向省委常委汇报,不要随风转。来自中央高层的这些责难,从一开始就把这场争论上升到了"政治"高度,并很快在理论界、新闻界和各地传开,这给许多刊登讨论真理标准问题文章的报刊带来了不小的压力。有的人虽不反对文章的观点,却囿于多年来形成的思维习惯而看不清讨论这一问题的必要性,甚至担心开展这样的讨论会与中央的方针发生冲突,影响党内团结和社会安定。

但是,多数同志认为,这篇文章提出了一个意义重大的问题,应当展开讨论。到5月底,全国先后有30多家报纸刊登了这篇文章。中国科学院和中国科协党组还作出决定,支持并参与对真理标准问题的讨论。

这样,一场关系到党的思想路线的原则分歧和争论到了一个十分关键的时刻。

在听到来自领导层的批评意见后,邓小平旗帜鲜明表示自己支持这篇文章的观点。

1978年4月27日至6月2日,全军政治工作会议召开。会议期间,有人提出,凡是毛主席、华主席说过的话,都不能改动。这种情况以及由真理标准问题的提出而产生的意见分歧,引起邓小平的注意。他认为会上提出的意见并不是名词概念之争,也并非偶然、孤立的现象,而是当时社会上在如何对待毛泽东思想问题上"两个凡是"的思潮在军队的反映。本来,邓小平并没有打算在这次全军政治工作会议上讲话,但在了解到会上这一争论的情况后,他说要讲话,着重讲党的实事求是的思想路线。5月30日,邓小平在同胡乔木等谈准备在会上讲话的内容时说:只要你讲话和毛主席讲的不一样,和华主席讲的不一样,就不行。毛主席没有讲的,华主席没有讲的,你讲了,也不行。怎么样才行呢?照抄毛主席讲的,照抄华主席讲的,全部照抄才行。"毛泽东思想最根本的最重要的东西就是实事求是。现在发生了一个问题,连实践是检验真理的标准都成了问题,简直是莫名其妙!"

6月2日,邓小平在会上发表重要讲话,明确肯定《实践是检验真理的唯一标准》一文的观点,强调要坚持实事求是。邓小平指出:"我们也有一些同志天天讲毛泽东思想,却往往忘记、抛弃甚至反对毛泽东同志的实事求是、一切从实际出发、理论与实践相结合的这样一个马克思主义的根本观点、根本方法。不但如此,有的人还认为谁要是坚持实事求是,从实际出发,理论和实践相结合,谁就是犯了弥天大罪。""实事求是,是毛泽东思想的出发点、根本点。"他号召大家:"我们一定要肃清林彪、'四人帮'的流毒,拨乱反正,打破精神枷锁,使我们的思想来个大解放。"

可以说,在中央领导人当中,邓小平是最早站出来明确表态支持的。邓小平再一次把住了历史进程的脉动。

邓小平的讲话,对正在开展的真理标准问题讨论给予了强有力支持,当天,新华社作了报道。6月6日,《人民日报》《解放军报》全文发表了邓小平的这个讲话,随后又作为中共中央文件下发。这篇讲话不仅给积极参与真理标准问题讨论的人们鼓了劲,还提供了科学的思想理论武器,同时也给那些思想仍处于僵化状态的同志以极大的震动。

6月16日,《人民日报》又发表《关于真理的标准问题》一文,《光明日报》全文予以转载。这期间,胡耀邦组织中央党校有关同志撰写了文章《马克思主义的一个最基本的原则》,送到《解放军报》,得到了时任中共中央军委秘书长罗瑞卿的支持。罗瑞卿审阅修改定稿后,于6月24日,在《解放军报》以"特约评论员"名义在头版发表该文,《人民日报》《光明日报》同日转载。文章进一步阐明了"实践是检验真理的唯一标准"这个马克思主义的基本原理,从理论上回答了对此提出的种种责难。文章指出:马列主义、毛泽东思想本身要由实践来检验,其正确性要由实践来证明。思想不能证明自身。理论是实践的指南和实践是检验真理的标准,这是两个不同的问题,不能相互混淆。文章强调:尊重实践,尊重科学,破除迷信,解放思想,我们就能推动理论研究,获得新的真理。

然而坚持"两个凡是"的同志依然利用各种场合压制群众的积极性,对这场讨论"设禁区""下禁令",这一度带来了人民思想上的混乱。

面对不同的声音,邓小平及时给予回应。7月21日,他与当时的中央宣传部部长谈话,提出严肃批评:"不要再下禁令、设禁区了,不要再把刚刚开始的生动活泼的政治局面向后拉。"7月22日,邓小平又约见中央组织部部长胡耀邦,明确肯定和支持真理标准问题的讨论。指出,《实践是检验真理的唯一标准》这篇文章是马克思主义的,争论不可避免,争得好。引起争论的根源就是"两个凡是"。

8月19日,邓小平在接见文化部负责人时说:"我说过《实践是检验真理的唯一标准》这篇文章是马克思主义的,是驳不倒的,我是同意这篇文章的观点的,但有人反对,说是反毛主席的,帽子可大啦。""我们不要下通知,划禁区。能够讲问题,能够想问题

1978年6月,邓小平在全军政治工作会议上讲话,着重阐述实事求是是毛泽东思想的出发点和根本点。

就好。要敢于正视现实，敢于提问题、想问题，这样才能够很好地实现新时期的总任务，为四个现代化服务。"

叶剑英、李先念等老一辈革命家公开支持邓小平的主张和这场讨论。叶剑英在中央政治局会议上明确表示，不主张对讨论采取压制态度，对待毛泽东思想，不能采取教条主义态度。李先念在国务院务虚会上明确指出：实践是检验真理的唯一标准，凡是经过长期社会实践证明是符合客观规律、符合大多数人利益的事，就坚决地办、坚持到底，不允许任何人轻易改变和取消。

1978年11月，中共中央召开工作会议。会上对真理标准问题讨论中暴露的意见分歧也进行了热烈的讨论。有的同志仍然认为，讨论真理标准问题，是提倡怀疑一切，是在实际上引导人们去议论毛泽东的错误，不符合党的十一大的方针。这种观点受到了多数同志的批评。多数人认为，在这个问题上的分歧，实质上是两种指导思想的分歧，这个问题不解决，是非就搞不清，工作重点转移也无法顺利进行。大家还要求党中央对这场讨论明确表示态度，以彻底解决思想路线问题。

会议期间，中共中央机关刊物《红旗》仍然遵照有关领导"不介入""不卷入"的指示，对真理标准讨论持消极的抵制态度。谭震林应《红旗》杂志约稿撰写《井冈山斗争的实践与毛泽东思想的发展》，写完后却因为内容涉及真理标准问题遭到拒登。邓小平知道此事后发出质问："为什么《红旗》不卷入？应该卷入。可以发表不同观点的文章。看来不卷入本身可能就是卷入。"

中央工作会议的深入讨论使得"两个凡是"论调再也无法立足，到了会议末期，中央宣传口的几位负责人不同程度地作了检讨。至此，实事求是的思想路线取得了重大的决定性的胜利。

在邓小平等中央领导的支持下，真理标准问题的讨论蓬勃开展，形成了一股追求实事求是、思想解放的洪流，对"两个凡是"的禁区形成了强大冲击，从而加快了党和国家走出"文化大革命"的阴影、实现历史性转折的步伐。

在中央工作会议闭幕会上，邓小平更是明确谈了自己对真理标准问题讨论的看法："目前进行的关于实践是检验真理的唯一标准问题的讨论，实际上也是要不要解放思想的争论。"他指出进行这个争论很有必要，意义很大。从争论的情况来看，越看越重要。"只有解放思想，坚持实事求是，一切从实际出发，理论联系实际，我们的社会主义现代化建设才能顺利进行，我们党的马列主义、毛泽东思想的理论才能顺利发展。"他充满感情地说:"一个党,一个国家,一个民族,如果一切从本本出发,思想僵化,迷信盛行,那它就不能前进,它的生机就停止了,就要亡党亡国。"在讲话中,邓小平一再重申了真理标准问题讨论的重要意义:"关于真理标准问题的争论,的确是个思想路线问题,是个政治问题,是个关系到党和国家的前途和命运的问题。"

在邓小平等老一辈革命家的推动下,党的十一届三中全会恢复了党的实事求是的思想路线。

为了进一步统一全党的认识,邓小平还深入各地做工作。1979年7月29日,邓小平接见在青岛出席中共中国人民解放军海军委员会常委扩大会议的全体同志。他在讲话中再次指出:就全国范围来说,就大的方面来说,通过实践是检验真理的唯一标准和"两个凡是"的争论,已经比较明确地解决了我们的思想路线问题,重新恢复和发展了毛泽东同志倡导的实事求是、理论联系实际、一切从实际出发的思想路线。真理标准问题的讨论,开始的时候反对的人不少,但全国绝大多数干部群众是逐步接受了的。这个争论还没有完,海军现在考虑补课,这很重要。真理标准问题的讨论是基本建设,不解决思想路线问题,不解放思想,正确的政治路线就制定不出来,制定了也贯彻不下去。我们的政治路线就是搞社会主义现代化建设。所以,这场争论的意义太大了,它的实质就在于是不是坚持马列主义、毛泽东思想。

在领导和支持真理标准问题讨论中,邓小平始终着眼大局,把推进社会主义现代化建设作为这场讨论的落脚点,从而引导人们开始实事求是地思考中国向何处去这一重大课题。邓小平在重大历史关头,领导全党重新确立了实事求是的思想路线,批判了危害多年的极左思潮,解放了人们的思想,酝酿了改革开放新局面的产生。

1992年,邓小平在回顾改革开放的成绩时,感慨地说道:"我们改革开放的成功,不是靠本本,而是靠实践,靠实事求是。""我读的书并不多,就是一条,相信毛主席讲的实事求是。过去我们打仗靠这个,现在搞建设、搞改革也靠这个。"

马来西亚前总理马哈蒂尔曾高度评价邓小平是"奉行实事求是原则的典范"。他认为,制定中国改革开放政策是邓小平奉行实事求是原则的体现。邓小平深刻了解中国国情和世界现状,从实际出发,实事求是地总结了中国经济建设的经验与教训,大胆借鉴西方国家发展经济的有益经验,大力引进外国资金、先进技术和管理经验,推动中国经济体制改革,创造了一条有中国特色的经济发展道路。

【评价】

　　他的实事求是作风把中国从走历史捷径的大梦中唤醒,重回必须依据宏图伟略按部就班实现历史的现实世界中。

——美国前国务卿基辛格

　　邓小平是近20年来中国变革的主要设计师。在中华人民共和国诞生前的岁月里,邓小平表现出战略家的雄才大略。此后,他则以务实精神和远见卓识领导中国走上开放和改革之路。

——法国前总统希拉克

　　邓小平从来不迷信意识形态的功能,而比较注重实际效益。"不管白猫黑猫,抓住老鼠就是好猫"一语,形象而精彩地表达了务实精神的真谛。此坦率之名言,实际上一直贯穿在他复出之后的全部言行之中。他支持"实践是检验真理的唯一标准",历来主张"实事求是"。

——泰国《亚洲日报》

二、"做到心中有数"

制定一切政策，要从实际出发。只要注意这一点，就不会犯大错误。

——邓小平

要想做到实事求是，首先必须了解和掌握实际情况。调查研究就是通过各种途径、运用各种方法，全面了解情况、占有材料、获取信息，并运用科学的理论和方法进行分析、判断，从而把握客观实际情况的最基本的方法，因而也是实事求是方法中最基础、最重要的方法。

邓小平一贯十分重视调查研究工作。他曾经说："马列主义、毛泽东思想的基本原则，我们任何时候都不能违背，这是毫无疑义的。但是，一定要和实际相结合，要分析研究实际情况，解决实际问题。按照实际情况决定工作方针，这是一切共产党员所必须牢牢记住的最基本的思想方法、工作方法。"在日常工作中，邓小平经常深入工厂和农村，了解实际情况和群众的真实想法，收集第一手资料，以凭决策。

早在战争年代，邓小平就重视调查研究。1944年7月28日，毛泽东致电邓小平及各抗日根据地负责人，请他们就各根据地的整风、减租、反特等十项工作搞调查研究，并将调查研究结果报告中央。邓小平在太行区根据地作了大量调查研究，在此基础上，于8月24日向毛泽东递交了一份约5000字的调研报告，答复了毛泽东所询的十个方面情况。邓小平亲自起草的这份调研报告，既有翔实的调查材料，又有深刻的研究分析。毛泽东收阅报告后甚为满意，并在12月25日亲自复电邓小平同志说："关于十个问题的答复，早已收到，内容极好。除抄给此间许多同志阅读外，并转发各地参考。我完全同意你们的路线，望坚持贯彻下去。"

邓小平1953年担任财政部部长。据当时在财政部工作的同志后来回忆：小平同志尊重实践、实事求是。他每次听汇报，总是要求反映情况真实、确切，数字明白、清楚，反对模棱两可、含糊不清。他曾告诫财政部的干部要多下基层了解情况，多作调查研究，要根据我国的实际情况制定财政政策。他说:"我们国家的情况很复杂,不吸收新鲜事物,光靠我们十几年的工作经验是不行的,就是几十年、一百年的工作经验也是不行的。"

邓小平除了重视调查研究工作本身,也善于在工作中积累经验,对于调查研究工作的原则、特点等作出总结,以便更好地指导下一次的工作。

调查研究的必要性是什么?

邓小平说:"必须下定决心,急起直追,一定要深入专业,深入实际,调查研究。"

调查研究的原则是什么?

邓小平说:"不能只在眼前的事务里面打圈子,要用宏观战略的眼光分析问题。"

调查研究的意义是什么?

邓小平说:"知己知彼,力戒空谈。""做到心中有数。"

20世纪60年代初大兴调查研究之风,邓小平对于调查研究的重视和在其中表现出来的实事求是精神非常说明问题。在1960年底和1961年1月召开的中央工作会议和党的八届九中全会上,毛泽东发出了全党要大兴调查研究之风的号召,并于1月13日发表了以大兴调查研究之风为主旨的讲话,提出:"要搞调查研究,把小事撇开,用一部分时间,带几个助手,去调查研究一两个生产队、一两个公社。在城市要彻底调查一两个工厂、一两个城市人民公社。"

在毛泽东的号召下,刘少奇、周恩来、朱德、陈云、邓小平等中央领导同志和各中央局、省、市、自治区主要负责同志都带头深入农村和工厂,相继在湖南、河北、四川、陕西、河南等地实地调研。

毛泽东在3月13日写给刘少奇、周恩来、陈云、邓小平、彭真等的信中特别提出:"希望小平、彭真两位同志在会后抽出一点时间(例如十天左右),去密云、顺义、怀柔等处同社员,小队级、大队级、公社级、县级分开(不要各级集合)调查研究一下,使自己心中有数,好作指导工作。"根据毛泽东的指示,邓小平和彭真在4月上旬开始了京郊的农村调查。

1961年4月7日至21日,邓小平在顺义进行了15天的调查研究。在连续三天集中听了县委领导的工作情况汇报后,邓小平又利用六天时间分别召开了公社、管理区、大队和小队干部座谈会,听取各层干部对农村工作的意见和看法。除召开座谈会外,他还直接到农户家中进行入户访问、实地调查,直接听取群众的意见。

在时任北京市委宣传部副部长张大中的记忆中,邓小平十分实在:"比如说他来问

1960年3月10日,邓小平参观北京第一机床厂时,观看和面机工作过程。

1960年3月15日,邓小平视察北京毛纺厂的纺织车间。

你,办食堂对养猪有没有影响?他算非常具体的账,比如说他算小猪崽买的时候多少钱,多长时间能养成克郎猪,需要多少饲料,什么时候催肥,最后需要多少工,出多少粪,刨除成本后养猪合算不合算,他在这些地方还是非常实在的。"在张大中的印象中,邓小平没有讲太多阶级斗争的话题,他的调查的主导方向就是从实际出发来解决群众的实际生活问题。"(他)谈得非常具体,算账算得很快,一算就出来了,如养个猪一年赚多少钱,能不能赚钱,一只鸡赚多少钱,然后粪怎么算,怎么积分等等。"

邓小平在调研中不喜空谈,而是善于在调查研究的基础之上解决实际问题。据时任顺义县委第一书记的李瑜铭回忆,因为当年《人民日报》上说公社食堂是社会主义阵地,反对食堂就是反对社会主义,还把反对公社食堂的戴上了"右倾机会主义"帽子。所以作为县委书记的他即使不赞成办公社食堂,也不敢贸然说食堂没有办好。在这个问题上,邓小平一开始并没有表态,直到经过实地考察,了解到食堂占用劳动力多,燃料消耗大,粮食浪费现象时有发生时,邓小平便在座谈会上明确表态说:吃食堂是社会主义,不吃食堂也是社会主义,要根据群众的意愿,决定食堂的去留。

调查结束后,邓小平和彭真一起给毛泽东写了一封信,就调整社队规模、粮食征购和余粮分配、供给制、"三包一奖"和评工记分、公共食堂等七个方面的问题提出了意见。不久,调查组又以北京市委的名义向中央及华北局写了《市委关于改变供给制办法的意见向中央、华北局的报告》《市委关于实行三包一奖、评工记分的意见向中央、华北局的报告》《市委关于超产粮的征购和余粮分配的意见向中央、华北局的报告》《市委关于发展农村手工业和恢复供销社的意见向中央、华北局的报告》等六个专题报告,随这些报告还附有基层单位的典型材料19件。

由于邓小平与彭真在顺义的调查研究问题抓得准,分析得客观深入,受到了毛泽东的重视。毛泽东1961年5月13日就邓小平和彭真5月10日的来信批示:"此信发给各中央局,各省、市、区党委,供参考。"

邓小平与彭真的此次顺义调研,对中央农村政策的调整起到了积极的推动作用。1961年5月21日,在吸收了各地调研成果的基础上,中央工作会议对《农村人民公社工作条例(草案)》作了重要修改,制定出"修正草案"。其中,最重要的修改就是将原规定公共食堂"应积极办好"改为"在生产队办不办食堂,完全由社员讨论决定";取消了原有的分配中的供给部分。这一"修正草案"受到了基层干部和农民群众的热烈欢迎。

邓小平说:"制定一切政策,要从实际出发。只要注意这一点,就不会犯大错误。"

改革开放初期创办经济特区就是这样一个很好的例证。邓小平对创办经济特区的必要性有充分认识，但是，经济特区是不是能够搞好，他不作主观臆断，而是要亲自到特区去看，从实践中得出结论。

1984年1月24日，邓小平的专列到达广州东站。邓小平对前来看望他的广东省委负责人梁灵光说："办经济特区是我倡议的，中央定的，是不是能够成功，我要来看一看。"

24日中午，邓小平抵达深圳。下午，邓小平即开始了对深圳的调研。他先后参观考察了罗湖商业区、中国航空技术进出口公司深圳工贸中心、渔民新村、蛇口工业区、华益铝材厂、蛇口微波通讯站等地。据深圳市委有关同志回忆："邓小平同志在深圳的视察，可谓不辞劳苦，脚步匆匆。就在这短短的两天里，他的社会调查是那样的广泛和深入：听汇报，进工厂，下农村，访家庭；参观产品、设施，了解生产、经营，关心职工生活；与群众座谈、合影、交朋友，从而掌握了大量的第一手材料。他从听到和看到的特区基本情况、基本面貌中，从深圳的领导者、生产者和经营者的精神状态和工作效率中，从产品的产量、质量和经济效益中，从深圳国内生产总值、财政收入、人们生活水平的增长率中，清清楚楚地看到了一个兴旺发达的社会主义经济特区的立体形象。"

29日，他又赴珠海经济特区，先后考察了正在兴建中的九洲港、直升机机场、石景山旅游中心、拱北海关和香洲毛纺织厂、狮山电子厂等。在经过全面的实地走访调研和深入思考后，邓小平对特区的发展情况有了结论。他特意为珠海题词"珠海经济特区好"；为深圳题词"深圳的发展和经验证明，我们建立经济特区的政策是正确的"。回到北京后，邓小平找几位中央负责同志谈话："我们建立经济特区，实行开放政策，有个指导思想要明确，就是不是收，而是放。"他提出："除现在的特区之外，可以考虑再开放几个港口城市，如大连、青岛。这些地方不叫特区，但可以实行特区的某些政策。我们还要开发海南岛，如果能把海南岛的经济迅速发展起来，那就是很大的胜利。"邓小平谈话之后，1984年3月至4月，党中央、国务院召开沿海部分城市座谈会，着重研究开放沿海部分港口城市的问题。5月，中共中央、国务院批转《沿海部分城市座谈会纪要》，正式确定开放14个沿海港口城市。可以说，正是有了邓小平在深圳和珠海特区的实地调研和深入思考，才增添了他进一步扩大对外开放、加速现代化建设的信心，这为中国的加速开放和发展赢得了更大的机遇。

即使是在退休之后，邓小平依旧重视调查研究工作。1992年，中国正处在一个重大历史关头。80年代末90年代初，东欧剧变、苏联解体，资本主义和社会主义两大阵营的

1984年1月，邓小平在深圳登上20层高的国际商业大厦楼顶，眺望建设中的罗湖新城区。

1984年春，邓小平为深圳经济特区题词："深圳的发展和经验证明，我们建立经济特区的政策是正确的。"

长期冷战格局结束。国际形势发生重大变化、社会主义遭受挫折，中国还要不要坚持以经济建设为中心，坚持改革开放？中国即将召开的十四大将怎样谋划社会主义中国的未来？这都成为国际国内舆论关注的焦点。在这样的大背景下，邓小平以88岁高龄再度来到改革开放的前沿之地——广东就有了特别的含义。

再次来到广东，88岁高龄的邓小平兴致盎然。在深圳进行了五天的考察之后，他又乘坐快艇前往珠海。一连七天，邓小平考察了亚洲仿真控制系统工程有限公司、江海电子股份有限公司等一批高科技企业，几乎踏遍了特区的土地。考察过程中，他不停地看，不停地问，不停地思考着社会主义中国的未来，并发表了一系列重要讲话。他强调："在这短短的十几年内，我们国家发展得这么快，使人民高兴，世界瞩目，这就足以证明三中全会以来路线、方针、政策的正确性，谁想变也变不了。说过去说过来，就是一句话，坚持这个路线、方针、政策不变。"在改革开放一度遭遇质疑、怀疑甚至否定之时，邓小平通过实地走访改革开放前沿阵地而发表的这一系列讲话起到了坚定改革信心的重要作用。

从1952年调任中央到1992年，邓小平视察调研的足迹遍布中国大陆除西藏以外的每一个省（区、市）。

为推动改革开放和中国的现代化建设，邓小平除了在国内各地的调研考察外，也十分重视走出国门的考察：要派人出去看看，特别要看看发达国家是怎样搞的。"看看人家的现代工业发展到什么水平了，也看看他们的经济工作是怎么管的。"为此，1978年前后，我国派出多批经济代表团和考察团，赴日本、西欧和美国考察。邓小平自己出国访问期间，也总是要求参观要围绕最先进的工业和高科技项目展开，每到一个地方考察时他都要细心观察，仔细询问。

1978年10月22日至29日，邓小平以副总理的身份访问日本，会见了昭和天皇、福田赳夫、田中角荣、大平正芳等政要。时任日本外务省亚洲局长的中江要介担任此次日方的"接伴员（陪同人员）"。在他的印象中，邓小平访日期间"虽然话语不多，但却用心观察对中国有用的事物，脑中思考着中国如何改革开放、中国将来如何富强"。在紧张的出访日程中，邓小平特意挤出时间参观了新日铁、日产、松下电器公司这些现代化工厂企业。

24日下午，邓小平参观了日产汽车公司位于神奈川县座间市的日产工厂。邓小平坐上电动汽车，在日产公司总裁川又克二的陪同下，参观了日产公司的车体工厂和组装工厂。

在车体工厂，邓小平对车间生产线上刚刚引进的机器人十分感兴趣，不住地询问身边的陪同人员。在这个当时号称全世界自动化程度最高的汽车工厂里，邓小平一直保持着盎然的兴趣，当听说这里每个工人一年平均生产94辆汽车时，邓小平说，这要比中国排名第一的长春汽车厂多出93辆。参观结束后，邓小平说："我懂得什么是现代化了。"

10月26日，邓小平参观了新日铁的君津钢铁厂。在中江要介的印象中，邓小平同样参观得十分认真。他仔细询问了工厂的设备、技术，并希望日本朋友把先进的生产管理经验介绍给在那里实习的中国工人，"使人感到了他一定要在中国建成同样先进工厂的决心"。正是这种决心在后来促成了上海宝钢的中日合作项目。中江要介回忆说，邓小平在访问中总是边参观，边对比，了解哪些是中国应该学习的，哪些应作为教训汲取。

在1979年初访美时，邓小平同样如此。在结束了华盛顿的访问行程后，邓小平立刻奔赴亚特兰大、休斯敦、西雅图等地，花费了近六天时间考察当地工业。这一次，邓小平的关注点落在了先进科技及高科技产业上。

在亚特兰大，邓小平重点参观了福特公司的汽车制造厂。这家工厂每小时能生产50辆小汽车，而当时中国的汽车年产量只有1.3万辆。福特公司先进的汽车生产线使邓小平对美国的工业生产实力留下了深刻印象。据身边工作人员回忆，对很多情况他都问得很仔细，甚至特别询问了一位电焊工的工资是多少。

在休斯敦，邓小平考察了美国载人航天基地——林登·约翰逊宇航中心。邓小平仔细参观了宇宙飞船"阿波罗17号"的指令舱和月球车，并会见了美国首批宇航员之一的约翰·格伦。参观过程中，邓小平不时向身边的宇航员询问太空生活的细节，还登上了航天飞机模型座舱，亲身体验了航天飞机从10万英尺高空降落到地面的模拟情景。

西雅图是邓小平访美的最后一站。在波音公司的总部，邓小平参观了6层楼高的747客机装配车间，观看了一架接近完工的巨型喷气式客机着陆排挡的操作测试。在厂房外，邓小平还登上了一架已出售准备起飞的巨型喷气式客机参观。参观结束后，邓小平评价说："我看到了一些很新颖的东西。"

六天的时间里，这位75岁高龄的老人一路用心观察，并不时地详细询问，深入思考。

1978年末和1979年初的对日本、美国和东南亚国家的访问使得邓小平对现代化有了更清晰的了解，对中国同先进国家的差距也有了更清醒的认识，可以说，走出国门的"调查研究"，对他决心推行改革开放政策，开创一条不同于过去的崭新道路，不无影响。

1978年10月，邓小平访日期间参观日产汽车公司的一家工厂。

1979年2月，邓小平访问美国时参观林登·约翰逊宇航中心。

【评价】

　　他不是乌托邦式的人物，他认为人们判定方针政策只有根据实际情况，找出前进的方向，马列主义、毛泽东思想只有在实践中通过检验才是有价值的。

——联邦德国驻华大使埃尔维因·魏克德

　　他的远见和务实作风改变了中国。

——加拿大前总理克雷蒂安

　　邓小平对现代中国的发展作出了卓越的贡献，特别是70年代以来，在开创今天经济蓬勃发展的、成功的中国的过程中，邓小平的创见起了至关重要的作用。

——英国前首相梅杰

　　邓小平是一位现实主义者，一位精明的生意人和一名善于使可能变成现实的实践家。

——美国学者阚哈叶

　　他不是虚无主义者，而是精力充沛的、勤奋的现实主义者。

——日本学者竹内实

三、"我对这件事最感兴趣"

以老老实实的态度认识我们的新情况，提出解决问题的新办法。老实的态度，倒是可以改善我们的工作，发展我们的国家。不认识自己，没有希望。

——邓小平

无论是制定政策还是作出决策，要想做到实事求是，掌握准确、全面的数据是非常重要的。在调查研究工作中，爱问数字，喜欢算账，并据以分析情况，作出判断，是邓小平的特点。邓小平女儿邓榕曾说："父亲有个特点，喜欢问数字，爱算账。"邓小平善于到实践中去摸清底数，从而总揽全局，谋划长远。用他的话说，就是"以老老实实的态度认识我们的新情况，提出解决问题的新办法"。

早在戎马倥偬的岁月，邓小平就善于用算账的办法，分析敌我力量。1948年4月25日，刘邓大军已经在大别山区奋战九个月，邓小平在著名的鲁山报告中用"算账"的方式总结了跃进中原的胜利形势："现在我们出来九个月了，收获是很大的。有些同志往往不了解这一点。拿我们那边几个纵队来说，在第一年打了很多胜仗，去年七月份二十三天消灭敌人九个半旅，可是一到大别山，前后才歼敌四个旅，因此就有个别的人怀疑是否局面变坏了。其实只要好好地算算账，就会懂得的。首先，从战略上我们由防御转为进攻，前进了一千里，占领了四千五百万人口的区域，经过奋斗已能控制的有二千万人口的地区，其他二千五百万人口的地区散布着我们的游击战争。在这里，敌人搞不到兵，搞不到粮食。这就是说，在敌人控制的三万万人口里面，去掉了将近六分之一。其次，看看消灭敌人的数目。据最近宣布的战果，全国战场自一九四六年七月到一九四八年二月，共歼敌将近二百一十万人，三月份至少歼敌十几万人。这就是说，反攻以后九个月的战绩就已经达到第一年的数目，我们吃了苦头，但是换得了更大的胜利，对敌人的打击更沉重了。从中原三支野战军来看，在鄂豫皖，大别山的几个纵队是有削弱，减员约百分之十五，但江汉发展了百分之百，桐柏发展了百分之五十；豫陕鄂这边发展了百分之百；豫皖苏也是发展

1947年，刘邓大军千里跃进大别山。图为胜利到达大别山后，邓小平在干部大会上讲话。

的。所以，从总体上说，力量比过去大了。"

随后，邓小平又用"算账"的方式提出了未来的政策策略："再拿工商业来说，也要有正确的政策……说不让资本家剥削，听起来是革命思想，一算账就知道这不是革命思想，并可使革命遭受失败。我大军在中原，几十万人要吃饭，要穿衣，不注意工商业，根本不能维持。我们要组织自己的经济，供应战争的需要。我们的原则是艰苦奋斗，供给标准如果和华北一样，是完全超过现实可能的，应该依据新区的条件，有个适当的限度。我们的财政要有很明确的政策，很正当的办法，光靠印票子不行。有了统一的方针、政策和计划，再加上华北的帮助，问题就可以解决。在新区，不管哪方面的工作，如果不知道利用私人工商业，就不可能解决供应问题。"

正是这种精密计算，保障了正确的政策策略的作出，为夺取民族独立和人民解放提供了条件，奠定了基础。

中华人民共和国建立后，我国开始了艰辛曲折的社会主义建设历程。作为党的第一代中央领导集体的重要成员，邓小平为探索社会主义建设规律和提高人民生活水平，进行了不懈的努力。在这一过程中，"算账"依然是邓小平决策的重要手段。1954年1月，担任财政部长的邓小平就告诫全国财政厅局长们说："数字中有政策，决定数字就是决定政策。"

20世纪60年代初，邓小平主持起草《国营工业企业工作条例（草案）》。为进一步完善这个文件，1961年7月14日，邓小平亲率调查组到东北，就工矿企业和城市工作、人民生活等问题进行调查研究。在这次调查中，邓小平对职工的生活关心得最多，也说得最多。在哈尔滨时，他问油田负责同志："现在职工生活如何？一个月吃多少钱？"这位同志回答："按过去一个月十三四元钱就够了，最近来了一批进口面粉，每斤三角二分，这样花钱就多了，低工资的工人手头很紧。"邓小平当即对省委书记李剑白说："进口面粉也不能抬高物价，按国内的价格调拨。"李剑白表示要马上解决这个问题，多交的款退回。接着邓小平又问："职工冬装解决了没有？食堂办得如何？"听了汇报以后，他指示："食堂要好好管理，不宜过大。"到了油田，看到工人们正在搞干打垒房子，他一一询问：去年盖了多少平方米？今年能盖多少？每平方米多少钱？当他听到每平方米十二三元钱时说：这样就可以多搞。

7月17日，邓小平在听取群众生活情况的汇报时又指出："要算算账，研究解决副食品问题的出路。无非是搞白菜、干菜、酱菜、豆类、水产。向海洋找副食品，要研究一下采取什么措施,一年不行,两年实现。要动员菜农和懂得种菜、管理过菜田的干部归队。只要有菜,运输问题还是好解决的。总之,不搞副食品毫无出路,商业部门要与生产部门共同努力想办法。稳定情绪,必须从副食品着手。城市政策也要考虑搞一点小自由,如个人建房永远归个人所有。"

在开创中国特色社会主义道路的新征程上,作为党的第二代中央领导集体的核心、中国社会主义改革开放和现代化建设的总设计师,邓小平以他的富有远见的战略思维和脚踏实地的务实作风,为中国的发展一笔一笔算好账。

1977年以前,中国还没有旅游,更谈不上把旅游作为一个发展经济的产业。邓小平是党和国家领导人中提出旅游业产业属性的第一人,认为"旅游事业大有文章可做","旅游这个行业,要变成综合性的产业"。在推动旅游事业发展的过程中,邓小平算得一手好账:"利用外资建旅馆可以干嘛!应该多搞一些点。昆明、桂林、成都都可以搞,一个地方设一两千个床位。昆明搞一个旅游点,包括西山和附近的石林,以及西双版纳的热带植物研究所,可以安排游客看一个星期。石林要整理一下,要种些树,让风景更优美一点,现在太荒凉了。石林很宝贵,中国有一个,意大利有一个,但我们的石林比意大利的好得多。桂林漓江的水污染得很厉害,要下决心把它治理好。造成水污染的工厂要关掉。'桂林山水甲天下',水不干净怎么行?要开辟到拉萨的旅游线路。外国人对拉萨感兴趣。到尼泊尔的游客也可以到拉萨来。这样做,尼泊尔会高兴,我们也可以增加收入。"分析完旅游业的大体发展方向后,邓小平又摆出了数字:"你们搞业务的人要仔细研究一下。同外国人做生意,要好好算算账。一个旅行者花费一千美元,一年接待一千万旅行者,就可以赚一百亿美元,就算接待一半,也可以赚五十亿美元。要力争本世纪末达到这个创汇目标。"1979年1月,在半个月的时间内,邓小平三次同国家旅游局负责人等谈发展旅游业的问题。1月2日,他在谈话时强调,搞旅游业要千方百计地增加收入。既然搞这个行业,就要看看怎样有利可图。1月6日,他在谈话时说:"旅游事业大有文章可做,要突出地搞,加快地搞。"1月17日,他再次提到了创汇五十亿美元的战略目标:"如果一年接待五百万人,每人花费一千美元,就是五十亿美元。"邓小平为中国旅游业算的这笔账把我国旅游业真正引向了以经济创收为主的产业化道路。

新时期,邓小平善于"算账"的例子举不胜举,但其中最经典的,应该是他为小康一次又一次的"算账"。

早在1975年的全面整顿中,邓小平就从实际出发对中国在20世纪末实现四个现代化发展目标的时间过程进行过客观分析与清醒评估。十一届三中全会后，邓小平明确提出了"中国式现代化"："到本世纪末，我们大概只能达到发达国家七十年代的水平，人均收入不可能很高。"1979年7月28日，他在青岛定出具体标准："如果我们人均收入达到一千美元，就很不错，可以吃得好，穿得好，用得好。"此后，他又提出了一个更为通俗的概念"小康"，并基于"小康社会"标识出了许多关于社会发展和人民生活的具体要求。从此，带有西方化概念的"现代化"一词逐渐被更为通俗易懂、贴近中国民众生活的"小康"一词取代。

在邓小平的心里，"小康"不是抽象化的社会发展目标和国民生产总值的大数据，而是除以总人口数后切切实实地平均到每一个中国人头上的人均值。在1979年10月4日，邓小平在省、市、自治区党委第一书记座谈会上，公布了自己的账目："我们开了大口，本世纪末实现四个现代化。后来改了个口，叫中国式的现代化，就是把标准放低一点。特别是国民生产总值，按人口平均来说不会很高。据澳大利亚的一个统计材料说，一九七七年，美国的国民生产总值按人口平均为八千七百多美元，占世界第五位。第一位是科威特，一万一千多美元。第二位是瑞士，一万美元。第三位是瑞典，九千四百多美元。第四位是挪威，八千八百多美元。我们到本世纪末国民生产总值能不能达到人均上千美元？前一时期我讲了一个意见，等到人均达到一千美元的时候，我们的日子可能就比较好过了，就能花多一点力量来援助第三世界的穷国。现在我们力量不行。现在我们的国民生产总值人均大概不到三百美元，要提高两三倍不容易。"

得出了人均国民生产总值一千美元的标准，邓小平的账还远没有算完，因为这个目标能否达到还不得而知。为此，邓小平进行了更加深入的调查研究。1980年六七月间，邓小平先后到陕西、四川、湖北、河南等地考察。7月22日，他在听取河南省委工作汇报后说："对如何实现小康，我作了一些调查，让江苏、广东、山东、湖北、东北三省等省份，一个省一个省算账。我对这件事最感兴趣。八亿人口能够达到小康水平，这就是一件很了不起的事情。你们河南地处中原，你们算账的数字是'中原标准''中州标准'，有一定的代表性。"考察期间，他反复地强调"要认真算账"。经过这段时间的实地考察和计算，邓小平感到人均一千美元难以达到，于是他在1981年4月对小康目标进行了调整："经过这一时期的摸索，看来达到一千美元也不容易，比如说八百、九百，就算八百，也算是一个小康生活了。"如果"到本世纪末人均国民生产总值达到一千美元"，"国民生产总值就要超过一万二千亿美元，因为到那时我们人口至少有十二亿"，我们"争取人均达到一千美元,最低达到八百美元"。

怎样实现这个目标?邓小平也作了精心的设计,这就是二十年翻两番,"前十年打基础,后十年跑得快一点"。目标确定,邓小平又开始计算其能否按时实现。1983年春,邓小平南下苏、杭、沪调查了解经济社会发展情况,以验证小康目标,即世纪末国民生产总值"翻两番"能不能实现。十多天时间,他反复询问的问题是:到2000年,能不能实现翻两番?有没有信心?人均八百美元,达到这样的水平,社会上是一个什么面貌?令邓小平高兴的是,中国经济发展表现出良好的态势,他用六个字评价:"到处喜气洋洋。"

此后的时间里,邓小平在不断完善小康概念内涵和外延的基础上,开始进一步思考和琢磨中国下一个世纪的发展目标。1984年4月,邓小平指出:"我们的第一个目标就是到本世纪末达到小康水平,第二个目标就是要在三十年至五十年内达到或接近发达国家的水平。"1987年2月,他提出"到下世纪中叶,我们建成中等发达水平的社会主义国家"。

同年4月,邓小平算出的账目更加具体:"到本世纪末,中国人均国民生产总值将达到八百至一千美元,看来一千美元是有希望的。世界上一百几十个国家,那时我们恐怕还是在五十名以下吧,但是我们国家的力量就不同了。那时人口是十二亿至十二亿五千万,国民生产总值就是一万至一万二千亿美元了……那时候我们叫小康社会,是人民生活普遍提高的小康社会。更重要的是,有了这个基础,再过五十年,再翻两番,达到人均四千美元的水平,在世界上虽然还是在几十名以下,但是中国是个中等发达的国家了。那时,十五亿人口,国民生产总值就是六万亿美元,这是以一九八〇年美元与人民币的比价计算的,这个数字肯定是居世界前列的。"

邓小平将"算账"这样一个日常的生活行为发挥成为独具特色的决策手段,表示对这件事"最感兴趣",通过不断地、精心地计算,制定出一系列正确、可靠的重大决策,从而深刻地改变了中国的面貌。按照邓小平的设计,20世纪末中国如期实现总体达到小康水平的目标,全国人民摆脱了饥饿和贫穷,过上了历史上从未有过的幸福生活,并继续向着21世纪中叶基本实现现代化目标迈进。

对于邓小平的爱问数字、爱算账,马来西亚前总理马哈蒂尔也是印象深刻。他和邓小平有过两次会见,一次是1978年邓小平访问马来西亚时,另一次是1985年他首次访华期间。会见中,邓小平十分关注马来西亚发展经济和引进外资的情况,详细询问了马来西亚的各项经济政策和经济数据,并对当时马来西亚人均国民生产总值已达两千美元表现出极大兴趣。马哈蒂尔说:"言谈之间,可以强烈地感受到邓小平心中装的是如何发展中国经济,如何使中国强大起来,如何提高中国人民的生活水平。邓小平是使中国走上强盛之路的功臣。"

【评价】

他精力充沛、严谨,是一位实干家。

——苏联来华专家组负责人阿尔希波夫

他总是把战略上的坚定性、原则性与策略上的艺术性、灵活性有机地相结合,其关键之点就是他一贯坚持的实事求是。

——香港知名人士霍英东

邓小平主任的身体非常健康,头脑非常灵敏,思维非常敏捷,看问题非常敏锐。他的讲话简明扼要,提纲挈领,绝无一句是多余的。

——香港知名人士包玉刚

四、"开会、讲话都要解决问题"

开会要开小会,开短会,不开无准备的会。会上讲短话,话不离题。议这个问题,你就对这个问题发表意见,赞成或反对,讲理由,扼要一点;没有话就把嘴巴一闭。不开空话连篇的会,不发离题万里的议论。即使开短会、集体办公,如果一件事情老是议过去议过来,那也不得了。总之,开会、讲话都要解决问题。

——邓小平

求真务实,注重工作效率,力主开会、讲话都要解决问题,这是邓小平一贯的工作习惯与风格。著名作家刘白羽回忆说:"在一个大规模的会议上,我发现了小平同志与旁人的不同之处。在整个过程中,他只讲了两次话,话讲得精练、简短,会也就开得短,但他的一句话就像一颗子弹,那样有力,直中目标。"

早在1949年12月重庆刚刚解放时,有一次,主政西南的邓小平召集西南局组织部有关同志开会,讨论组织部干部工作问题。在听取了组织部有关同志的汇报后,邓小平只用了三句话就概括了当前干部工作的任务:"挂牌子,搭架子,摆摊子。"语言既简洁生动又便于理解。

1950年,西南军政委员会第一次全体会议闭幕后,邓小平主持召开党组全体会议并作总结讲话。邓小平只脱稿讲了九分钟就宣布散会。据中共中央组织部原部长陈野苹回忆:"与会同志都出乎意外,又惊又喜,觉得他的讲话既总结了经验,提出了任务方针,还很有分量。"

1952年后,邓小平进入中央领导层,工作中他依然保持着务实高效的风格。据财政部原副部长戎子和回忆,有一次粮食紧张,粮食局召集会议讨论了六七天都没有结束。当时担任财政部长的邓小平给戎子和打电话,问粮食会议开完了没有。一听戎子和说会议还没有开完,邓小平立刻说:"粮食这么紧急,会开了这么长还没有结束,要饿死人。你马上到会上宣布,只说三句话,一没有饭吃,二怎么办,三赶快回去屯粮,就散会。"

进入改革开放新时期,邓小平已年过七十,但他丝毫没有放慢工作节奏。曾担任国家经委主任的袁宝华在回忆邓小平的文章中有这样一段话:"小平同志主持会议从来不拖拉,讲话不多,条理清楚。记得有一次小平同志在北京京西宾馆召开教育工作会议,他只讲了20多分钟却解决了我们讨论中的好多问题。还有一次,他出席政治局会议,我汇报物资工作,小平同志坐在我旁边并一再提醒我抓住要点,讲快点,不要啰嗦。这些都反映出小平同志实实在在、高效率的工作作风。"

1981年11月5日,邓小平在审阅中共政协全国委员会机关党组提交的《关于政协第五届全国委员会第四次会议会务工作几个问题的请示报告》时,看到报告中邀请他致开幕词,邓小平只干脆地写上了一句话:"不致开幕词,因为没有必要,无话可讲,但我可主持会议。"

1992年1月,邓小平乘专列去广东考察,途经湖北武昌。在站台上,邓小平对湖北省领导讲话时提到:"现在有一个问题,就是形式主义太多。电视一打开,尽是会议。会议多,文章太长,讲话也太长,而且内容重复,新的语言并不很多。重复的话要讲,但要精简。形式主义也是官僚主义。要腾出时间来多办实事,多做少说。毛主席不开长会,文章短而精,讲话也很精练。周总理四届人大的报告,毛主席指定我负责起草,要求不超过五千字,我完成了任务。五千字,不是也很管用吗?我建议抓一下这个问题。"

这里邓小平提到的这份报告便是1975年四届人大上由周恩来所作的《政府工作报告》。由于那时周恩来已经病重,在毛泽东和周恩来的指示下,主持起草《政府工作报告》的重任就交给了邓小平。考虑到此时周恩来的病情,邓小平建议,并报毛泽东批准,决定把《政府工作报告》限定在5000字。此时距离三届人大已经过去了十年,有太多问题和工作要讲,在这么短的篇幅中要说清楚这么多问题,写作难度可想而知。数易其稿,最终,邓小平主持起草的《政府工作报告》只有5100字,却将要讲的"实现四个现代化"的中心意思表达得清楚明白,也照顾到了方方面面。

1985年5月19日,邓小平在全国教育工作会议上发表讲话。时任教育部长的何东昌回忆说:"这是一个非常少见的短会,只开了18分钟,小平同志作了13分钟的讲话。会议虽短,但掌声不断,句句都讲到了我们教育工作者的心坎里。"

除了喜欢开短会、讲短话,邓小平的语言风格也十分有特色,平实、简洁、生动而又不失鲜明和深刻。英国前首相希思曾这样评价邓小平:"我很享受和邓小平的交谈,而且发现他在陈述自己的观点时既坦率又直接。我讲什么,他看起来也总是乐于接受。对直

1950年7月,邓小平在西南军政委员会第一次全体会议上讲话。

截了当的提问,他答得也直截了当。他还喜欢用幽默给我们的谈话增加点佐料。"

1961年3月29日,邓小平主持中共中央书记处召开的报告会,在讲到总结经验教训时说道:"这几年缺点不小,有的地方不是一个指头,有的地方也不是两个指头,而是三个指头,或者四个指头。近几年我们的民主空气有损伤,不敢讲反面的意见。现在什么话都可以说,说错了也不要紧,实行三不:不扣帽子,不抓辫子,不打棒子。"

"不扣帽子,不抓辫子,不打棒子",这"三不"既形象又生动,鲜明地表达了邓小平鼓励营造畅所欲言、各抒己见的民主氛围的决心。

1962年7月,邓小平在共青团三届七中全会上谈到恢复农业生产的措施时,说道:"生产关系究竟以什么形式为最好,恐怕要采取这样一种态度,就是哪种形式在哪个地方能够比较容易比较快地恢复和发展农业生产,就采取哪种方式;群众愿意采取哪种方式,就应该采取哪种方式,不合法的使它合法起来。"为了形象地表达自己的观点,他引用了老战友刘伯承经常说的一句四川俗语:"刘伯承同志经常讲一句四川话:'黄猫、黑猫,只要捉住老鼠就是好猫。'"邓小平进一步解释说:"这是说的打仗。我们之所以能够打败蒋介石,就是不讲老规矩,不按老路子打,一切看情况,打赢算数。"邓小平在这里就是要强调在恢复农业生产时,要看情况而定,在生产关系上不能完全采取一种固定不变的形式,而是要看用哪种形式更能够调动群众积极性,就采取哪种方式。

当时,由于在"左"的思想的指导下搞"大跃进"运动和人民公社化运动,工作出现偏差,再加上严重的自然灾害,国民经济比例严重失调,生产力遭到严重破坏,人民生活困难重重。邓小平在这种背景下用"黄猫黑猫说",既生动形象,又通俗易懂,实事求是地表明了:不管用哪种方式,有利于农业生产力发展的就是好办法。这也是对当时出现的能够促进生产力发展的农业生产方式的充分肯定。是不是"好猫",只有"捉住老鼠"才能检验出来,这正体现了"实践是检验真理的唯一标准"。一个月后,邓小平的这段讲话在北戴河会议上遭到批评。"文化大革命"中,"黄猫黑猫"这个比喻更是被指责为"唯生产力论",被错误地加以批判。

十一届三中全会以后农村发生的巨变,判明了是非,邓小平的"黄猫黑猫说"则被看作是农村改革的先声。邓小平后来谈到"黄猫黑猫"时说:"第一,我现在不收回;第二,我是针对当时的情况说的。"邓小平当时的这两次讲话范围很小且因毛泽东不满而未再说过,但讲话中引用的这个比喻却广为流传,主要还是因为这个比喻形象生动,运用贴切,表现了他敢于实事求是,从实际出发,求实务实的原则态度。印度学者苏地生就曾高度评价邓小平的"猫论":"这句至理名言应该用金字装潢起来,并让全世界家喻户晓,甚至可以作为检验当今世界上各种经济理论的试金石。"

1973年,邓小平从江西回到北京,临危受命,逐步接替病重的周恩来主持国务院各项工作,开始领导全面整顿。那时,由于"四人帮"还在继续进行干扰和破坏,社会秩序持续混乱,生产下降。许多地区、部门和单位长期存在派性斗争。一些地区甚至发生抢夺枪支、组织民兵进行武斗的严重事件。

在这个关键时刻,邓小平站了出来,多次强调要明确反对派性,增强党性。在邓小平针对派性所作的发言中,他有一句生动幽默的俗语"不管什么老虎屁股都要摸",表明了自己要同派性作斗争的坚决立场。5月19日,邓小平出席中共中央军委第十三次常委会议,听取国防科委和七机部的工作汇报。在听到七机部存在机构臃肿、人浮于事的问题时,他指出:"我看七机部也有一个整编问题。"针对七机部的派性问题他直接指出:"不准再打派仗,凡是打派仗的,坚决按中央九号文件办。不管什么老虎屁股都要摸。"

除了用于解决派性问题,邓小平还经常用"敢摸老虎屁股"这个生动的比喻来鼓励干部不怕犯错,敢于担当。

5月21日上午,邓小平主持国务院办公会议,讨论全国钢铁工业座谈会文件。他在会上又一次鲜明地指出:"现在,干部中的一个主要问题,就是怕字当头,不敢摸老虎屁股。我们一定支持你们,也允许你们犯错误。"

9月27日,邓小平出席全国农村工作座谈会。在谈到各方面都存在需要整顿的问题时,他语重心长地说:"现在问题相当多,要解决,没有一股劲不行。要敢字当头,横下一条心。这半年来,我讲了多次话,中心是讲敢字当头。有个'老大难'单位,过去就是老虎屁股摸不得。后来下了决心,管你是谁,六十岁的老虎屁股也好,四十岁的老虎屁股也好,二三十岁的老虎屁股也好,都得摸。一摸,就见效了。"

不管是"猫",还是"老虎",这些人民群众喜闻乐见的俗语构成了邓小平语言朴实通俗、形象生动的一面。邓小平这种独特的语言风格与他长期从事实际工作有关,同时,也是他务实、求是的品格风范在语言表述上的反映。他不喜欢引经据典、说大话空话,他的语言总是这样朴实简洁、深入浅出。

比如提到现代化建设目标,以往使用的大多是较为概念化的词语,而邓小平的解释则通俗易懂:小康社会。这个概念是邓小平在1979年会见当时的日本首相大平正芳时第一次提出来的。后来邓小平又多次对"小康"的概念给予了阐释:"现在我们搞四个现代化建设，提的目标就是争取二十年翻两番。到本世纪末人均国民生产总值达到八百到一千美元，进入小康社会。""小康"一词的引入，具体而形象地将中国人千百年以来的理想生活与每个现代中国人的现实生活紧密地结合在了一起。至于什么是小康社会，邓小平在1986年会见荣氏亲属回国观光团时形象地将其概括为："虽不富裕，但日子好过。"这种形象化的语言具体生动，使得百姓对于现代化建设的目标一下子有了更清晰的认识，使得宏大的国家发展目标一下子成为亿万人可望企及的梦想。

2004年编辑出版的《邓小平年谱（1975—1997）》发表了1984年2月14日邓小平为英国培格曼出版公司编辑出版的《邓小平副主席文集》英文版所作的序言。其中一句话"我是中国人民的儿子，我深情地爱着我的祖国和人民"早已成为被广为引用的名言。但是，人们对另一段话未必知晓。邓小平在序言中指出："近年以来中国经济、政治、文化各方面的发展，使得我产生了这样的想法：如果今天再就本文集中的同样的题目讲话，我也许会讲得更加完备一些。但是，已经客观地存在着的历史，除了不断地加深对于它的认识、理解之外，是谁也改变不了的。因此，我同意照讲话当时的样子全文编入文集，不做任何改动。如果有一天这些讲话失去重新阅读的价值，那就证明社会已经飞快地前进了。那有什么不好呢？"这段话坦诚、直率而不矫揉造作，凸现出邓小平性格中平实这一显著特征。

1993年1月3日，邓小平曾颇为郑重地同孙辈谈话，他说："对中国的责任，我已经交卷了，就看你们的了。我十六岁时还没有你们的文化水平，没有你们那么多的现代知识，是靠自己学，在实际工作中学，自己锻炼出来的，十六七岁就上台演讲。在法国一呆就是五年，那时话都不懂，还不是靠锻炼。你们要学点本事为国家做贡献。大本事没有，小本事、中本事总要靠自己去锻炼。"这又是一段平实质朴的语言，没有豪言壮语，没有寄予厚望，实实在在，却充满期许，给人力量。

同年9月16日，邓小平在同弟弟邓垦的谈话中给自己作出了定位，他说："国家发展了，我当一个富裕国家的公民就行了。"一句平平淡淡、轻描淡写的话语，却把国家和个人、事业和个人的关系道明点透，流露出的是他对国家未来厚重而深切的期望，同时也流露出他真诚朴实的个人情感和愿望。邓小平对国家的发展作出了巨大贡献，而等国家富裕了，他个人的愿望却仅仅是当一个"公民"。看似简单朴实的一句话，折射出无产阶级革命家至高而纯粹的精神境界和平常心。

美国前国务卿基辛格曾这样评价邓小平与毛泽东、周恩来的语言风格："在习惯了

与弟弟邓垦在一起。

毛泽东的哲学宏论和形象比喻,以及周恩来儒雅庄重的职业精神之后,面对邓小平言语辛辣、单刀直入的作风,偶尔犀利反讽的插话,不喜欢空谈理论而喜欢着眼于极度实际问题时,我花了相当一段时间才把自己调整过来。"

邓小平善于用浅显明了、简练有力的话语表达深刻的思想,往往只几个字就分量十足。

当女儿邓榕问他长征时候都干了什么时,他只回答了三个字:"跟到(着)走。"问在太行山时期做了什么,他回答:"吃苦。"问如何评价刘邓大军,他回答:"合格。"

1973年,当邓小平从江西回到北京,毛泽东问他在江西都做了些什么时,他只回答了两个字:"等待。"

加拿大前总理特鲁多曾一度遭遇政治上的逆境,他在即将下野之际,面见邓小平时发问邓小平,"三落三起"终能重返政坛的秘诀是什么,邓小平用"忍耐"两个字回答了他。

邓小平简洁朴实的语言风格,反映了邓小平思想的清晰与明确。更重要的是使得广大人民群众能通过最通俗易懂的语言领会到诸多宏大理论问题的实质。

比如,"一国两制",指的是"一个国家,两种制度",即"在中华人民共和国内,十亿人口的大陆实行社会主义制度,香港、台湾实行资本主义制度"。"一国两制"是邓小平为解决台湾问题提出的天才构想,并在解决香港、澳门问题上得以成功实践。"一国两制",短短四个字就将国人近一个世纪的困扰一语道破。

"两手抓",一手抓物质文明建设,一手抓精神文明建设。"两手抓,两手都要硬",这是邓小平对同时发展物质文明建设和精神文明建设的形象概括。

"三步走",指的是我国分三个阶段实现现代化的发展战略。从20世纪80年代到21世纪中叶,分别解决温饱问题,达到小康水平,接近达到中等发达国家水平。

对于邓小平这种简洁凝练的语言风格,美国前国务卿基辛格印象格外深刻:"邓小平直言快语,他的话虽然不多,却有着将一个复杂问题加以高度概括,并用短短几句话表达出来的高超能力。因此,他能够在非常有限的时间内做很多事。"

与邓小平一起共事过多年、曾担任中央书记处书记的李雪峰也一直对邓小平简明扼要的文风记忆深刻。1956年9月,中国共产党第八次全国代表大会在北京召开,李雪峰将在大会上作一个关于工业方面的发言。会前,李雪峰将自己起草的发言稿交给邓小平审阅,邓小平看了后认为"可以"。结果,李雪峰在大会上发言之后,邓小平却特意找到了他,并询问:"怎么搞的?不是原来的稿子,原来的稿子可以嘛。"李雪峰只好回答:"这是又请'秀才们'改过的。"邓小平则说:"坏就坏在这里。"在邓小平看来,写文章就应该简明扼要,有时"秀才们"修改后的文章虽然面面俱到,却不能突出重点了。

同邓小平有过多次交往的香港知名人士包玉刚这样评价邓小平:"头脑非常灵敏,思维非常敏捷,看问题非常敏锐。他的讲话简明扼要,提纲挈领,决无一句是多余的。"

【评价】

邓小平先生在陈述自己想法时,非常坦率和直接,几乎完全不管外交上谨慎圆滑那一套。

——撒切尔夫人外交顾问鲍威尔

小平真不简单,他言简意赅地把问题最核心的部分,三言两语就说清楚了,从不讲长篇大论的官话、空话、套话。生动的语言体现了他思想的深度,可谓"诚于中而形于外"。

——外交部原副部长周南

邓小平每次会见客人都胸有成竹。会见前按照惯例他都听汇报,但很少发问。会见时,他按照自己的思路和现场交谈情况讲,事先给他准备的材料可能根本用不上。多次给邓小平当翻译后,我发现他总是高屋建瓴,论述精辟,有的放矢,语言简练。他不愧为伟大的战略家、政治家、外交家。

——邓小平翻译时延春

五、"我们穷,为什么要讲排场呢"

我们穷,为什么要讲排场呢?本来穷,就别摆富样子,好起来再说。

——邓小平

邓小平一向提倡艰苦奋斗,勤俭办一切事情,反对搞形式主义。不论是个人生活,还是针对国家事务,邓小平一贯反对铺张浪费、大搞排场。这是他坚持实事求是的重要体现。

早在1957年4月,在西安干部会议上,邓小平谈及西安城市建设中电影院、戏院过多、过于华丽的问题时,就曾拿兰州与西安对比说:"在兰州我看到很多简易的东西,戏院还可以放电影,座位也不错,这样的戏院盖起来只花十万元,有的花钱更少就解决问题。事实上,那些大的漂亮的少盖一个,就可以盖很多小的简易的,分布也会更匀称一些。"面对西安的干部,邓小平语重心长地说:"我们国家大,搞一点富丽堂皇的东西,以表示我们的新气象,我不完全反对,但是不应该搞得太多。现在已经感到搞多了,今后无论如何不要再搞了。"

张香山曾跟随邓小平去了七趟苏联。据他回忆:"小平同志担任团长的场合,他从来不向组织代表团出访的单位,提出礼宾上的或生活上的要求。同时对主人在这方面的一些安排,也无意计较。他的注意力是集中于政治会谈,关于代表团的团员和随行人员,总是力求做到很精干。小平同志自己一般不带秘书。这方面的工作,依靠代表团的工作班子来做。也不带随身医生或护士,最多带上一个警卫员,但这也仅仅是为了照顾一下日常生活,而不是名副其实的警卫。因为到了外国,这种警卫工作只能由邀请方面来负责。作为团长的小平同志是如此安排,其他团员也就随着从简了。这样代表团就减少了很多冗员,同时也就减少了代表团内部事务,而使整个代表团集中注意力于对外工作。"

在领导社会主义现代化建设的过程中,邓小平非常清醒地正视我国的实际情况:人口多,底子薄,基础差,国家相对落后,人民生活水平相对较低。在这种情况下,他特别强调艰苦奋斗,勤俭节约。1978年11月14日,邓小平接见中国驻新加坡机构主要负责人。他在讲话时直截了当地指出:"明年是建国三十周年,我们也不大搞庆祝活动,我们穷,为什么要讲排场呢?本来穷,就别摆富样子,好起来再说。"邓小平实事求是地说道:"在日本访问时,我们到处讲穷,日本人说这是有信心的表现。他们说得有道理。我在日本说,本来长得很丑,为什么要装美人呢?苏联就吃这样的亏,自以为什么都是自己的好,其实农业、技术都很落后,结果是自己骗自己。"后来,他在会见伊拉克复兴社会党代表团时又说:"一个人本来长得不漂亮,要打扮成一个美人,那是不行的。老实的态度,倒是可以改善我们的工作,发展我们的国家。"所谓老实的态度,就是邓小平提倡的实事求是,一切从实际出发。

基于老老实实面对国情、解决问题的态度,邓小平对于一些浪费资金讲排场、搞形式主义的活动,多次作出批示:要节约、要少搞或者完全不要搞。1978年9月,《情况汇编》上发表了一篇文章,反映"十一"国庆节游园活动浪费资金,文章算了一笔账:组织一次游园活动,一个公园要耗费30多万元,北京市则要200万元左右。因此建议厉行节约,取消游园活动。邓小平看过文章后,欣然作出批示:"不搞好。"

1979年12月28日是古田会议召开50周年的纪念日。1978年12月16日,中共福建省委、中共中国人民解放军福州军区委员会希望举办相关纪念活动,并送来《关于筹备纪念红四军入闽、古田会议召开五十周年的请示报告》。邓小平看了报告后作出批示:"只搞小型活动,花几百万元不应该,不如将这笔钱移作支持老根据地的建设。"

邓小平就是这样一个务实的人。他曾经强调:"把钱用到最急需的方面去。"对于他来说,花大钱举办大型活动只是"摆排场",他更倾向于将不办活动节省下来的钱用于"支持老根据地的建设"等更加实际的用途。

在改革开放新时期,生活条件好起来了,但邓小平仍然特别重视艰苦奋斗,强调"艰苦奋斗是我们的传统",提倡必须恢复和发扬党的艰苦朴素、密切联系群众的优良传统。1979年11月2日,邓小平在中央党政军机关副部长以上干部会上作报告,题为《高级干部要带头发扬党的艰苦朴素、密切联系群众的优良传统》。报告中,邓小平在回顾我党艰苦奋斗的传统时说:"我们大家都是从苦里过来的,经历过不少困难的时期,土地革命时期,抗日战争时期,解放战争时期,都是从苦里过来的。抗美援朝战争的时候也是很苦的啊!为什么过去很困难的局面我们都能渡过?根本问题是我们的干部、党员同人民群众一块苦。"同群众一块苦,正是邓小平对广大党员干部的基本要求。因此,当党员干部中,尤其是军队中,一旦出现了与艰苦奋斗精神背道而驰的行为,邓小平就会予以严厉制止。

从邓小平留下的一份份亲笔批示中,可以直观地看出邓小平提倡艰苦奋斗,反对党员、干部搞特殊化的鲜明特点。

1979年11月7日，邓小平在《中央党政机关要求大建办公楼、招待所的歪风要赶快刹住》的材料上批示："所提意见是非常正确的。这种事情要有专人负责管，尽快开一次会（包括军队），大砍一下。"

1980年3月，内参《来信摘要》上一封署名为"一战士"的来信反映中国人民解放军南京军区准备建造一座豪华的高干招待所一事，信上说："南京军区准备建造一座400个床位的高干招待所。违背中央关于'艰苦奋斗'的精神，与我党的优良传统是水火不相容的。"邓小平看到来信后立即作出批示："由中央办公厅查证，并制止。"4月16日，邓小平在看到中共江苏省委负责人关于南京军区建造接待用房的有关情况的解释说明后，再次作出批示："可以继续建成，建成后拨作旅游事业使用。设计亦按旅游标准修改。军队内部不应该有这样豪华的招待所。"

1980年4月25日，邓小平审阅了一封群众来信，反映几位中央军委常委要求将红旗车更换为进口奔驰车一事，信中指出："从目前我国实际经济情况看，坐这样的高级车是没有必要的。"还恳切地向邓小平表示："只有您可以刹住此风。"邓小平在看完此信后立即批示："意见是正确的。此事如尚未执行，应该停止（即告外贸部）。"

邓小平在工作上提倡不搞形式主义，厉行节约，在自己的生活中更是如此。

在广安的邓小平故居陈列馆展出的文物中有一些是邓小平使用过的物品，文物无言，但最能见证伟人简朴平凡的生活。其中，有一块手表和一件毛衣特别吸引人们的目光。它们是中共中央上海分局书记刘晓在1949年赠送给邓小平的。1949年，邓小平同刘伯承等率部队解放上海。进了上海以后，刘晓看到邓小平由于长期艰苦地行军打仗，生活方面显得很贫寒，便送给了他一块手表、一件毛衣。这块手表，邓小平一直到20世纪80年代还戴着，最后，表盘严重磨损，里面的数字难以辨认，这才不得已换了块新表。刘晓赠送的毛衣邓小平也一直在穿。"文化大革命"期间，邓小平在江西新建县拖拉机厂劳动的时候，毛衣的袖子磨破了，卓琳就找了一些颜色差不多的毛线，把粗线剖成细细的线，精心进行织补。卓琳的针线活好，织补得近乎天衣无缝，但仔细看，还是能看出痕迹。就这样缝缝补补，这件毛衣邓小平一直穿了几十年。

邓小平平时喜欢穿旧衣服，穿鞋也喜欢穿旧鞋。据邓小平驻地管理员王世斌回忆，邓小平的白衬衣，穿的时间太长了，领子都磨破了，经常就是补一补，实在不行了就换个领子继续穿。邓小平有一条军裤，原来是绿色的，穿得都花白了，他也舍不得扔。在王世斌的印象中，邓小平只有一双皮鞋，有外事活动的时候才穿。回家后穿的就是布鞋和拖鞋。因为邓小平有每天散步的习惯，所以在家里他都坚持穿布拖鞋。鞋底磨坏了，就由王世斌拿出去钉掌，再破了再钉掌。鞋里边脚跟处都磨得黄了、破了，他还是照样穿。在家人看来，要让邓小平换上一双新鞋，那可费劲了。

邓小平与外孙女羊羊有一张照片流传很广。在火车上，邓小平坐在一边看报纸，把脚架在脚凳上。结果刚好袜子上露出一个破洞，小孙女羊羊就伸手去抠那个破洞，逗爷爷玩。这都是在邓小平家经常发生的事情。

邓小平的护士王海珍回忆说：平时大家用餐巾纸都是一抽一张，但是小平同志每次都要把餐巾纸一张撕成四份来用。护士们都觉得邓小平有点太节约了，但邓小平却一直坚持这么做。

除了穿着，在吃饭的问题上，邓小平更是不浪费。在邓小平家，每顿都是四菜一汤。每餐剩下的菜都要做成烩菜下一顿接着吃，即使是炖菜剩下的汤也要留到下一顿。遇上节日或是谁的生日，也从来不大办酒席，只是一家人聚在一起吃一顿便饭就算是庆祝了。

实事求是，是邓小平一生最重要的思想特点。他坚持党的思想路线，坚持思考一切问题，制定一切政策都是从实际出发，他常说自己是"实事求是派"，反复强调"拿事实来说话""领导者必须多干实事"。他崇尚实干，注重深入基层，搞调查研究，从而了解、掌握第一手资料。他求真求实，在调研中，爱问数字、喜欢算账，惯于在把握精确数据后作出客观、科学的判断。他崇尚务实，一贯反对形式主义，力主开会、讲话都要解决问题。他言语平实，说话虽然简洁，但总是形象、有力。他性格朴实，提倡艰苦朴素，不论是工作上，还是个人生活中，都严格要求，力求节约。这一切的一切，无一不彰显邓小平对实事求是的坚持。

【评价】

邓小平既不是教条主义者，也不是采取高压手段的人。他不照搬马克思主义的理论，他讲的是直率、浅显易懂的中国话。他喜欢自称是"土八路"。他比"土八路"精明和老练得多，但是他充分利用"中国内地人"讲话时打手势的作用。

——美国东西方中心前主席迈克尔·奥克森伯格

他身处高位，功绩赫赫，是一代伟人；他又非常地平实，愿意聆听下层的声音，他又是一介平民。

——钢琴家刘诗昆

我们纪念邓小平同志，就要学习他不断开拓创新的政治勇气。开拓创新，是邓小平同志一生最鲜明的领导风范，也永远是中国共产党人应该具有的历史担当。

综观邓小平同志70多年的革命生涯，可以清楚地看到，他身上始终洋溢着一种革故鼎新、一往无前的勇气，一种善于创造性思维、善于打开新局面的锐气。

1975年，邓小平同志在领导全国大刀阔斧的整顿工作期间，斩钉截铁地说："现在问题相当多，要解决，没有一股劲不行。要敢字当头，横下一条心。"1977年复出后，面对长期形成的思想禁锢状况，邓小平同志鲜明提出，不能"书上没有的，文件上没有的，领导人没有讲过的，就不敢多说一句话，多做一件事，一切照抄照搬照转"。他谆谆告诫我们："世界形势日新月异，特别是现代科学技术发展很快。现在的一年抵得上过去古老社会几十年、上百年甚至更长的时间。不以新的思想、观点去继承、发展马克思主义，不是真正的马克思主义者。""一个党，一个国家，一个民族，如果一切从本本出发，思想僵化，迷信盛行，那它就不能前进，它的生机就停止了，就要亡党亡国。"

邓小平同志强调："改革开放胆子要大一些，敢于试验，不能像小脚女人一样。看准了的，就大胆地试，大胆地闯"，"走不出一条新路，就干不出新的事业"。邓小平同志第一次比较系统地初步回答了在中国这样经济文化比较落后的国家如何建设社会主义、如何巩固和发展社会主义的一系列基本问题，深刻揭示了社会主义的本质，实现了马克思主义同中国实际相结合的又一次历史性飞跃。邓小平同志的南方谈话，从理论上深刻回答了长期困扰和束缚人们思想的许多重大问题，推动改革开放和社会主义现代化建设进入新阶段。正是在邓小平同志倡导和支持下，改革大潮汇聚成时代洪流，使中国人民的面貌、社会主义中国的面貌、中国共产党的面貌发生了历史性变化。

越是伟大的事业，往往越是充满艰难险阻，越是需要开拓创新。中国特色社会主义是前无古人的伟大事业，改革开放和社会主义现代化建设还有很长的路要走。在前进道路上，我们将进行许多具有新的历史特点的伟大斗争。我们要学习邓小平同志敢于开拓创新的政治勇气，细心观察新的实践和新的发展，尊重地方、基层、群众首创精神，果断作出决策，把开拓创新作为一种常态，不断用发展着的马克思主义指导新的实践，又从实践中作出新的理论概括，敢破敢立、敢闯敢试，义无反顾把改革开放不断向前推进。

——习近平在纪念邓小平同志诞辰110周年座谈会上的讲话（2014年8月20日）

第四章　开拓创新

邓小平目光远大，勇于探索，敢于创新，决策果断。他善于从新的实践和新的条件中总结新经验、提出新观点、创造新办法、探索新路子。他发动和领导了中国以改革开放为标志的第二次革命，成功开辟了中国特色社会主义道路，充分表现出一位世纪伟人深邃的眼光、恢宏的气魄和非凡的智慧。

一、"解放思想，实事求是，团结一致向前看"

一个党，一个国家，一个民族，如果一切从本本出发，思想僵化，迷信盛行，那它就不能前进，它的生机就停止了，就要亡党亡国。

——邓小平

彻底的唯物主义者，应该像毛泽东同志说的那样对待这个问题。马克思、恩格斯没有说过"凡是"，列宁、斯大林没有说过"凡是"，毛泽东同志自己也没有说过"凡是"。

——邓小平

粉碎"四人帮"以后，中国处在向何处去的重大历史关头。对未来满怀憧憬的人们，盼望着党能够带领人民拨正历史航向，盼望着国家和自己的生活能够一天天好起来。遗憾的是，此时的党中央仍然坚持"左"的指导思想，"两个凡是"的错误方针禁锢着人们的思想，国家的工作重点仍然是抓阶级斗争，"抓纲治国"。在关键时刻，邓小平引导人们解放思想，大胆突破。在邓小平的领导下，党的十一届三中全会果断停止使用"以阶级斗争为纲"的错误口号，确定把党和国家的工作重点转移到社会主义现代化建设上来，作出实行改革开放的重大决策,实现了党的历史上具有深远意义的伟大转折,开辟了改革开放和社会主义现代化建设的历史新时期,国家面貌和人民生活由此开始发生奇迹般的深刻变化。

第三次复出的邓小平在这段时间内反复思考着一个大问题:什么是社会主义?

能够触碰这样的问题,实实在在地反映出邓小平对中国现状的深刻认识,更反映出他敢于突破旧的思想束缚,不断发展马克思主义的政治勇气和理论勇气。

为了进一步了解国家方方面面的情况,邓小平在短时间内奔赴广东和四川等地,考察国情、民情。看到中国搞了20多年的社会主义,仍然十分落后,人民处于穷困状态,结合出访时在发达资本主义国家的所见所闻,邓小平作出了一个客观的判断:社会主义中国已经被世界远远地抛在后面。1978年3月10日,邓小平在出席国务院第一次全体会议时急切地说:"什么叫社会主义?社会主义总是要表现它的优越性嘛。它比资本主义好在哪里?……干社会主义,要有具体体现,生产要真正发展起来,相应的全国人民的生活水平能够逐步提高,这才能表现社会主义的优越性。"

下一步的路应该如何走?邓小平一刻也没有停止思考、停止探索,他要为中国找到一条最合适的发展道路。1978年9月,邓小平访问朝鲜回国途经东北,视察了东北三省。经过深入思考的邓小平,对中国的发展,亮出了新观点。

9月16日,邓小平在听取中共吉林省委常委汇报工作时说:"我们是社会主义国家,社会主义制度优越性的根本表现,就是能够允许社会生产力以旧社会所没有的速度迅速发展,使人民不断增长的物质文化生活需要能够逐步得到满足。"时任中共吉林省委第一书记的王恩茂后来说,听了邓小平同志的这些话,大家在思想上有了很大的启发。过去有些不敢想的问题,现在敢想了,过去不敢讲的问题敢讲了,促进了思想的大解放。

邓小平在东北不停地走,不停地发表重要讲话,他号召要完整准确地掌握毛泽东思想,解放思想,冲破"两个凡是"的思想禁锢,集中精力发展生产力,一心一意搞现代化建设。

此时的中国正处在揭批"四人帮"的高潮。在视察过程中,这项工作自然是每个单位向邓小平汇报的重点。出人意料的是,这并非邓小平关注的重点,反而反对将工作的中心放在揭批"四人帮"上。1978年10月3日,邓小平同胡乔木等人商议修改中国工会第九次全国代表大会上的讲话稿时,明确说道:"揭批'四人帮'运动总有个底,总不能还搞三年五年吧!……总不能说什么都是'四人帮'搞的,有些事情还要自己负责"。10月11日,邓小平在中国工会九大的致词中宣布:揭批"四人帮"的斗争在"全国广大范围内已经取得决定性

1978年12月13日，邓小平在中共中央工作会议闭幕会上讲话。

1978年12月18日至22日，中共十一届三中全会在北京召开。

的胜利,我们已经能够在这一胜利的基础上开始新的战斗任务"。"开始新的战斗任务",实际上就是"转移到经济建设上来"。

在中央工作会议前夕,邓小平第一个从正面提出了结束揭批"四人帮"运动,实现全党工作重点转移的问题,这在当时是很多人连想也没有想过的问题。与此同时,邓小平在即将召开的中央工作会议上的讲话稿主题也已确定,主要讲全党工作重点的转移问题,并由胡乔木牵头起草。

1978年11月10日至12月15日,中共中央在北京召开工作会议,为十一届三中全会的召开作准备。会议一开始,邓小平并不在国内,他正在东南亚访问。会议原定议题是讨论《关于加快农业发展速度的决定》和《农村人民公社工作条例(试行草案)》,商定1979年、1980年国民经济计划的安排,讨论李先念在国务院务虚会议上的讲话。

根据邓小平的提议,在会议开幕时宣布在进入正式议题之前,先用两三天时间讨论党的工作重点的转移问题。党的工作重点转移,是一个关系中国未来的大问题。所以,会议很快便突破了原先的议题,转到事关拨乱反正的一系列重大政治、理论和历史问题上。

1978年11月12日,在东北组的分组讨论中,已远离政治中心十几年、党内仅保留中央委员职务的老一辈革命家陈云开始作第一次发言,他一口气列出六个需要由中央层面来作结论的问题,包括"天安门事件"、彭德怀问题、薄一波等六十一人所谓"叛徒集团"案、陶铸与王鹤寿同志所谓"叛徒问题"、康生问题、所谓"自首分子"的问题。这些问题触及"左"倾错误的要害,道出了大家憋在心里很久的话,得到与会者的强烈响应。

在陈云提出的六大问题中,最引人关注的是"天安门事件",这是两年多以前发生的事,也与邓小平密切相关。1976年3月下旬至4月初,南京、北京、西安等大城市的群众,自发地开展悼念周恩来、拥护邓小平、声讨"四人帮"的活动。当时的邓小平已经靠边站,"批邓、反击右倾翻案风"运动正在开展。4月4日清明节,到天安门广场的群众达几十万人。当晚,由"四人帮"主导的中央政治局会议将天安门发生的事态定为反革命事件,并认定和邓小平有关。4月7日,邓小平被撤销党内外一切职务,第三次被打倒。1977年7月,邓小平复出,但"天安门事件"和"批邓、反击右倾翻案风"并没有平反。从"文革"结束到1978年中央工作会议召开,过去了整整两年多,尽管很多人为争取"天安门事件"的平反作出了巨大努力,但仍然没有实现。

早在1977年的中央工作会议上,陈云就提出过"天安门事件"问题,这次中央工作会议上他再次谈到了这个问题。而此时,历史的巨大潮流再也无法阻挡。

1977年1月,群众要求为"天安门事件"平反,要求为邓小平恢复工作。

经中央同意,1978年11月14日,中共北京市委宣布:1976年清明节,广大群众到天安门广场沉痛悼念敬爱的周恩来总理,愤怒声讨"四人帮",完全是革命行动。对于因悼念周总理、反对"四人帮"而受到迫害的同志要一律平反,恢复名誉。

邓小平一直密切关注会议的进展。回国后,邓小平对与会者集中讨论的一些重大历史遗留问题,提出了宝贵意见,被会议接受。

1978年11月25日,在听取中共北京市委负责人和共青团中央负责人汇报"天安门事件"平反后群众的反应和北京市街头大字报的情况时,邓小平指出:群众反应强烈,大家很高兴,热烈拥护,情况是很好的。现在,有的人提出一些历史问题,有些历史问题要解决,不解决就会使很多人背包袱,不能轻装前进。有些历史问题,在一定的历史时期内不能勉强去解决。

立足现实,向前看,向未来看,一贯是邓小平思考问题的着眼点。这也是他为什么总能够提出具有前瞻性、开创性重要意见和主张的原因之一。会议开到这个时候,邓小平敏锐意识到,工作重点转移问题已经不那么突出,意见已经比较一致,没有什么阻力了。与此同时,在历史转折关头,许多新的情况、新的问题突显出来,需要党的领导人抓住机遇,作出回答,指明方向。

邓小平会前曾委托胡乔木等着重围绕党的工作重点转移问题帮他起草过一个讲话稿。12月初,根据会场内外形势的变化情况,邓小平要求重新起草他的讲话稿,并且亲自草拟了提纲。提纲列举了要讲的七个方面内容:一、解放思想,开动机器。二、发扬民主,加强法制。三、向后看是为的向前看。四、克服官僚主义、人浮于事。五、允许一部分先好起来。六、加强责任制,搞几定。七、新的问题。12月2日,邓小平约见胡耀邦、胡乔木、于光远谈在中共中央工作会议闭幕会上的讲话稿问题。邓小平拿出亲笔拟好的讲话提纲,提出讲话稿的主要内容要转到反映真理标准问题、发扬民主问题、团结一致向前看的问题和经济管理体制问题上。12月5日,邓小平再次约见起草人,就讲话稿的主题、内容、文字和结构进一步发表意见,明确了讲话的主题:解放思想,开动机器,一切向前看。之后又经过反复修改,直到中央工作会议闭幕式当天,邓小平的讲话才正式定稿。

12月13日下午,中央工作会议闭幕,中共中央主席华国锋,副主席叶剑英、邓小平分别讲话,另一位副主席汪东兴作书面发言。

叶剑英讲话的主题是发扬民主和加强法制。

众望所归,邓小平的讲话无疑最受关注。邓小平在讲话开头开宗明义,说:"今天,邓小平亲拟的在中共中央工作会议闭幕会上的讲话提纲首页。

我主要讲一个问题,就是解放思想,开动脑筋,实事求是,团结一致向前看。"

在邓小平看来,当前最重要、最迫切是四个问题:一、解放思想是当前的一个重大政治问题;二、民主是解放思想的重要条件;三、处理遗留问题为的是向前看;四、研究新情况,解决新问题。他在讲话中对这四个问题作了精辟阐述。

关于解放思想。邓小平指出:"解放思想,开动脑筋,实事求是,团结一致向前看,首先是解放思想。只有思想解放了,我们才能正确地以马列主义、毛泽东思想为指导,解决过去遗留的问题,解决新出现的一系列问题,正确地改革同生产力迅速发展不相适应的生产关系和上层建筑,根据我国的实际情况,确定实现四个现代化的具体道路、方针、方法和措施。""不打破思想僵化,不大大解放干部和群众的思想,四个现代化就没有希望。"

关于民主问题。邓小平指出:"解放思想,开动脑筋,一个十分重要的条件就是要真正实行无产阶级的民主集中制。""当前这个时期,特别需要强调民主",因为就全党、全国来看,许多人还不是那么敢讲话。好的意见不那么敢讲,对坏人坏事不那么敢反对,这种状况不改变,就不能叫大家解放思想,开动脑筋,也无法实现四个现代化。

关于向前看。邓小平强调,凡是过去搞错了的东西,统统应该改正。对过去遗留的问题,应当解决好。但是,不可能也不应该要求解决得十分完满。要大处着眼,可以粗一点,每个细节都弄清不可能,也不必要。

关于研究新情况,解决新问题。邓小平指出:"要向前看,就要及时地研究新情况和解决新问题,否则我们就不可能顺利前进。各方面的新情况都要研究,各方面的新问题都要解决,尤其要注意研究和解决管理方法、管理制度、经济政策这三方面的问题。"

邓小平的讲话提出并回答了人们关注的实现历史转折和进行现代化建设所面临的最重大、最关键的问题,指明了党在今后的主要任务和前进方向,为随即召开的十一届三中全会提出了基本的指导思想,因而它实际上成为十一届三中全会的主题报告。后来,这篇讲话以《解放思想,实事求是,团结一致向前看》为题收入《邓小平文选》第二卷,成为一篇经典文献,被称为开辟新时期新道路、开创建设有中国特色社会主义新理论的宣言书。

邓小平以其卓尔不凡的创新性眼光和无私无畏的政治勇气,敢于打破旧的框框,为中国怎样建设社会主义开辟新路。在邓小平的引领下,十一届三中全会开启了新时期的大幕,全会重新确立了实事求是的思想路线,果断地停止了"以阶级斗争为纲"的错误口号,把党和国家的工作重点转移到社会主义现代化建设上来,作出了实行改革开放的战略决策,实现了中华人民共和国成立以来党和国家历史上具有深远意义的伟大转折,开创了改革开放和社会主义现代化建设的新时期。尽管前进的路上会不断遇到各种困难,但是方向已经明确,道路已经打通。中国人民在中国共产党的领导下,开始了沿着中国特色社会主义道路,向着现代化和民族伟大复兴挺进的新的历史征程。

【评价】

　　这个讲话就解决了两大问题:一个就是了结过去,一个开创未来。这个讲话后来就成了三中全会的主题报告。他这个讲话是开辟了一个建设中国特色社会主义道路的宣言或者是纲领。

——中共中央宣传部原副部长朱穆之

　　在1978年12月召开的中共十一届三中全会上,是他提出将"以阶级斗争为纲"转变为以经济建设为中心,将几乎面临崩溃的国民经济局面扭转过来,我就是响应他发出的改革开放号召到内地投资的。

——香港知名人士霍英东

邓小平——中国社会主义改革开放和现代化建设的总设计师。

二、"改革是中国的第二次革命"

如果现在再不实行改革,我们的现代化事业和社会主义事业就会被葬送。

——邓小平

现在我们正在做的改革这件事是够大胆的。但是,如果我们不这样做,前进就困难了。改革是中国的第二次革命。

——邓小平

求实创新,是邓小平的理论思维的特质。他敢于正视社会矛盾和弊端,勇于超越传统观念和僵化体制,从实际出发,把握时代脉搏,敏锐地分析新情况,进行新探索,从而正确地作出新判断,形成新理论,开辟新道路。

"如果现在再不实行改革,我们的现代化事业和社会主义事业就会被葬送。"这是1978年12月13日,邓小平在党的十一届三中全会前夕的中央工作会议上作的《解放思想,实事求是,团结一致向前看》讲话中的一句名言。正是从十一届三中全会开始,中国步入了改革开放和社会主义现代化建设的新时期。

改革是前无古人的事业。邓小平以其卓越的智慧和独特的创新精神,领导了这次改革。通过改革,中国告别了短缺经济,实现了人民生活总体上达到小康水平,社会主义道路越走越宽广。正因为邓小平作出的巨大贡献,他被国内外公认为中国社会主义改革开放和现代化建设的总设计师。

"文化大革命"十年内乱给党、国家和人民带来了严重的挫折和损失,国民经济到了崩溃的边缘。这十年正是国际局势趋向缓和,许多国家和地区经济起飞或开始持续发展时期,日本、韩国、新加坡以及中国香港、台湾地区等迅速崛起。"文化大革命"结束时,中国的发展被发达国家远远地抛在了后面。此时,中国应向何处去?

邓小平的伟大创造在于带领中国人民通过改革打开了一条通往现代化的新路。他强调改革是为了解放和发展生产力。1992年邓小平在视察南方时曾总结说:"革命是解放生产力，改革也是解放生产力。推翻帝国主义、封建主义、官僚资本主义的反动统治，使中国人民的生产力获得解放，这是革命，所以革命是解放生产力。社会主义基本制度确立以后，还要从根本上改变束缚生产力发展的经济体制，建立起充满生机和活力的社会主义经济体制，促进生产力的发展，这是改革，所以改革也是解放生产力。"

中国的改革首先从农村发轫。1978年，受真理标准问题大讨论的启发和鼓舞，全国许多地方的农民自发地冲破了"一大二公"的人民公社体制，创造了多种生产责任制形式，并逐渐演变成以"大包干"为主的家庭联产承包责任制，农民的生产积极性空前提高。虽然"大包干"等生产责任制形式不是邓小平设计的，但是，农村改革是在邓小平强调解放思想、实事求是的大环境中萌发和出现的。

党的十一届三中全会前夕，首先发生在安徽农村的包产到户，意味着农村改革开始萌动。这一新生事物出来后，在全国闹得沸沸扬扬，其中不乏批判者。这一大胆尝试得到了邓小平的有力支持。当众多舆论对早先发生在安徽的包产到户现象横加指责的时候，邓小平就对当时的安徽省委书记万里说，不要争论，你就实事求是干下去。正是有了邓小平的支持，万里的心里有了底，他大胆果断地在安徽推行包产到户。实行这一政策的地方，大灾之年出人意料地成为丰收年。1980年5月，邓小平同中央有关同志谈话指出："农村政策放宽以后，一些适宜搞包产到户的地方搞了包产到户，效果很好，变化很快。安徽肥西县绝大多数生产队搞了包产到户，增产幅度很大。'凤阳花鼓'中唱的那个凤阳县，绝大多数生产队搞了大包干，也是一年翻身，改变面貌。"邓小平对安徽的农村改革明确表态，极大地鼓舞了安徽的干部和群众。很快，以家庭联产承包责任制为主要内容的农村经济体制改革在全国迅速铺开。

1981年8月，邓小平又明确肯定包产到户的性质，他说："'包产到户'是社会主义制度下责任制的一种形式，没有剥削，没有违背集体所有的原则，可以调动人民的积极性，体现了按劳分配的社会主义原则，有利于发展社会主义经济，不是搞资本主义。"在邓小平的推动下，中央对农村改革和农村政策高度重视，从1982年开始，连续五年，先后出台了五个关于农村问题的"一号文件"。

对此，江泽民同志1998年到安徽视察时这样说过："如果在议论纷纷中，我们领导干部没有胆识，不出来支持，反而加以否定，包产到户就出不来。实际上，五十年代末六十年代初，包产到户在安徽和其他一些地方的农村就在冒，但都被作为资本主义和右倾思想压下去了。这个教训极为深刻。"可以说没有邓小平坚持实事求是的精神，没有邓

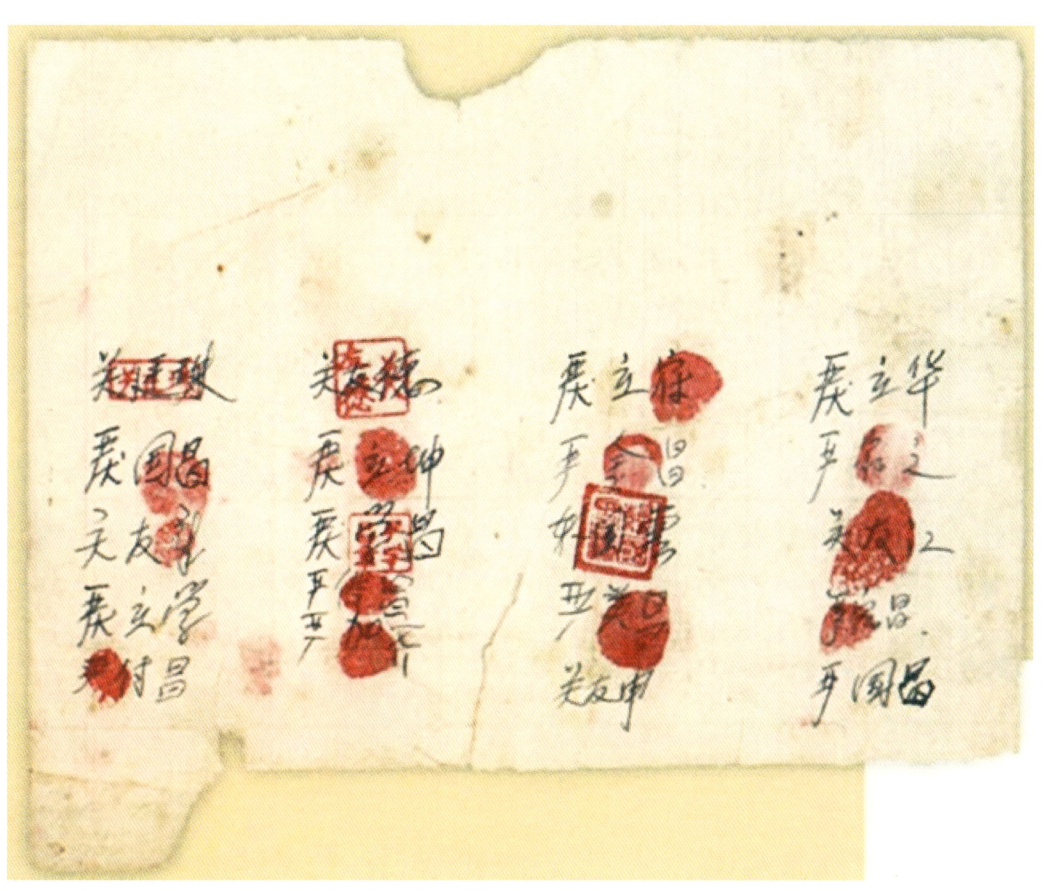

1978年12月，为了解决温饱问题，安徽省凤阳县梨园公社小岗生产队18户农民冒着极大的风险，冲破禁区，订立了把土地分到户、实行"大包干"的合同书。

小平革命家的勇气和胆略，改革开放初期的包产到户极有可能重蹈60年代的覆辙。

邓小平对农村改革的鲜明态度，源于他一切从实际出发，实事求是观察和处理问题的思想方法。领导开创中国特色社会主义新道路伊始，邓小平就对农业、农村和农民的状况作了深入的分析。他认识到必须把发展生产力作为农村的中心任务，但过去的路子显然走不通。中国的改革从农村开始，看似偶然，实为中国特定的历史条件和特殊的历史背景所决定。20世纪70年代的中国，要走出困境，进行现代化建设，无论就人口分布还是经济格局而言，农村都居于最突出的位置。过去的人民公社制度片面追求"一大二公"，搞平均主义，大家都吃"大锅饭"，干好干坏一个样，哪来积极性，因而严重阻碍了生产力的发展。要调动农民积极性，发展农业生产力，改变农村面貌，必须寻找新的出路。安徽出现包产到户，严格说是家庭联产承包责任制，这种形式是在坚持土地等基本生产资料公有制的前提下，把所有权与经营权分开，适应了我国农村生产力状况和农业生产特点。它既是对我国农村集体所有制生产关系的重大调整，又是对旧有经济模式具有挑战性的根本变革。所以，当改革的号角从农村吹响的时候，邓小平以极大的热情、敏锐的眼光，积极倡导，大力支持。

邓小平的有力支持和推动，为农村改革铺平了道路。短短几年时间，改革给农民带来了真正的实惠，农村生产力得到解放，有力地推动了农业生产的发展。到20世纪80年代中期，农村改革取得初步成效。家庭承包责任制本身是解放思想、体制创新的产物，也成为我国农业和农村实现新的历史性跨越的起点，农业、农村开始从墨守传统、自我封闭一步步走向现代、走向开放。在农村改革不断发展的过程中，邓小平时刻关注农业、农村和农民问题，在每一步关键的时候，都旗帜鲜明地支持和推动改革。特别是进入90年代，改革面临新抉择的关头，邓小平发表南方谈话，对农村改革给予充分肯定，提出："城乡改革的基本政策，一定要长期保持稳定。当然，随着实践的发展，该完善的完善，该修补的修补，但总的要坚定不移。即使没有新的主意也可以，就是不要变，不要使人们感到政策变了。有了这一条，中国就大有希望。"到今天，改革开放已经走过了40多年，我国农业和农村发生了翻天覆地的变化，成功地解决了全国性农产品短缺和农民温饱问题，传统农业逐渐向现代农业转变，中国农村开始向全面建成小康社会迈进。

农村家庭联产承包责任制大大提高了农村劳动生产率，带来了农业的大幅度增产和农民收入的大幅度增加，同时释放出大量劳动力，促进了以集体所有、个人承包为基本特征的乡镇企业异军突起，短短几年内创造了经济奇迹。农村改革取得初步成效后，邓小平果断抓住时机,及时提出改革重点要转向城市,同时指出,城市改革是全面改革,不仅涉及经济领域,也涉及文化、科技、教育领域,更重要的是还涉及政治体制改革。以城市为重点的全面改革迅速在全国铺开,中国社会的面貌和结构开始发生翻天覆地的变化。

1987年6月12日,邓小平在会见南斯拉夫共产主义者联盟中央主席团委员科罗舍茨时曾回忆这段时光:"农村改革的成功增加了我们的信心,我们把农村改革的经验运用到城市,进行以城市为重点的全面经济体制改革。"

为适应改革从农村向城市发展的新形势,1984年10月召开的十二届三中全会通过了《中共中央关于经济体制改革的决定》。《决定》总结了十一届三中全会以来经济体制改革的经验,比较系统地提出和阐明了经济体制改革中的一系列重大理论和实践问题。

1984年10月22日,邓小平在中央顾问委员会第三次全体会议上谈到《中共中央关于经济体制改革的决定》:"这次经济体制改革的文件好,就是解释了什么是社会主义,有些是我们老祖宗没有说过的话,有些新话。我看讲清楚了。过去我们不可能写出这样的文件,没有前几年的实践不可能写出这样的文件。写出来,也很不容易通过,会被看作'异端'。我们用自己的实践回答了新情况下出现的一些新问题。"

邓小平在这段谈话中,提到了"新话""新情况""新问题"等词语。确实,城市从结构和组成上比农村复杂得多,城市经济改革比农村经济改革的难度也要大得多。因此,在对待城市改革问题上需要新思路。关于经济体制改革,邓小平提出了总体思路,并对重点领域的改革提出了许多重要思想。比如关于改革的目标模式,他在1979年提出,社会主义也可以搞市场经济,经过在实践中不断探索,在南方谈话中提出计划和市场都是经济手段,为确立社会主义市场经济体制的目标模式,奠定了理论基础;比如关于改革的路径和步骤,提出让一部分人、一部分地区先富起来的这样一条路径,以先富带后富,最终达到共同富裕;比如农业的发展方向,在农村改革起步、刚实行联产承包时,他就提出总的方向还是发展集体经济,后来提出农业发展要有两个飞跃,第一个是联产承包,第二个是发展规模经营、集体经济,农村经济最终是要实现集体化和集约化;等等。

城市经济体制改革的出发点和落脚点,就是增强企业活力。1986年12月19日,邓小平在听取经济情况汇报和改革设想时提出:"企业改革,主要是解决搞活国营大中型企业的问题。用多种形式把所有权和经营权分开,以调动企业积极性,这是改革的一个很重要的方面。"邓小平的表态进一步解放了人们的思想。企业开始摆脱禁锢,包括承包制、租赁制、股份制,以及后来的股份合作制等等,在各个领域经过不断试验,逐步推开。

1984年10月20日,中共十二届三中全会通过《中共中央关于经济体制改革的决定》。图为邓小平在十二届三中全会上。

在经济体制改革的同时，邓小平认为政治体制改革应该同经济体制改革相互配合，改革最终能不能成功还取决于政治体制改革，提出了政治体制改革的总目标。有人说，中国只搞经济体制改革不搞政治体制改革。其实，邓小平领导改革开放首先是从建立社会主义民主政治破题的。在十一届三中全会前夕的中央工作会议上，邓小平就提出"民主是解放思想的重要条件""没有民主就没有社会主义""必须使民主制度化、法律化"等重要观点。邓小平在改革之初即提出要对党和国家领导制度进行改革，并身体力行，带头废除干部领导职务终身制。这是邓小平对政治体制改革，对党和国家领导制度改革的重大贡献。

邓小平强调："坚持改革开放是决定中国命运的一招。"改革开放使中国的社会面貌发生了翻天覆地的巨大变化，仅仅用了20多年的时间，在20世纪末，中国一举告别了长期困扰的短缺经济，人民生活总体上达到了小康水平。在邓小平的带领下，中国用"一代人"的时间创造出了历史上许多国家用几个世纪才能积累起来的物质财富，这无疑是世界现代化进程中的一个伟大创举。

【评价】

邓小平的远见和务实作风改变了中国并使她的亿万人民改善了生活。这是使中国人民感到非常自豪的历史。

——加拿大前总理克雷蒂安

我自己也亲历了艰难的改革历程，但与人口众多的中国相比，苏联的改革与中国的改革不在同一个规模和水平线上。邓小平大胆地进行改革，是要冒很大风险的。他创造了改革的气氛和条件，他没有在改革前就制定一整套改革计划，而是"摸着石头过河"，这是正确的，是符合辩证唯物主义的，最重要的是，邓小平尊重和相信自己的人民。

——苏联总统戈尔巴乔夫

作为中国革命的英雄和现代化中国的第一位改革者，邓小平是一位具有清醒政治头脑、贤哲、勇敢、富有活力的领袖，他赢得了所有人的敬慕。

——多哥前总统埃亚德马

我知道中国有人比你更年轻，但我不知道，在中国还有人比你更有活力。

——美国前国务卿基辛格

三、"即使是变,也只能变得更加开放"

对外开放具有重要意义,任何一个国家要发展,孤立起来,闭关自守是不可能的,不加强国际交往,不引进发达国家的先进经验、先进科学技术和资金,是不可能的。

——邓小平

经验证明,关起门来搞建设是不能成功的,中国的发展离不开世界。

——邓小平

打开国门,实行对外开放,是邓小平的又一个重大决策。作为中国改革开放的总设计师,许多对外开放的政策、决定,都是在邓小平的领导和支持下提出并制定的。在许多对外开放的核心问题上,邓小平总是想人之不敢想,言人之不敢言,从国家的发展战略角度上敢于拍板、果断决策。

邓小平认为,对外开放具有重要意义,任何一个国家要发展,孤立起来,闭关自守是不可能的,不加强国际交往,不引进发达国家的先进经验、先进科学技术和资金,更是不可能的。党的十一届三中全会以后,以邓小平同志为核心的党的第二代中央领导集体领导党和国家实行改革开放政策,成功开创了一条中国特色的社会主义道路,从而赋予中华民族复兴伟业以新的生机和强大活力。中国开始突破僵化的思想观念和传统机制的重围,走向开放。

1978年,被称为中国对外开放的元年。在经历了西方资本主义国家长达近30年的封锁、禁运和"文化大革命"十年内乱的封闭、半封闭状态后,中国开始突破僵化的思想观念和传统的体制机制,破冰启航。

为尽早实现中国的现代化建设目标,邓小平经常强调这样一个观点:现在是我们向世界先进国家学习的时候了。世界天天发生变化,新的事物不断出现,新的问题不断出现,我们关起门来不行。

为使对外开放的工作能够顺利有效地快速展开,邓小平首先从思想上、认识上反复强调科学技术本身没有国界，科学技术交流是科学发展的一般规律。

1978年3月，邓小平出席在北京举行的全国科学大会，他说："独立自主不是闭关自守，自力更生不是盲目排外。任何一个民族、一个国家都需要学习别的民族、别的国家的长处，学习人家的先进科学技术。"很快，国务院成立引进新技术领导小组，专门负责研究制定引进国外先进技术的计划。在这个"科学的春天"里，一批批代表团、考察团走出国门"西行取经"。1978年3月28日，由国家计委副主任林乎加任团长的中国经济代表团赴日本考察。5月，国务院副总理谷牧率领中国经济代表团赴法国、联邦德国、瑞士、丹麦、比利时等西欧五国考察。这是中华人民共和国建立后，首次向发达资本主义国家派出由国家领导人担任团长的政府经济代表团。代表团的成员有钱正英、王全国等20多名长期从事经济工作的高级领导干部。此外，1978年4月10日，由国家计委副主任段云率领的国家计委和外经贸部赴港澳经济贸易考察组，前往香港、澳门地区，进行了为期27天的实地调研。

邓小平对考察很是重视，在西欧考察代表团出发前，他专门找谷牧谈话，要求考察团多了解实际情况，作详细的分析和调查研究，好的也看，坏的也看，以便在我国的经济建设中少走弯路。谷牧回忆说："当时邓小平对于实行开放的决心已定，他思索和考虑的不是要不要开放，而是怎么搞对外开放。"

当谷牧一行尚在欧洲参观、考察的时候，赴日本经济代表团和赴港澳经济贸易考察组已经回到北京。6月1日、6月3日，中共中央政治局听取了他们的汇报。考察团介绍了日本在"二战"后经济起飞的经验，对今后十年中国引进新技术、利用外资和发展对外贸易提出了建议。在谈到利用国外资金这个敏感问题时，代表团认为，日本可以充分地运用国外资金，我们在保持国家主权的条件下，也可以灵活地运用国外资金，以辅助国内资金的不足。

邓小平显然对利用外国资金问题十分关注，他在会上表态："下个大决心，不要怕欠账，那个东西没危险。林乎加同志说得对，只要有产品，就没有危险，就不怕还不上钱。抢回一年时间，就补偿有余。思想要解放。"

在邓小平的启发和引导下，越来越多的人开始总结中华人民共和国成立以来社会主义建设的经验和教训，越来越多的人开始思考中国未来发展的道路。在对外开放这个问题上，人们开始形成一种共识，中国的现代化建设要想高速发展，不能不引进和学习比较先进的国外技术、设备和经验。

1978年3月，邓小平在接见出席全国科学大会的代表时与陈景润握手。

对外开放在当时的中国是一个崭新的课题，前行的路上必然会遇到了许多难题和阻力。在工作中，如何对待外国资金是最突出的矛盾点和争论点。为解决大规模引进技术设备所需的外汇，中央提出了许多办法，诸如扩大出口、补偿贸易、来料加工、来样加工、分期付款、延期付款等形式，但都不能从根本上解决问题。与此同时，面临着产业升级的发达国家，在寻找新的生产基地、把劳动密集型产业转移出去的过程中，把注意力转向了具有丰富廉价劳动力和巨大潜在市场的中国。

谷牧率代表团访问欧洲回国后不久，邓小平就详细地了解了代表团出国考察的情况。在看到中国与世界的这种供需关系后，邓小平说："现在的国际条件对我们很有利。西方资本主义国家从它们自身的利益出发，很希望我们强大一些。这些发达国家有很多困难，它们的资金没有出路，愿意把钱借给我们，我们却不干，非常蠢。"他还说："利用资本主义危机，形势不能错过。胆子大一点，步子大一点。不要老是议论，看准了就干。"

74岁的邓小平在1978年这一年迈着急切的脚步走出国门。他先后出访了七个国家：缅甸、尼泊尔、朝鲜、日本、泰国、马来西亚、新加坡。在访问中，邓小平对世界各国利用外国资金发展本国经济的方法尤为感兴趣，他专门询问和了解了不同国家实行现代化的步骤和方法。当邓小平访问日本，乘坐新干线列车去往京都时，列车每小时210公里的前进速度令中国访问团的同志们大为感慨。途中，前来采访的记者希望邓小平谈谈对新干线的看法。邓小平幽默地说："有种催人跑的意思，我们正适合坐这个车。"这句话既是对新干线列车的赞赏，更表达了邓小平急切的心情，中国需要跑步前进。

在访问新加坡回国后，邓小平十分赞赏新加坡对外来资金利用的情况。1979年10月4日，在中共省、市、自治区委员会第一书记座谈会上，邓小平说："外国人在新加坡设厂，新加坡得到几个好处，一个是外资企业利润的百分之三十五要用来交税，这一部分国家得了；一个是劳务收入，工人得了；还有一个是带动了它的服务行业，这都是收入。我们要下这么个决心，权衡利弊、算清账，略微吃点亏也干，总归是在中国形成了生产能力，还会带动我们一些企业。"

1979年1月28日至2月4日，邓小平对美国进行了为期九天的访问。这是新中国领导人第一次访问美国这个世界上最发达的资本主义国家。这次访问也可以说是邓小平对世界现代化的深度考察之旅。访问期间，中美双方签署了科技合作协定和文化协定，在教育、商业、空间等方面进行合作的协议，以及建立领事关系和互设总领馆的协议。

在各种利用外资的办法中,邓小平力推中外合资经营。搞合资经营,这可是一件惊天动地的大事。中外合资,这对生活在21世纪的国人来说并不陌生。但如果将时针拨回到20世纪70年代末,"中外合资"还是一个新颖的概念。当时,人们的思想刚开始解放,但对于搞中外合资经营,一是不懂,二是不敢,似乎其仍属于经济领域的"禁区"。

1978年10月,李岚清受命参与领导同美国通用汽车公司谈判重型汽车项目的技术引进。在谈判过程中,美方提出了一个问题:"你们为什么只同我们谈技术引进,而不谈合资经营?"中方代表团一开始没有明白"合资经营"的含义,美方代表墨菲打了一个比喻说:"合资经营就好比'结婚',建立一个共同的'家庭'。"据李岚清回忆,参加谈判的中方代表普遍认为:你们是资本家,我们是共产党,怎么能同你们搞合资经营呢?特别是美方提到,合资经营就好比"结婚""建立共同家庭",就更不可思议。你是大资本家,我是共产党员,能同你"结婚"吗?尽管这样,按照规定,凡是比较重要的对外谈判项目,都要向国务院引进办公室写简报,这次的谈判自然也如实上报了。

中外合资是个新事物,当时很多人不能接受,争议非常大。分管这方面工作的谷牧副总理看到简报后,感到事情重大,立即报请中央政治局和国务院领导传阅。邓小平阅后不但画了圈,还在关于通用汽车公司建议搞合资经营的内容旁批示"合资经营可以办",旗帜鲜明地表明了态度。充分利用外资,搞合资经营,是中国对外开放政策的重要组成部分。这项工作是在国内外一片"惊异声"中展开的,随着时间的推移,惊异声渐渐变为称赞声。中国搞对外开放,被广泛地接受并加以实践。邓小平以其独到的视角和发散的创新思维,再一次博得了人们的信赖和尊敬。

利用外资的工作顺利开展后,邓小平没有停下探寻中国社会主义建设的脚步。时间来到1979年4月,中央工作会议召开。广东省委书记习仲勋在会上提出了一个特别的构想:利用广东毗邻香港和澳门的地理条件,实行特殊的政策和措施,建立出口加工区,加快对外开放。

这个想法是从广东的实际情况出发的。广东在地理位置上紧挨香港、澳门,商品经济的发展较为活跃。同时,广东向来就是中国对外开放的一个重要省份,广东籍的华人华侨数量十分庞大。

在给广东特殊政策、灵活措施和办特区的政策思路方面,邓小平与广东的干部群众不谋而合。习仲勋后来说,一方面广东有这样的要求;另一方面小平同志大的思路也在这个方面想,并且站得更高,看得更远。

1978年10月，邓小平访问日本时乘坐新干线超特快列车前往京都。

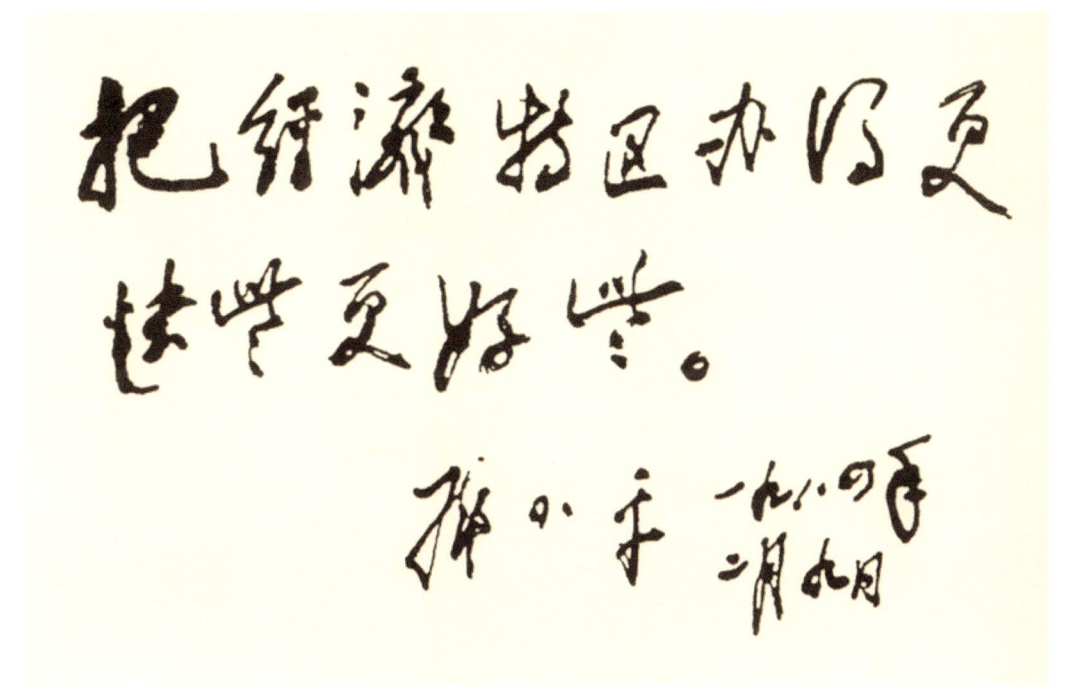

邓小平为厦门经济特区题词："把经济特区办得更快些、更好些。"

就在会议期间,邓小平给"出口加工区"起了新的名字。他对习仲勋说:"(出口加工区)还是叫特区好,陕甘宁开始就叫特区嘛!中央没有钱,可以给些政策,你们自己去搞,杀出一条血路来。"邓小平的提议得到了中央的重视,中央工作会议正式讨论了广东省提出的设想。7月15日,中共中央、国务院批转中共广东省委、福建省委关于对外经济活动实行特殊政策和灵活措施的报告,决定在深圳、珠海、汕头、厦门试办特区。1980年5月16日,中共中央、国务院批转《广东、福建两省会议纪要》,正式将"特区"定名为"经济特区"。在邓小平的直接关怀和大力支持下,经济特区从无到有,从一片空白到初具规模,再走向繁荣,为中国经济的腾飞杀出了一条血路。

建设中国特色社会主义,始终都离不开领袖们的勇气、谋略与决断。中国人永远不会忘记,20世纪80年代,有一位老人反复地向人们讲述着社会主义如何发展的道理。他用朴实却又十分精辟、富有真理性的语言,创立了他的理论,开辟了中国发展的道路,把亿万中国人带进了幸福美好的新生活。

【评价】

小平同志是我们改革开放的总设计师。有许多对外开放的重大政策的决定都是他提出的。

——中央书记处原书记、国务院原副总理谷牧

如今这个开放、欣欣向荣和更加自由的中国与我当年曾经生活和了解的那个封闭的中国真有天壤之别。中国的巨变在很大程度上要归功于邓小平。

——美国前总统布什

邓小平认为,通过加强国际联系,包括同美国、日本、欧洲的国际联系,向这些国家引进科技,让中国的学生接受西式教育。如果中国仍然封闭,经济就会陷入困境。

——新加坡前总理李光耀

他以未来50年或者100年的方式来思索解决他的国家的问题。他使中国对外开放,使这个国家发生了巨大变化!

——新加坡前总理吴作栋

邓小平先生作为把中国变成世界上经济发展最快的国家之一的中国经济改革开放和现代化的总设计师,为人们所铭记。这些成就将继续为全世界所仰慕,并将留下永恒的遗产。

——肯尼亚前总统莫伊

邓小平将作为中国最伟大的领导人之一而载入史册。他的改革开放政策在中国和世界之间架起了互相了解的桥梁,使人们认识到一个富强的中国可以为世界作出巨大贡献。

——赞比亚前总统卡翁达

四、"顾问制度是我提议的"

邓小平第三次复出后,面临着一个亟待解决的问题。"文革"中被打倒的一大批老干部解放出来,重新回到领导岗位。这时,他们大都已年逾花甲,许多人不能正常上班。同时,他们中以革命战争年代成长起来的工农干部居多,整体上文化素质偏低。这种状况不能很好适应现代化建设和改革开放新的形势和要求。从中央到地方,干部队伍老化和青黄不接的问题一下子突显出来,选拔中青年干部,解决新老干部交接班问题迫在眉睫。

然而,广大老干部刚刚恢复工作,热情很高,在这个时候把他们换下去,并非易事。他们在战争年代出生入死,枪林弹雨,为革命立下了汗马功劳,"文革"中又受林彪、"四人帮"的迫害,如今刚落实政策出来工作就要让位,感情上确实难以接受。另一方面,客观上由于历史的原因,多年来没有注意对年轻干部的培养和提拔,一下子把重担全部压到他们肩上,也容易出问题,仍需要老同志"扶上马送一程"。

为此,邓小平提出设顾问的办法。这是一个大胆而充满智慧的设想。1979年1月2日,邓小平在中共中央军委座谈会上重提他曾在"文革"中提过的设想,说:"顾问制度是我提议的,我自己愿意以身作则。"

关于设立顾问的问题很快写进了正在修改的党章中。1980年1月28日,邓小平在谈对党章修改意见的时候指出,党章作这一规定的目的,是使党的各级委员会逐步年轻化。他还提出要在党章中讲清各级顾问委员会的性质、职权:"它应是同级党委的咨询机构,党委决定重大问题时要向它提供情况、材料,听取它的意见。中央顾问委员会成员可以列席中央政治局会议,各级顾问委员会的成员也可列席同级党委会或常委会。这个规定,不只是解决丧失工作能力的老同志退出中央委员会当参谋的问题,就是那些有过重大贡献、在全国德高望重的人,也可以转入第二线。"

邓小平身体力行,率先垂范。1980年2月26日,在中共中央政治局常委召集的中共十一届五中全会各组召集人汇报会上,谈到中共中央的人事安排和设立中央书记处

1982年9月13日，在中共中央顾问委员会第一次全体会议上，邓小平作重要讲话。他指出，中顾委是解决中央领导机构新老交替的一种组织形式。

问题时,邓小平说:"对于中央政治局常委中岁数大的同志,我总的倾向是,包括我在内,慢慢脱钩,以后逐步增加比较年轻的、身体好的、年轻力壮的人。这是一个总的决策。""我们这些人是安排后事的问题,不再放到第一线了。"

1980年8月13日,中共中央、国务院发出《关于设置顾问的决定》,提出在县级以上单位设置顾问。五天后,8月18日,邓小平在中共中央政治局扩大会议上进一步明确提出设中央一级的顾问委员会的想法,他说:"正在考虑再设立一个顾问委员会(名称还可以再考虑),连同中央委员会,都由党的全国代表大会选举产生,并明确规定各自的任务和权限。这样,就可以让一大批原来在中央和国务院工作的老同志,充分利用他们的经验,发挥他们的指导、监督和顾问的作用。同时,也便于使中央和国务院的日常工作班子更加精干,逐步实现年轻化。"

许多同志曾提议邓小平担任党的最高领导职务,主持中央工作,邓小平坚决回绝,但他主动表态愿意当顾问委员会的主任。邓小平还积极做老干部思想工作,要求从党和人民根本利益来看待个人进退问题,顾全大局,退出岗位,担当顾问。他形象地说:"庙只有那么大,菩萨只能要那么多,老的不退出来,新的进不去,这是很简单的道理。因此,老同志要有意识地退让。"

在邓小平的带动下,一大批原先在中央、国务院、军队系统和各省、市、自治区党委以及政府中担任主要领导职务,并在党内外享有崇高威望的老干部纷纷退出领导岗位。包括聂荣臻、刘伯承、张鼎丞、蔡畅、周建人,也都相继向五届人大三次会议提出了辞去中华人民共和国第五届全国人民代表大会常务委员会副委员长职务的请求。

设立顾问委员会,无疑为解决新老干部的交接班问题找到了一把钥匙。后来,许多老干部称赞说,这是邓小平的一个伟大创举。

邓小平站在党和国家长远利益的高度,对设顾问的性质和作用考虑得很清楚。他认为干部领导职务终身制现象的形成,同封建主义的影响有一定关系,同我们党一直没有妥善的退休解职办法也有关系。所以,邓小平提出设顾问的同时,还提出真正解决问题不能只靠顾问制度,重要的是建立退休制度。1979年7月29日,他在接见海军党委常委扩大会议全体同志时提出:"我们将来要建立退休制度。"1980年12月25日,他在中央工作会议上提出:"要有步骤地和稳妥地实行干部离休、退休制度,废除实际上存在的干部领导职务的终身制。"

1981年5月,陈云将亲笔撰写的《提拔培养中青年干部是当务之急》一文送邓小平、胡耀邦和中央组织部部长宋任穷,并提议六中全会讨论一下干部问题。邓小平看了以后,十分赞成陈云的意见。随后,陈云召集中央组织部、解放军总政治部有关负责人,就老干部离休退休问题进行座谈,并主持起草了《关于老干部离休退休问题座谈会纪要》。《纪要》指出:"干部必须实行离休退休制度,这是根本办法。当顾问或成立顾问委员会,只能解决少数人的问题,多数人只能离休退休。"《纪要》还提出:必须有计划地进行这项工作,而且要把这项工作做好,才能使老干部人心安定。《纪要》提议制定干部离休退休的条例,并对老干部离休退休后的待遇提出若干原则性的意见,如,退休年龄分成"解放前""解放后"两类,"解放前"应该称"离休","解放后"称"退休"。离休的保留原工资,还有工龄补贴,比在职时待遇还好一点。

六中全会上印发了陈云撰写的《提拔培养中青年干部是当务之急》一文和由他主持起草的《关于老干部离休退休问题座谈会纪要》。全会通过的《关于建国以来党的若干历史问题的决议》,正式确定"革命化、年轻化、知识化、专业化"的"四化"方针为新时期干部工作的根本方针,为实现中央领导层的平稳交接班迈出了重要一步。全会进行了中央主要领导成员的改选和增选,选举胡耀邦为中央委员会主席,选举邓小平为中央军事委员会主席等。这表明,在中央领导层的新老交替和年轻化方面取得了重大进展。但就全国范围来说,新老干部交接班的问题还没有根本解决。党政军企领导机关的主要负责人,年龄绝大多数都在60岁以上。

六中全会一结束,邓小平和陈云专门把各省、市、自治区的党委书记留下来开座谈会,讨论提拔培养中青年干部和老干部离休退休的问题。陈云在会上讲话说:"必须成千上万地提拔中青年干部。"邓小平表示对陈云的建议举双手拥护。他说:"我希望在座的同志,凡是超过六十岁的同志,都把这个问题当作第一位的任务来解决。这个事情太大了。"会后,邓小平又就退休的问题专门同杨尚昆、耿飚、韦国清、杨勇等谈话,提出五年内老同志要逐步退到第二线,找一些年富力强的同志接替。他说:"对老干部的安置,最根本的办法还是搞离休、退休制度,着重搞退休制度。顾问要少,堆的人多了,庙腾不出来。要先解决一进二出。"

根据这次座谈会上邓小平和陈云等提出的意见和要求,中组部于7月31日发出《关于建立青年干部管理机构的通知》;8月7日,又发出《关于贯彻执行中央对调整领导班子和选拔优秀中青年干部指示的几项工作》的通知。培养接班人、选拔中青年干部充实领导岗位的工作在全国普遍展开。

1982年1月13日，在中共中央政治局召开的扩大会议上，邓小平进一步强调解决干部新老交替问题的重要性，他指出："让老人、病人挡住比较年轻、有干劲、有能力的人的路，不只是四个现代化没有希望，甚至于要涉及到亡党亡国的问题。"他认为：不但要注意出的问题，还特别要注意进的问题，第一位要着眼于进。选人要选好，要选贤任能。进，最关键的问题是选比较年轻的。1月19日，中共中央印发这个讲话，要求中央和国家机关各部委认真贯彻落实。2月20日，中共中央颁布《关于建立老干部退休制度的决定》，对老干部离休、退休的年龄作出规定。《决定》指出："建立老干部离休退休和退居二线的制度，妥善解决新老干部适当交替的问题，这是一场干部制度方面的深刻改革，是关系我们党兴旺发达，国家长治久安，社会主义现代化建设宏伟事业能够顺利实现的具有战略意义的重大决策。"同时《决定》也指出："在党和国家领导人中，需要保留少量超过离休退休年龄界限的老革命家。特别是在当前和今后一个时期的历史条件下，我们这样一个大国，更需要有若干位经验丰富、德高望重，能够深谋远虑、统筹全局，而且精力尚能工作的老同志，留在党和国家的中枢领导岗位上。这是全局的需要，是保持国内安定团结和正确处理国际关系的需要，是完全符合党和人民根本利益的。"4月10日，国务院发布《关于老干部离职休养制度的几项规定》，干部退休工作开始步入制度化、规范化的轨道。

在设顾问委员会之初，邓小平就明确了它的性质和作用。十二大前夕，1982年7月30日，中共中央召开政治局扩大会议讨论《中国共产党章程》（修正草案），邓小平再次明确："顾问委员会，应该说是我们干部领导职务从终身制走向退休制的一种过渡。我们有意识地采取这个办法，使得过渡比较顺利。"他称顾问委员会是史无前例的形式，切合我们党的实际，"但是在这个过渡阶段，必须认真使干部队伍年轻化，为退休制度的建立和领导职务终身制的废除创造条件"。

党的十二大决定成立中央顾问委员会，并通过了新的《中国共产党章程》。新党章规定："党的中央顾问委员会是中央委员会政治上的助手和参谋。"新党章给中顾委规定的任务是："对党的方针、政策的制定和执行提出建议，接受咨询；协助中央委员会调查处理某些重要问题；在党内外宣传党的重大方针、政策；承担中央委员会委托的其他任务。"中央顾问委员会委员的条件是："必须具有四十年以上的党龄，对党有过较大贡献，有较丰富的领导工作经验，在党内外有较高声望。"规定："委员会委员可以列席中央委员会全体会议；它的副主任可以列席中央政治局全体会议；在中央政治局认为必要的时候，中央顾问委员会的常务委员也可以列席中央政治局全体会议。"党章还规定，顾问委员会只设到省一级，省以下各级组织一律不设。

新党章充分体现了邓小平提出设立顾问委员会的根本宗旨，顾问委员会作为一种过渡形式。更为重要的是，新党章明确规定废除过去实际上存在的党的干部领导职务终身制。

党的十二大选举邓小平为第一届中央顾问委员会主任，薄一波、许世友、谭震林、李维汉为副主任，并选举产生了172名委员，一大批原先在中央、国务院、军队系统和各省、市、自治区党委以及政府中担任主要领导职务，并在党内外享有崇高威望的老干部退出领导岗位，进入中央顾问委员会，开创了新老干部交替与合作的进程。同时，老同志的模范行动，也带动了全国几百万超龄的在职干部陆续退下来。

9月13日，在新产生的中央顾问委员会第一次全体会议上，邓小平就中顾委的性质、任务、工作方法、注意事项等作了全面阐述。他再次强调这个组织的过渡性，他说："如果花两个五年的时间，通过这种过渡的形式，稳妥地顺当地解决好这个问题，把退休制度逐步建立起来，那就是很大的胜利。这对于我们国家以后的发展，是办了一件很好的事情。所以，可以设想，再经过十年，最多不要超过十五年，取消这个顾问委员会。"他要求中顾委不要妨碍中央委员会的工作，不要建立什么大机构，要简化，几个人就够了。

经过十年卓有成效的工作，顾问委员会圆满完成了它作为一种过渡性组织的历史使命。根据最初的设想，1992年党的十四大决定，不再设立党的中央顾问委员会和省、市、自治区顾问委员会。

顾问委员会早已成为历史，但它不会被遗忘。因为正是有了这样一个史无前例的过渡，有了这样一个伟大创举，党的中央领导层交替开始制度化，从而确保了中国特色社会主义事业继往开来，兴旺发达。

【评价】

邓小平无疑是中国人民的幸运。历史选择了邓小平，邓小平改变了历史，他不愧是中华民族的英雄，中国人民的骄傲。

——《澳门日报》

五、"'一国两制'这个新事物是中国提出来的"

> 我活到1997年，就是要在中国收回香港之后，到香港自己土地上走一走，看一看。
> ——邓小平

实现国家统一，是中华民族的共同愿望。武力征服是历史上一种常见统一手段，但这是以惨烈的牺牲和巨大的破坏为代价的。用"一个国家，两种制度"的天才构想实现祖国和平统一大业，则是一种伟大创造。正是按照邓小平"一国两制"的构想，20世纪末，分离了一个多世纪的香港、澳门顺利回归祖国。祖国统一成为不可阻挡的历史潮流。

如何实现祖国统一，是作为党的第二代中央领导集体核心的邓小平思考的重要问题。

1949年蒋介石集团败退台湾，致使中国大陆同台湾长期分离。台湾问题的解决存在许多复杂的因素，其中最大的障碍是美国。在20世纪五六十年代，美国不断加强对中国统一的干涉，再加上台湾国民党当局的顽固政策，严重阻碍了海峡两岸的交流。20世纪70年代中后期，国际形势发生了风云变化。美国和苏联两个超级大国由于长期积累的政治经济和社会问题，不得不对自己的外交政策作出了调整。美国从自身的国家利益出发，有意作出恢复中美关系正常化的姿态，这为和平解决台湾问题提供了可能。

邓小平用敏锐的战略眼光，抓住了美国在外交上的心态变化，果断开启了中美关系的"破冰之旅"。1978年7月，中美建交谈判开始。在台湾问题上，中美双方各执己见，短时间内没能达成一致。谈判耗时半年才最终达成协议，结果是：中美建交，美国与台湾废除《美台共同防御条约》，美国撤离在台的军事人员，美国与台湾断交。拦在海峡两岸之间的一道障碍已被基本扫除。

1979年1月1日，中国和美国正式建立外交关系。也就在这个月，中华人民共和国全国人民代表大会常务委员会发表了《告台湾同胞书》，宣布了中国共产党和中国政府关于台湾回归祖国、实现国家统一的大政方针。《告台湾同胞书》指出：我们的国家领导人已经表示决心，一定要考虑现实情况，完成祖国统一的大业，在解决统一问题时尊重台湾现状和台湾各界人士的意见，采取合情合理的政策和办法，不使台湾人民蒙受损失。

在邓小平出访美国后，中央对台工作紧锣密鼓地进行着。1981年9月30日，全国人大常委会委员长叶剑英阐述了关于台湾回归祖国实现和平统一的九条方针。1982年1月11日，邓小平在会见海外朋友时说，九条方针是以叶剑英委员长的名义提出来的，实际上是一个国家两种制度。邓小平首次提出了"一个国家两种制度"的概念。这是前人从没有想到过、提出过的。在这个总方针下，邓小平富有创新性地提出和批准了一系列解决台湾问题的政策。

在实现中华民族统一的伟大事业上，邓小平是真真正正的"大发明家"。他的发明和创造，促进了中国的统一进程。

1983年6月26日，邓小平会见美国新泽西州西东大学教授杨力宇时提到，问题的核心是祖国统一。邓小平在谈话中提出："祖国统一后，台湾特别行政区可以有自己的独立性，可以实行同大陆不同的制度。司法独立，终审权不须到北京。台湾还可以有自己的军队，只是不能构成对大陆的威胁。大陆不派人驻台，不仅军队不去，行政人员也不去。台湾的党、政、军等系统，都由台湾自己来管。中央政府还要给台湾留出名额。"邓小平这次谈话的内容，后来被概括为"邓六条"。"邓六条"的发表，使"一国两制"构想更加完备、充实，更加具体化、系统化。由此，祖国的统一事业进入了一个新阶段。

"一国两制"的构想，是针对台湾问题提出来的，但它最早的实践，是香港问题的解决。香港，中国南方海边一颗璀璨的明珠。然而，这颗明珠却被帝国主义列强通过战争，从清政府的手中抢走了，这是中华民族一段屈辱的历史。作为深深地爱着自己祖国的邓小平，希望在有生之年看到香港的回归，见证百年屈辱的终结。他曾经说过："我活到1997年，就是要在中国收回香港之后，到香港自己土地上走一走，看一看。"

此时，邓小平已经准确地判断国际形势的发展变化，即和平与发展成为时代主题。在我国的国内形势和国际环境发生很大变化的情况下，能不能够用武力以外的方式，提出一种各方都能接受的方案来解决香港问题？这是一个新中国未有实践经验的全新课题。

睿智的邓小平再一次挺身而出，担负起了历史重担。而将"一国两制"的创造性构想首先运用在解决香港问题上，这本身又是一个新的创造。

1982年4月，英国前首相希思访问中国。邓小平向希思表示如果可能，中国愿意同英

1983年6月26日，邓小平会见美籍华人学者杨力宇。

1979年1月1日《人民日报》。

国政府正式接触，通过谈判来解决香港问题。邓小平认为考虑解决香港问题的时候已经到了。通过和平谈判解决香港问题，中国的对手是英国政府。从一定意义上说，这也是两国政府最高决策人的较量。中国的主帅是邓小平，毛泽东曾称他为"钢铁公司"；英方的主帅是首相撒切尔夫人，号称"铁娘子"，意志坚强、锋芒毕露、独断专行是她的一贯作风。"钢"和"铁"的较量即将上演。

1982年，按照两国政府议定的日程，撒切尔夫人来华访问。此行，撒切尔夫人的目的只有一个，希望继续保持英国对香港的统治。9月24日上午，北京人民大会堂福建厅，邓小平和撒切尔夫人，中英两位谈判主角登场亮相了。毫无疑问，这是中西方两个以强硬果敢著称的顶级政治家的巅峰对决。

意料之中，志在必得的撒切尔夫人率先发难，她一口气打出了三张牌：一是不平等条约是"有效"的，英国根据条约管治香港；二是香港要保持现在的繁荣，必须由英国人统治，没有英国人的统治，不能保持香港的繁荣；三是如果中国方面宣布要收回香港，香港可能会出现动乱，这将面临灾难性的后果。撒切尔夫人的话语中体现出一种老牌资本主义国家的强横。

然而，她忽略了坐在她对面的邓小平——一位善于应变并敢于挑战旧有观念的中国领袖。邓小平针对撒切尔夫人的论调进行了针锋相对的反驳：一是主权问题不是一个可以讨论的问题，中国在主权问题上没有回旋的余地；二是香港继续保持繁荣，根本上取决于中国收回香港后，在中国管辖之下，实行适合于香港的政策；三是如果说中国收回香港会"带来灾难性的影响"，那么中国将会勇敢地面对这个灾难，作出决策。如果香港发生严重的波动，中国政府将"被迫不得不对收回香港的时间和方式另作考虑"。

面对邓小平的强硬态度，败下阵来的撒切尔夫人开始听邓小平阐述观点，这可能是她第一次认真聆听中方富有建设性的能解决问题的建议。

对这次谈判，邓小平后来作了回顾：开始她提出谈判的题目就是一个归属问题。我说是三个问题：第一个是主权问题，总要双方就香港归还中国达成协议；第二个是1997年我们恢复行使主权之后怎么样管理香港，也就是在香港实行什么样的制度的问题；第三个是十五年过渡期间的安排问题，也就是怎样为中国恢复行使主权创造条件。她（撒切尔夫人）同意谈这些问题。

1984年12月再次访华并正式签署《中英联合声明》的撒切尔夫人得到了中方的隆重接待，并再次见到了曾经的对手——邓小平。撒切尔夫人说道："从历史的观点看，'一

1982年9月24日，邓小平会见访华的英国首相撒切尔夫人，阐述了"一国两制"的构想和中国政府解决香港问题的基本立场。

1984年12月19日，邓小平出席《中英关于香港问题的联合声明》的签字仪式，同英国首相撒切尔夫人举杯相互祝贺。

国两制'是最富天才的创造，这个构想看起来是个简单的想法，但却是充满想象力的构想，是解决香港问题的关键，是我们达成协议的关键。"面对撒切尔夫人的赞誉，邓小平平静地回答说："如果'一国两制'的构想是一个对国际上有意义的想法的话，那要归功于马克思主义的辩证唯物主义和历史唯物主义，用毛泽东主席的话来说就是实事求是。这个构想是在中国的实际情况下提出来的。"

这就是邓小平！他从不强调自己的功绩，从不炫耀自己的历史。他默默地运用自己的经验和智慧，付出自己的心血，为中华民族谋取幸福和未来。

1989年，邓小平主动要求离开了党和国家的领导岗位，过上了恬静的退休生活。虽然已经退休，但邓小平还是心系香港，他十分希望能够在香港回归后到香港看一看。然而，自然规律往往不以人的意志为转移，1997年2月19日晚，93岁高龄的邓小平离开了人世。邓小平带着遗憾走了，他没有等到香港回归的那一天，没有实现亲自到香港走一走、看一看的愿望，这不仅是他的遗憾，也是全国人民包括香港人民的遗憾。当1997年中华人民共和国国旗在香港的土地上缓缓升起时，人们无不思念着邓小平，感谢邓小平提出了"一国两制"这一创造性的构想。

随着香港问题的解决，邓小平认为澳门问题也应该在20世纪内得到合理解决。这是历史赋予中国共产党的使命。澳门回归，也是邓小平"一国两制"伟大构想的又一个光辉实践。

1984年10月6日，邓小平在接见澳门知名人士马万祺时阐述了解决澳门问题的原则："澳门问题也将按照解决香港问题那样的原则来进行。"这无疑是一次富有远见的决定。香港问题的解决模式给中国统一带来了新的方式，这个方式可以运用在类似的统一问题上，而澳门就是其中之一。

1986年6月30日，中葡双方在北京开始就澳门问题举行谈判。谈判的氛围较之中英香港谈判不同，气氛较为融洽。因为中国和葡萄牙两国在澳门主权的问题上分歧不大。经过协商，1987年4月13日，《中葡关于澳门问题的联合声明》在北京人民大会堂正式签署。《联合声明》宣布：澳门地区是中国领土，中华人民共和国政府将于1999年12月20日对澳门恢复行使主权。

澳门问题的解决是"举一反三"思维的结果，邓小平曾经自己解释过这件事。1987年4月13日，邓小平会见葡萄牙总理卡瓦科·席尔瓦时说，我们考虑用何种方式解决香港、澳门和台湾问题的立足点是："……解决澳门问题不仅要符合中国的利益，还要符合葡萄牙的利益和澳门的利益……我们经过较长时间的考虑,从解决台湾问题着手,提出了'一国两制'的构想。受台湾问题的启发,我们考虑用同样的方式解决香港、澳门问题。"

邓小平在这次谈话中,点明了"一国两制"的历史作用,他说:"看来,用'一国两制'方式解决这类问题是成功的,为解决国际争端、消除热点问题提供了经验。"

香港顺利回归后不久,澳门也回到了祖国的怀抱。伴随着五星红旗一次又一次的升起,中华儿女无不心怀喜悦,扬眉吐气。但人们的心中仍存遗憾,因为,为香港、澳门回归工作呕心沥血、耗神费思的邓小平,并没有实现自己"就是坐着轮椅也要去看一看"的愿望……

一个国家,两种制度,是人类社会发展史上的一个新生事物,体现了邓小平高超的政治智慧和天才创造力。它从构想成为现实,开创了曾经被认为是两种不可调和的政治制度在一个国家内和平共处,共同繁荣发展的先河,也为用和平方式解决国际争端提供了范例。

【评价】

小平同志"一个国家,两种制度"这样一个构想,是前人没有的。在这个总的方针下,解决台湾问题一系列的政策,都是经过小平同志批准的,有的还是他亲自提出来的。他盼望祖国统一的急切心情,不是我们一般的词语所能形容的。

——中共中央对台工作领导小组原办公室主任杨斯德

他运用"一国两制"成功解决香港问题,这无论对中国、英国、香港本身或是对世界都是最圆满的结果。

——英国前首相希思

在香港问题上他既是爱国者又是现实主义者。香港必须归还中国,而且按照庄严的条件归还中国;英国的管理时间不可能延长。但是,一旦认可那个条件,他还是灵活的。"一国两制"的概念使得有可能签署《联合声明》和精心规定保护香港的生活方式。

——英国前驻华大使柯利达

1987年4月13日，邓小平出席中国和葡萄牙政府《关于澳门问题的联合声明》签字仪式。邓小平与葡萄牙总理席尔瓦举杯庆贺。

小平作为一个伟大的政治家，看问题看得深、看得透，有高度的预见性。我记得他反复地告诫大家，说千万不要认为1997年之后一切事情都万事大吉了。从香港的现实情况来看，证明了当年小平同志的远见卓识。

——新华通讯社香港分社原社长周南

他的功绩和人格魅力让我们折服，我们都是邓公"一国两制"、"港人治港"、高度自治方针政策的受惠者，香港人应当不负邓公的一番美意，把香港建设得更好。

——全国人大常委会香港基本法委员会委员刘乃强

六、"看准了的,就大胆地试,大胆地闯"

改革开放胆子要大一些,敢于试验,不能像小脚女人一样。看准了的,就大胆地试,大胆地闯。

——邓小平

中央没有钱,可以给些政策,你们自己去搞,杀出一条血路来。

——邓小平

当改革开放遇到问题,遭到质疑的时候,邓小平总是第一个站出来肯定改革,鼓励人们大胆地试,大胆地闯。

20世纪80年代末90年代初,国际国内出现了一些政治风波,中国面临着到底向哪里去的大问题。此时,党内和社会上对改革开放的理论和实践产生了颇多争论,有人甚至对每一项改革开放的措施都要问一问姓"社"还是姓"资"。中国今后往何处去?是继续改革开放,还是退回到原来的老路?困惑人们思想的诸多问题亟待回答和澄清。

这是中国发展的一个关键时刻。随着冷战格局彻底结束,世界的发展呈现出多极化趋势。同时经济全球化迅猛发展,为加快发展和扩大开放提供了广阔空间和便利条件。挑战和机遇同时出现,中国能不能及时抓住有利条件,必须尽快作出决断。

1992年中国改革开放到了一个重要的时间节点,万众瞩目的党的十四大即将召开。党的十四大将怎样谋划中国社会主义的发展前景,举什么旗,走什么路,需要充分的理论准备和思想准备。这一年的春天,邓小平视察南方并发表了著名的南方谈话。88岁高龄的邓小平,再一次用自己的魄力和智慧,为中国明确了发展道路。

邓朴方回忆这段往事时,曾动情地说:1992年老爷子是把命拼上了。你看他讲话多激动、多频繁、多恳切、多用心!他是真真正正付出了自己的感情。对国家而言,老爷子是完完全全付出了自己的所有。在南方,他几乎把自己最后一点精气神都用完了。从南方回家后,老爷子的身体很快就垮了,并且一直没有缓过来,老爷子这真是"春蚕到死丝方尽"。

1992年初,邓小平视察武昌、深圳、珠海、上海等地并发表重要谈话,明确回答了困扰和束缚人们思想的许多重大认识问题。

曾经带领中国人民跨越一个又一个险阻，解决一道又一道难题的邓小平，意识到当时中国面临的严峻形势和紧迫任务，他有话要说。

1992年1月17日，一趟专列从北京驶出，向南开去。乘坐这趟专列的是邓小平。邓小平在出发前，仅仅告诉身边的人自己要到南方休假。谁也没料到，此次南方之行将被载入史册，并带动新一轮改革开放和经济建设的加速发展。带领中国人民继续推进改革，继续开拓道路，邓小平义无反顾。

18日上午10点31分，火车经停武昌。面对湖北省委的同志，邓小平有话要交代。

中国搞改革已经有几个年头，各个方面都取得了良好的进展，形势喜人。但随着改革的持续推进，个别同志的思想跟不上改革的进度，在思想上想不通，对改革开放提出了疑问。面对这种情况，邓小平十分忧心，他深知，改革的事业正如"逆水行舟，不进则退"，决不能放慢脚步。对此，邓小平强调，"发展才是硬道理"，"能快就不要慢"，"不坚持社会主义，不改革开放，不发展经济，不改善人民生活，只能是死路一条"。

针对当时出现的形式主义问题，他认为如果没有新的东西，在一些会议和工作上可以精简一些，关键还是要有新意。他说："电视一打开，尽是会议。会议多，文章太长，讲话也太长，而且内容重复，新的语言并不很多。重复的话要讲，但要精简。形式主义也是官僚主义。要腾出时间来多办实事，多做少说。"

邓小平还十分重视对党的事业的"新生力量"的培养，这一次，他对培养年轻干部提出了要求。他说："现在还要继续选人，选更年轻的同志，帮助培养。不要迷信。我二十几岁就做大官了，不比你们现在懂得多，不是照样干？！""我们这些老人关键是要不管事，让新上来的人放手干。"

湖北省委的同志陪同邓小平在500米左右长的站台上边散步边谈心，邓小平强调要坚持改革开放不动摇，抓住时机，加快发展。据湖北省委原书记关广富回忆，他们在站台上来回走了四趟，一共停下来六次。

1月19日上午9点，列车停在了深圳站的月台。千里迢迢，舟车劳顿，但是邓小平却毫无倦意。他说，到了深圳，我坐不住啊，想到处去看看。广东省委的同志赶紧备好车，陪同邓小平到深圳市区视察。车子在市区缓缓穿行，八年前这里还是水田、鱼塘、羊肠小路、低矮的房舍，现在，宽阔的马路纵横交错，成片的高楼耸入云端，到处充满了现代化的气息。邓小平看到这繁荣兴旺、生机勃勃的景象，十分高兴。

"不搞争论，是我的一个发明。"邓小平曾经这样评价自己在十一届三中全会中的工作。这一次，邓小平在南方，再次重申了这个"发明"。邓小平在车上谈到了特区姓"资"姓"社"的问题。他说："对办特区，从一开始就有不同意见，担心是不是搞资本主义，深圳的建设成就，明确回答了那些有这样那样担心的人。特区姓'社'，不姓'资'。……有的人认为，多一分外资，就多一分资本主义，'三资'企业多了，就是资本主义的东西多了，就是发展了资本主义。这些人连基本常识都没有。"

1月22日上午，邓小平到深圳仙湖植物园视察。他饶有兴趣地参观了植于室内的各种珍奇植物，并在仙湖畔种下一棵高山榕树。当地人把高山榕树也称为"发财树"，邓榕风趣地对父亲说："以后咱们家也种一棵。"邓小平深情地说："让全国人民都种，让全国人民都发财。"

22日下午，邓小平对广东省和深圳市负责人说："改革开放胆子要大一些，敢于试验，不能像小脚女人一样。看准了的，就大胆地试，大胆地闯。深圳的重要经验就是敢闯。没有一点闯的精神，没有一点'冒'的精神，没有一股气呀、劲呀，就走不出一条好路，走不出一条新路，就干不出新的事业。""你们要搞快一点"，是邓小平离开深圳前的最后一句话，看起来似乎有些偶然和随意，实际上是他在思想感情上的真诚流露。这既是对深圳的嘱托，反映了对深圳的殷切期望，更是对加快全国改革开放步伐的全面要求。

1月23日，邓小平结束了在深圳五天的考察。登上了海关902快艇，启程到珠海特区考察。快艇行驶了一个多小时后靠岸。邓小平在广东省和珠海市主要负责同志的陪同下游览珠海城市景观。

1月25日上午9点35分，邓小平来到珠海市高新技术企业亚洲仿真控制系统工程有限公司参观。邓小平感慨地对科技人员说："要提倡科学，靠科学才有希望。近十几年来我国科技进步不小，希望在九十年代，进步得更快。每一行都树立一个明确的战略目标，一定要打赢。高科技领域，中国也要在世界占有一席之地。"邓小平一如既往地重视着中国科技的发展，他高屋建瓴地指出科技在综合国力中的重要地位。也正是在邓小平的推动下，中国在科技领域，包括航空航天、生物、物理等，都取得了重大的研究成果。中国的科研水平，逐渐在世界占有一席之地。

邓小平在视察南方过程中发表的系列重要谈话，对中国的改革开放，对整个社会主义现代化建设事业，都有着重大而深远的意义。对邓小平本人来说，南方谈话相当于自己最后的政治交代。

1992年1月22日，邓小平在深圳仙湖植物园种下了一棵高山榕。当人们说到高山榕别称"发财树"时，他风趣地说："让全国人民都种，让全国人民都发财。"

邓小平的南方谈话在全国掀起了新一轮改革开放的热潮。歌曲《春天的故事》成为反映那个时代的响亮旋律。勤劳勇敢的中国人民沿着邓小平开拓的道路奋力前行，迈向美好的明天。

【评价】

这段春天的故事，历史给予邓公的时间虽然不多，但邓公奉献给中华民族和世界的，却是如此丰富、博大和泽润深远。

——香港中华总商会原会长曾宪梓

"你们要搞快一点"，是小平同志离开深圳前留给我们的最后一句话，看起来似乎有些偶然和随意，实际上是小平同志思想感情的自然流露。这既是对深圳的嘱托，反映了对深圳的殷切期望，更是高瞻远瞩、运筹帷幄，对加快全国改革开放步伐的全面要求。

——深圳市委原书记李灏

七、创立崭新理论

我坚信,世界上赞成马克思主义的人会多起来的,因为马克思主义是科学。

——邓小平

什么叫社会主义,社会主义总是要表现它的优越性嘛。干社会主义,要有具体体现,生产要真正发展起来,相应的全国人民的生活水平能够逐步提高,这才能表现社会主义制度的优越性。

——邓小平

不坚持社会主义,不改革开放,不发展经济,不改善人民生活,只能是死路一条。

——邓小平

2012年12月8日,中共中央总书记习近平来到深圳莲花山公园,向邓小平铜像敬献花篮。习近平总书记指出,中国发展的实践证明,当年邓小平同志指导我们党作出改革开放的决策是英明的、正确的,邓小平同志不愧为中国改革开放的总设计师,不愧为中国特色社会主义道路的开创者。为什么说邓小平开创了中国特色社会主义?关键就在于:第一次比较系统地初步回答了在中国这样经济文化比较落后的国家如何建设社会主义、如何巩固和发展社会主义的一系列基本问题,用新的思想观点,继承和发展了马克思主义,开拓了马克思主义新境界,把对社会主义的认识提高到新的科学水平。开创就开创在这里。

1986年9月2日,邓小平在接受美国哥伦比亚广播公司《六十分钟》节目记者迈克·华莱士电视采访时曾说:"我是个马克思主义者。我一直遵循马克思主义的基本原则。"马克思主义的基本原则的重要一条,就是要用辩证唯物主义的视角和观点来分析问题、解决问题,邓小平是当之无愧的马克思主义者,他眼界开阔、多谋善断,无论是在宏观的国家战略上,还是在微观的民生问题上,他都能正确判断形势,合理作出选择。

邓小平并不是一位哲学家,但他确确实实是一位有着丰富而深刻的哲学思维和智慧

1986年9月2日,邓小平接受美国记者华莱士电视采访。

的政治家、革命家，他的语言和实践无不充满唯物辩证主义的光辉，他善于用发展的观点看问题，总能从事物的发展中找到本质性的东西和问题的突破口。

邓小平理论正是从他领导的改革开放的实践中提炼出来的。邓小平理论为马克思主义理论宝库增添了极为重要的新内容，并且使中国共产党人对社会主义的认识有了许多"开创性"的新观点。

邓小平开创性地揭示了社会主义的本质是解放生产力，发展生产力，消灭阶级，消除两极分化，最终达到共同富裕。1977年邓小平复出后，开始考虑什么是社会主义、怎样在中国建设社会主义的问题。他多次在不同的场合反复追问：什么叫社会主义，它比资本主义好在哪里？社会主义不是比资本主义优越吗？人民生活水平不是改善而是后退叫优越性吗？我们要想一想，我们给人民究竟做了多少事情呢？经过深入反思，邓小平明确了我国社会主义建设多年来屡遭挫折、社会主义制度优越性难以发挥的根本原因，就在于我们一味强调"以阶级斗争为纲"，没有把发展生产力作为社会主义建设的根本任务来抓。邓小平明确提出了社会主义首先要发展生产力的思想。邓小平在1980年4月至5月之间，曾多次提到"社会主义首先要发展生产力"，他说："根据我们自己的经验，讲社会主义，首先就要使生产力发展，这是主要的。只有这样，才能表明社会主义的优越性。社会主义经济政策对不对，归根到底要看生产力是否发展，人民收入是否增加。这是压倒一切的标准。空讲社会主义不行，人民不相信。"这是邓小平总结国内外经验得出的一个重要结论。

邓小平开创性地指出，贫穷不是社会主义。1985年4月15日，邓小平在会见坦桑尼亚联合共和国副总统姆维尼时说："从一九五八年到一九七八年这二十年的经验告诉我们：贫穷不是社会主义，社会主义要消灭贫穷。不发展生产力，不提高人民的生活水平，不能说是符合社会主义要求的。"在对社会主义的前途和命运的严肃反思中，邓小平发现中国面临的一大问题是要解决贫困。1978年9月，邓小平在东北视察时曾经这样毫不避讳地说过：我们太穷了，太落后了。外国人议论，中国人究竟还能忍耐多久，很值得我们注意。我们的人民是好人民，忍耐性已经够了。我们现在必须发展生产力，改善人民的生活条件。

邓小平开创性地提出社会主义初级阶段理论，明确指出，中国的发展必须立足于社会主义初级阶段的实际。1987年邓小平在会见意大利共产党领导人约蒂和赞盖里时说："我们党的十三大要阐述中国社会主义是处在一个什么阶段，就是处在初级阶段，是初级阶段的社会主义。"所以，在1992年邓小平语重心长地嘱托人们："如果从建国起，用一百年时间把我国建设成中等水平的发达国家,那就很了不起!从现在起到下世纪中叶,将是很要紧的时期,我们要埋头苦干。我们肩膀上的担子重,责任大啊!"邓小平关于社会主义初级阶段的重要论述,使我们在思想认识上和改革举措上的很多重大突破有了理论依据,能够更加大胆地把改革的理论和实践向前推进。

邓小平开创性地阐明了社会主义的发展动力,明确指出,改革是中国发展生产力的必由之路。1985年8月28日,邓小平在会见津巴布韦非洲民族联盟主席、政府总理穆加贝时说:"我们拨乱反正,就是要在坚持四项基本原则的基础上发展生产力。为了发展生产力,必须对我国的经济体制进行改革,实行对外开放的政策。"

邓小平开创性地提出,社会主义也可以搞市场经济。这完全是老祖宗没有讲过的话。过去一直认为,计划经济是社会主义最主要的标志之一,而市场经济就是资本主义。固守这一点,是影响社会主义国家经济发展的主要体制障碍。究竟社会主义能不能搞市场经济?这是当时长期争论不休、阻碍改革推进的大问题。邓小平没有回避这个问题。1979年11月26日,邓小平在会见美国不列颠百科全书出版公司编委会副主席吉布尼和加拿大麦吉尔大学东亚研究所主任林达光等人时说:"社会主义为什么不可以搞市场经济,这个不能说是资本主义。我们是计划经济为主,也结合市场经济,但这是社会主义的市场经济。"邓小平还明确指出,计划与市场都是手段,不是区分不同社会制度的标志。1985年10月23日,邓小平在会见美国时代公司组织的美国高级企业家代表团时说:"社会主义和市场经济之间不存在根本矛盾。问题是用什么方法才能更有力地发展社会生产力。我们过去一直搞计划经济,但多年的实践证明,在某种意义上说,只搞计划经济会束缚生产力的发展。把计划经济和市场经济结合起来,就更能解放生产力,加速经济发展。"

中国的社会主义建设是前无古人的全新的事业,在开创中国特色社会主义的道路上,需要面对许多阻力和干扰,需要迎接风险和挑战。在改革开放的伟大征程中,邓小平带领党和人民勇敢迎接各种困难和挑战,克服各种艰难险阻,走上了一条国家强盛和民族复兴的通衢大道,他为中国的建设和发展付出了全部心血。

敢为天下先,不因循守旧,不拘于成见,不囿于常规,创造性地运用马克思主义的基本原理创立新的理论,解决中国面临的一个个重大现实问题。这就是邓小平。

第四章 开拓创新 | 197

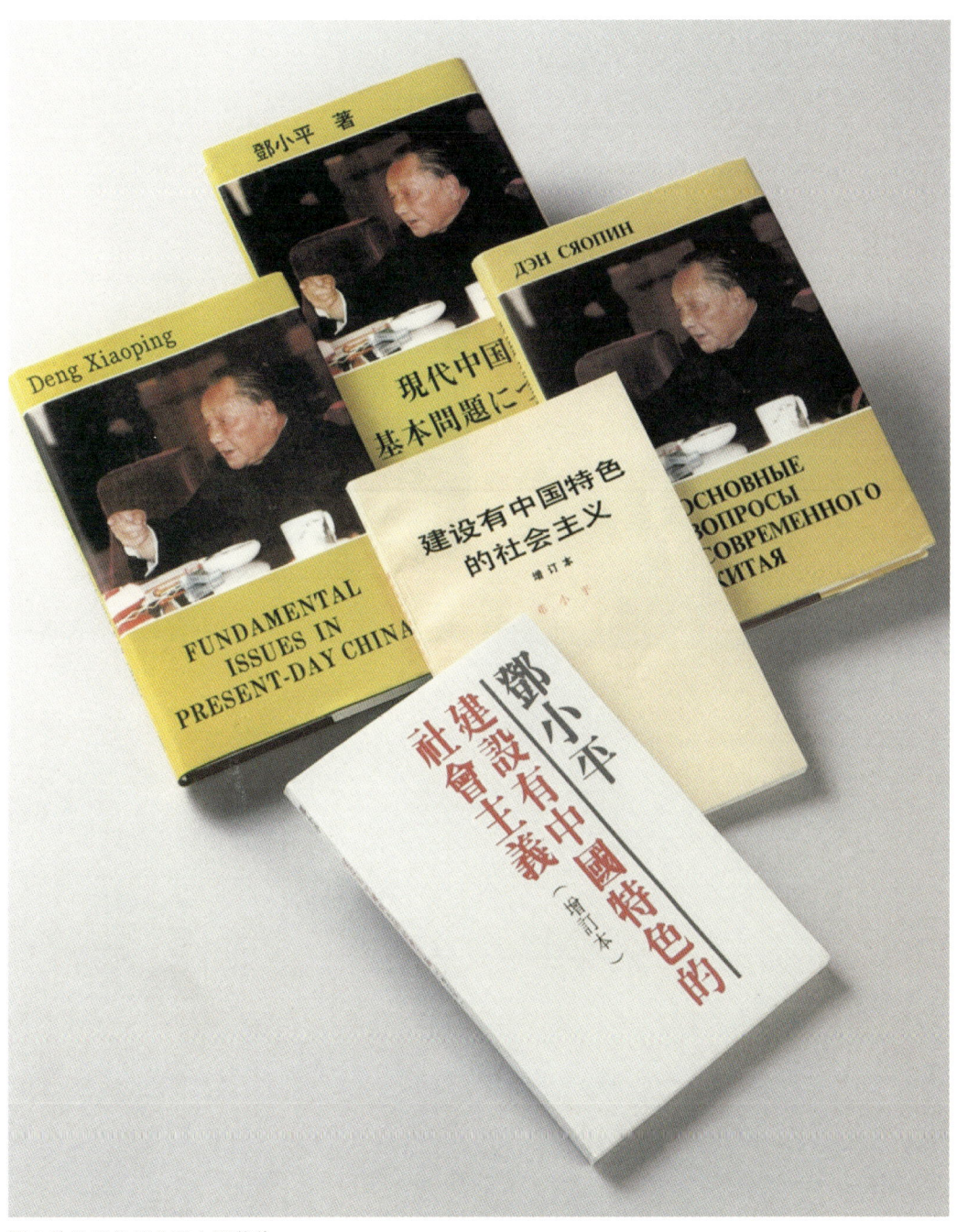

国内外出版的部分邓小平著作。

【评价】

邓小平的首创行动在建立今天经济蓬勃发展和获得成功的中国方面起了关键的作用。

——英国前首相梅杰

邓小平是20世纪世界上最伟大的人物之一,也是我最敬佩的伟人之一。

——美国前总统卡特的国家安全事务助理布热津斯基

邓小平的笑容、话语和精神,足以给改革者以信心,去冲撞一切旧体制的束缚,突破僵化,革故鼎新。他的指示成为众多变革的合法性来源,"邓小平"三字就代表了改革力量的总后台和精神支柱。

——美国学者傅高义

我们纪念邓小平同志，就要学习他高瞻远瞩的战略思维。战略思维，是邓小平同志一生最恢宏的革命气度，也永远是中国共产党人应该树立的思维方式。

邓小平同志思想敏锐、目光远大，多谋善断、举要驭繁，总是站在国内大局和国际大局相互联系的高度审视中国和世界的发展，善于从全局上思考问题，善于在关键时刻作出战略决策。进入改革开放新时期，邓小平同志洞察国内外发展大势，作出了一系列事关党和国家事业长远发展、事关社会主义前途命运的重大战略决策。

邓小平同志深刻分析当今时代特征和世界大势，指出："现在的世界是开放的世界"，"总结历史经验，中国长期处于停滞和落后状态的一个重要原因是闭关自守。经验证明，关起门来搞建设是不能成功的，中国的发展离不开世界"。同时，邓小平同志高度珍惜并坚决维护中国人民经过长期奋斗得来的独立自主权利，告诫人们："中国的事情要按照中国的情况来办，要依靠中国人自己的力量来办。独立自主，自力更生，无论过去、现在和将来，都是我们的立足点。""任何外国不要指望中国做他们的附庸，不要指望中国会吞下损害我国利益的苦果。"

邓小平同志高度关注世界和平与发展问题，提出"应当把发展问题提到全人类的高度来认识，要从这个高度去观察问题和解决问题"。他关注广大发展中国家的命运，强调我们搞的是主张和平的社会主义，"中国和所有第三世界国家的命运是共同的。中国永远不会称霸，永远不会欺负别人，永远站在第三世界一边"。他强调，要反对任何形式的霸权主义，维护世界和平。

战略问题是一个政党、一个国家的根本性问题。战略上判断得准确，战略上谋划得科学，战略上赢得主动，党和人民事业就大有希望。我们要学习邓小平同志"放眼世界，放眼未来，也放眼当前，放眼一切方面"的世界眼光和战略思维，学习他善于抓住关键、纲举目张的思想方法和工作方法，站在时代前沿观察思考问题，把党和人民事业放到历史长河和全球视野中来谋划，以小见大、见微知著，在解决突出问题中实现战略突破，在把握战略全局中推进各项工作。

——习近平在纪念邓小平同志诞辰110周年座谈会上的讲话（2014年8月20日）

第五章 战略思维

邓小平善于用马克思主义的宽广眼界观察世界,深刻把握时代脉搏,敏锐洞察世界大势。他立足全局,放眼未来,思考和制定中国的发展战略,表现出政治家深邃的战略眼光和非凡的远见卓识。

一、"我讲的东西都不是从小角度讲的"

不管对现在还是对未来,我讲的东西都不是从小角度讲的,而是从大局讲的。

——邓小平

最重要的问题是要胸襟开阔。要从大局看问题,放眼世界,放眼未来,也放眼当前,放眼一切方面。

——邓小平

熟悉邓小平讲话的人,会发现他爱讲"大局",善讲"大局"。他自己也曾说:"不管对现在还是对未来,我讲的东西都不是从小角度讲的,而是从大局讲的。"面对极为复杂的社会现实,能够发现大局,把握大局,这反映出邓小平敏锐的观察、分析、判断能力,卓越的战略思维。

邓小平的"大局",很多时候指的是全局。关于全局与局部的辩证关系,邓小平有过深刻阐述:全体是由局部组成的,局部是在全体中的局部,全体和局部缺一不可。要提倡顾全大局。有些事从局部看可行,从大局看不可行;有些事从局部看不可行,从大局看可行。归根到底要顾全大局。他本人也是顾全大局的典范。例如,对如何评价毛泽东历史功

邓小平与毛泽东在一起。

过问题，邓小平决不从个人恩怨计较，而是着眼于党和国家的大局。他指出："对毛泽东同志的评价，对毛泽东思想的阐述，不是仅仅涉及毛泽东同志个人的问题，这同我们党、我们国家的整个历史是分不开的。要看到这个全局。""否定毛主席，就是否定了中华人民共和国，否定了整个这一段历史。所以，有好多问题应该从大局着眼，不能搞得太细。"

邓小平的"大局"，另一个含义是抓主要矛盾的主要方面，即抓重点。这一点，最突出的就是他强调经济建设是"中心"和"大局"，其他一切工作要围绕这个"中心"，服从这个"大局"。邓小平认为，离开了经济建设这个中心，就有丧失物质基础的危险。他说："现在就是要硬着头皮把经济搞上去，就这么一个大局，一切都要服从这个大局。"

邓小平的"大局"观，还有一种体现，就是他的高瞻远瞩。他曾这样说过："最重要的问题是要胸襟开阔。要从大局看问题，放眼世界，放眼未来，也放眼当前，放眼一切方面。"正是依靠他的长远目光，中国巨轮规避了许多潜在的冰山。例如，他很早就看出培养人才的重要性："中国的事情能不能办好，社会主义和改革开放能不能坚持，经济能不能快一点发展起来，国家能不能长治久安，从一定意义上说，关键在人。……要注意培养人，要按照'革命化、年轻化、知识化、专业化'的标准，选拔德才兼备的人进班子。我们说党的基本路线要管一百年，要长治久安，就要靠这一条。真正关系到大局的是这个事。"

特别能体现出邓小平在战略思维中的"大局"观的，是他倡导建立并始终坚持的对外开放政策。

邓小平站在国际与国内大局相互联系的高度，思考和制定中国的发展战略。他提出"中国的发展离不开世界"，强调"对外开放具有重要意义，任何一个国家要发展，孤立起来，闭关自守是不可能的，不加强国际交往，不引进发达国家的先进经验、先进科学技术和资金，是不可能的"，把对外开放确立为基本国策。中国打开尘封已久的国门，全方位对外开放，以前所未有的巍然雄姿融入世界发展的浩荡潮流。

1978年，被称为中国改革开放的元年。这时的世界，欧、美、日等发达资本主义国家，经过新技术革命的洗礼和十几年的高速发展，现代化发展进入了新的高度。而这时的中国，在经历了美国等西方资本主义国家长达近三十年的封锁、禁运和"文化大革命"十年内乱的封闭、半封闭状态后，也开始发生积极的变化，实现现代化再度成为全党全民的目标。

在中国这样一个贫穷落后、人口众多的东方大国，如何进行现代化建设？邓小平的回答是：现在是我们向世界先进国家学习的时候了。我们要好好学习，到外国去看一看。他说："独立自主不是闭关自守，自力更生不是盲目排外。科学技术是人类共同创造的财

1978年10月，邓小平应邀访问日本，出席《中日和平友好条约》批准书互换仪式。抵达东京时，邓小平在日本首相福田赳夫的陪同下检阅仪仗队。

1978年11月，邓小平应邀访问新加坡，在机场与新加坡总理李光耀亲切握手。

富。任何一个民族、一个国家，都需要学习别的民族、别的国家的长处，学习人家的先进科学技术。"

1978年10月22日，邓小平出访日本。这是中华人民共和国成立后中国国家领导人首次访问日本。完成了《中日和平友好条约》批准书换文仪式后，邓小平开始考察日本经济和社会的发展情况。在短短的几天时间里，邓小平先后参观了日本多家大型企业。他说：我懂得什么是现代化了。中国的经济发展要比世界落后20年，我们要努力学习外国的一切先进经验和先进技术。

10月26日，一艘有140个座位的新型气垫船从东京的海湾码头出发，载着74岁的邓小平去了日本钢铁之城君津。这里有新日本钢铁公司最大的一座钢铁厂，同时也是当时世界上最先进的钢铁企业——君津制铁所。当时的中国钢铁工业发展水平与日本等发达国家相比存在着巨大差距。在赴日访问的前一个月，邓小平在东北视察鞍钢时就指出："凡是引进的技术设备都应该是现代化的。""我们要以世界先进的科学技术成果作为我们发展的起点，我们要有这个雄心壮志。"在君津制铁所，邓小平亲眼看到，由于全自动化生产，许多车间里几乎看不到一个工人。邓小平问新日铁公司的董事长稻山嘉宽，能不能帮中国建设一个像君津制铁所一样好的钢铁厂。稻山嘉宽回答：当然可以。这个"像君津制铁所一样好的钢铁厂"就是后来的宝钢。1978年底，就在邓小平访问日本两个月后，上海宝山钢铁总厂破土动工。除了部分设备和技术从联邦德国引进，宝钢全部委托日本新日铁公司进行设计，几乎完全按照日本先进钢铁企业的模样，这是新中国成立以后引进技术项目最多、范围最广、水平最先进的特大工程。

宝钢工程计划投资200亿元人民币，其中包括20亿美金外汇。而在1977年，我国外汇储备仅有76亿美元。宝钢要花200个亿，相当于全国10亿人口人均20元。当时，一个普通工人的月工资只有30元左右。一时间，各种议论扑面而来，宝钢遭受了巨大争议，有人说，国家花巨资"平"了一个现代化。面对争议，邓小平坚定地说："国内对宝钢议论很多，我们不后悔，问题是要搞好。""历史将证明，建设宝钢是正确的。"经过五年艰苦建设，宝钢一号高炉综合联动终于试车成功，这是当时我国容积最大、技术最先进的大型高炉。渡过初创时的坎坷，宝钢从此走上了发展壮大之路。我国的钢铁工业也以宝钢为新起点，进入了一个新的历史时期。

1978年11月5日，出访日本短短一个星期后，邓小平开始访问泰国、马来西亚和新加坡三个国家。邓小平对于新加坡这个小小岛国的崛起深感震动，他说，中国要学习新加

1979年1月,邓小平在卡特总统举行的欢迎仪式上发表讲话。

坡的做法，要把新加坡的"经"取到中国。

1979年1月28日，农历己未年的春节。按照中国人的传统习俗，大年初一不出远门，但75岁的邓小平这天清晨就冒着严寒出发了。他要前往的目的地，是万里之遥的国度——美利坚合众国。邓小平是中华人民共和国成立以来第一位率团正式访问美国的国家领导人。

从1月28日到2月5日，邓小平对美国进行了为期九天的访问。这九天里，他争分夺秒、不知疲倦地走访美国各地，同各界人士广泛接触交流。有人统计，访美九天，他出席了近80场会谈、会见等活动，参加了约20场宴会或招待会，发表了22次正式讲话，并八次会见记者或出席记者招待会。美国人第一次近距离领略了新中国领导人的风采。邓小平所到之处，都受到热烈欢迎。有2000多名各国记者跟踪报道，美国三大全国性电视网的黄金时间都变成了"邓小平时间"。邓小平的战略家风度和政治魅力深深吸引了美国人民。

这次历史性的访问，对中美两国，乃至整个世界，都产生了深刻影响。

对中国而言，中美建交打开了全新的外交局面。不仅美国，追随美国的许多国家也与中国改善关系，中国在联合国的作用也大大加强，这进一步增强了中国的国际地位，为保障国家安全、争取和平的外部环境创造了良好条件，有利于国内建设的顺利开展。中美之间在政治、经济、科技等方面的合作迅速上升，中国能够直接从世界上最发达的国家引进技术、资金，学习先进管理经验，进行对外贸易，这成为中国推进改革开放事业的重要助力。通过美国之行，邓小平进一步了解了世界现代化的实际情况，大大丰富了改革开放的设计蓝图。

邓小平不仅提出和推动引进国外先进技术和设备、利用国外资金，还明确提出要大胆引进国外智力。1979年6月，84岁的松下幸之助来到中国，成为第一位访问新中国的国际级企业家。在与邓小平会谈时，松下幸之助说："中国推进现代化建设需要综合艺术家。前天，我看了京剧《孙悟空大闹天宫》，孙悟空神通广大。经营管理者也应该像孙悟空那样神通广大才行。"邓小平回应："中国的现代化建设缺少孙悟空。"这句话反映了当时中国的现状：搞现代化建设，既缺少经验，又缺少知识。如何解决这个问题？邓小平给出的答案是：要利用外国智力，请一些外国人来参加我们的重点建设以及各方面的建设。

1983年7月8日，邓小平专门就利用外国智力问题发表重要谈话，他对万里、姚依林等人说："不要怕请外国人多花了几个钱。他们长期来也好，短期来也好，专门为一个题目来也好。请来之后，应该很好地发挥他们的作用。"根据邓小平的谈话精神，中共中央、国务院相继作出一系列引进外国人才的措施。

1979年1月访问美国期间,邓小平在华盛顿肯尼迪中心观看美国艺术家演出,演出结束后邓小平走上舞台祝贺小演员演出成功。

邓小平接受费城坦普尔大学授予的名誉法学博士学位证书。

1984年11月，德国专家威尔纳·格里希出任武汉柴油机厂厂长，成为中国第一位洋厂长。格里希将"质量管理"的理念带入武柴，迅速在全国掀起了引进国外管理人才的新风潮。1985年，国务院又聘请新加坡前第一副总理吴庆瑞博士和香港著名企业家包玉刚，担任沿海开发经济顾问。邓小平说："搞现代化建设，最重要的是知识和人才。我们最大的弱点恰恰在这里，知识不足，人才不足。我们请你们来，就是请你们提供知识。不仅请你们来，还要广泛地请发达国家退休的专家、技术人员来帮助我们工作，他们来当顾问或到企业里担任实职都可以。"这一年，应聘来华的技术和管理专家从1984年的300人增加到1102人。外国专家在宏观决策、技术改造等各个建设领域都发挥了积极作用。

邓小平超前、活跃的战略思维，为中国带来了新的希望。在他的带领下，中国人拓宽视野，解放思想，不断突破禁区。国际社会日益强烈地感到，中国正以积极的姿态融入世界。邓小平为中国的现代化建设争取了有利的国际条件，也为维护世界和平和人类进步事业作出了巨大贡献。

【评价】

邓小平是一位具有领导力和决断力的伟大政治家，他是中国改革开放路线的先驱者，中国将按照他制定的方针进一步发展下去。

——日本前内阁官房长官二阶堂进

邓小平是一位战略大师，世界上没有几个领导人能像他那样具有全球眼光。他不仅行事果断，而且大胆和富于想象力。邓总是从全球和战略的角度考虑问题。他具有把复杂的问题归纳成精辟的思想这样一种杰出的简化本领。

——美国东西方中心前主席奥克森伯格

邓小平先生将作为本世纪最伟大的政治家之一彪炳青史。他的卓识远见和务实作风不仅在中国而且在全世界产生了积极的影响，他的政策奠定了中国当代经济和社会进步及全球经济合作的基础，缓解了国际紧张局势。

——尼日利亚前国家元首阿巴查

邓小平是一位思路敏捷的世界伟人，具有敏锐的眼光和非凡的智慧，是一位意志坚定的人，忍辱沉浮都不能动摇他的政治信念和民族责任心。我认为中国的改革、经济成就和新型经济模式的建立，无一不与邓小平改革与开放的思想有关。

——墨西哥前总统埃切维利亚

1983年6月,邓小平会见出席北京科学技术政策讨论会的外籍专家。

二、"教育是一个民族最根本的事业"

教育要面向现代化，面向世界，面向未来。

——邓小平

教育是一个民族最根本的事业。四化建设的实现要靠知识、靠人才。政策上的失误容易纠正过来，而知识不是立即就能得到的，人才也不是一天两天就能培养出来的，这就要抓教育，要从娃娃抓起。

——邓小平

我们要千方百计，在别的方面忍耐一些，甚至于牺牲一点速度，把教育问题解决好。

——邓小平

教育对于提高民族素质、提高社会文明程度、促进经济发展和社会全面进步具有重要作用，是民族振兴的基石，是社会主义现代化建设的重要保障。当今世界国际竞争日趋激烈。世界范围内的竞争，在很大程度上表现为科学技术的竞争和民族素质的竞争。因此，教育的发展水平，是能否在未来的国际竞争中处于主动地位的关键。

邓小平总是站在国家和民族发展战略高度思考问题。他深谙没有掌握现代科学技术知识的人才，现代化建设寸步难行。他说："教育是一个民族最根本的事业"，"不抓科学、教育，四个现代化就没有希望，就成为一句空话"。

在历史转折的关键时刻，教育领域成为邓小平进行全面拨乱反正的突破口。

1977年8月18日，刚刚复出工作还不到一个月的邓小平，在教育部提交的《关于推迟招生和新生开学时间的请示报告》上作出批示："这是经过考虑，为了保证重点大学学生质量而商定的。拟同意。"在此后的四个月中，围绕招生考试工作，邓小平又先后作出了多份批示。正是这一组批示，使中断了十年的高等学校招生考试制度得到了恢复。1977年12月，共有570万考生走进了考场，27.3万人成为改革开放时期的第一批大学生。恢复高考成为邓小平领导全面拨乱反正，开创中国特色社会主义道路的突破口。

1977年，北京的大街小巷，人们的衣服大多还是白色、灰色、军绿色，但在他们心里，生活的色彩已经开始丰富起来。粉碎"四人帮"后，整个国家从"文化大革命"的泥沼中挣脱了出来，中国向何处去？复出伊始的邓小平把突破口瞄准了科学教育领域。此时，摆在他面前的是一个停滞了十年的教育困局。

十年在延绵不绝的历史长河中不过是一眨眼的瞬间，但对身处其中的一代年轻人来说，这是一段煎熬、痛苦的漫长时光。"文化大革命"开始后不久，高等学校招生考试制度即被废止。到1971年，全国教育工作会议规定：高等学校恢复招收新生，从初中毕业以上经过两年以上劳动锻炼的工农兵中招收。采用的是层层推荐的办法。由于废除了招生考试，工农兵学员的文化程度差别很大。在1972年的5月，北京市曾对11所高校进行调查，学员入学前的文化程度，初中以上的占百分之二十，初中的占百分之六十，相当于小学程度的占百分之二十。让文化水平如此参差不齐的工农兵学员在一间教室里上课，加上学制和教学大纲不正规，教学质量可想而知。时至1977年，内乱虽然已经过去，但社会百废待兴，人才极度匮乏。教育怎么搞，大学怎样办，也成了全社会关注的焦点之一。

1977年5月，尚未复出的邓小平就尖锐地指出："同发达国家相比，我们的科学技术和教育整整落后了二十年。"他比任何人都更迫切地感到中国教育制度改革的必要性。1977年7月，73岁的邓小平刚一复出，就作出了一个重要的决策。

1977年8月4日，在北京召开了一次富有传奇色彩的科学和教育工作座谈会，参加会议的人员是来自全国各地的33位著名科学家、教授，以及科学和教育部门的负责人，他们中年纪最大的已经82岁，其中很多人当时还戴着"反动学术权威"的帽子。8月4日清晨，代表们陆续进入会场。距离9点钟开会还有五分钟时间，邓小平满面春风地走了进来。他穿着草绿的军服，穿着布鞋。会议开始，邓小平开宗明义：请大家来，就是想听听意见。正值酷暑，但是炎热的天气没有阻挡邓小平的脚步。从8月4日起，73岁的邓小平每天上午9点前准时到会，中午稍稍休息，下午又来，晚上直到夜色朦胧才离开。与会的中国科学院软件研究所原所长许孔时回忆："这种平等的态度，这个精神，这是一致的，大家肯定的。"

这是一次史无前例的座谈会。没有事先准备好的长篇报告、讲话，从8月4日到8日，五天的会议全部是自由发言。交流中，邓小平求真务实、不拘一格的作风，显露无遗。当清华大学党委负责人忧虑地谈到，新招进的学生文化素质太差，许多学生只有小学水平，还得补习中学课程。邓小平插话道："那就干脆叫'清华中学''清华小学'，还叫什么大学！"

邓小平的真诚感动了与会专家，许多学者连夜赶写发言提纲，提出自己的意见和建议。随着探讨的深入，会议的焦点集中到了一个非常急迫而重要的问题——高等学校招生制度上。讨论在8月6日达到了顶峰。很多专家都发言谈到高考制度问题。其中最突出，引起人们思考的是武汉大学化学系的副教授查全性，他在前面很多人发言的基础上，作了一个系统发言，引起与会者强烈共鸣。专家们的一致意见使邓小平受到震动，他问坐在身边的教育部长刘西尧：今年就恢复高考还来得及吗？一言既出，举座皆惊。就在这次座谈会召开前夕，当年的全国高等学校招生会已经开过，招生办法依然沿用"自愿报名，群众推荐，领导批准，学校复审"十六字方针。也就是说，1977年按照老办法招生几乎已成定局。这时与会专家们纷纷建言，说宁可晚几个月招生，明年1、2月开学，咱们都得赶快恢复考试。如果不实行高考，今年又要按推荐的办法招来20多万人，好多不合适的，浪费就大了。听了大家的意见，邓小平就在当场作出了一个决断。他说：既然今年还有时间，那就坚决改嘛。把原来写的招生报告收回来，根据大家的意见重写。招生涉及下乡的几百万青年。要拿出一个办法来，既可以把优秀人才选拔上来，又不要引起波动。

8月8日，在科教座谈会结束时，邓小平再次明确宣布：今年就要下决心恢复从高中毕业生中直接招考学生，不要再搞群众推荐。从高中直接招生，我看可能是早出人才、早出成果的一个好办法。就这样，通过一个五天的科教座谈会，邓小平以最迅捷的方式了解到科教战线最真实的情况和最迫切的要求，又以超乎寻常的魄力和判断力，从善如流、果断拍板，作出了一个影响民族命运的关键决策。关于这一决策的重要性，甚至有专家提出，恢复高考可谓科学化民主化决策的典范，是邓小平拨乱反正、开创新局面的"一号决策"。

科教座谈会结束后，根据邓小平的意见，教育部很快报送了《关于推迟招生和新生开学时间的请示报告》，决定将高等学校和中专推迟到第四季度招生，录取新生次年2月底前入学，推迟三个月（包括寒假）。

决策是定下来了，但接下来的问题是如何实施？这个问题远比想象中困难。此时距离教育部制定的恢复高考时间仅有三个月，在当时的经济条件下，甚至印刷考试所需的上千万份考卷的纸张，都是非常棘手的问题。同时，恢复高考，原本指的是招收应届高中毕业生，但是十年积压的上千万社会知识青年怎么办？他们应该占多大的录取比例？这也是一个亟待解决的问题。很快，针对高考招生比例，邓小平在9月6日将教育部的一份书面报告批送中央其他领导同志，并亲笔附信说："招生问题很复杂。据调查，现在北京最

1977年8月,邓小平主持召开科学和教育工作座谈会,发表讲话。

邓小平与科学和教育工作座谈会参会人员合影。

好中学的高中毕业生,只有过去初中一年级的水平,所以至少百分之八十的大学生,须在社会上招考,才能保证质量。"根据邓小平的这份批示,教育部规定:凡是工人、农民、上山下乡和回乡知识青年、复员军人、干部和应届高中毕业生,符合条件的均可报考。此时,对于上千万在农村劳作的知青来说,面朝黄土背朝天的日子一过就是数年。生活的磨砺和劳动的艰辛早已让他们远离了昔日的梦想,放开报考条件的消息一经传来,对于他们而言,仿佛打开了一扇通往人生新阶段的大门,曾经的苦闷与彷徨,在这一刻被一扫而空,久违的学习热情被瞬间点燃。曾任中共中央文献研究室副主任,武汉大学中文系1977级的陈晋回忆道:"我当时在农村插队,我们那个知青点一得到这个消息,几乎是百分之八十有意愿要参加高考的人都请假了,就说要回家复习。在公社旁边有一个中学的图书馆里边,能够找到的书,都去借,相互之间借了还传阅。"

就在上千万知青为准备高考而埋头苦读的同时,邓小平又对招生的"自愿报考,单位同意,统一考试,择优录取"十六字方针提出了质疑。邓小平说:十六个字的建议比较好,"但第二句有点问题,比如考生很好,要报考,队里不同意,或者领导脾气坏一些,不同意报考怎么办?我取四分之三,不要这一句"。邓小平决定拿掉了这一句,从而为广大社会知识青年通过平等竞争上大学,创造了条件,让他们又可以重新追逐自己的梦想。

然而,好事多磨。在当时的社会政治背景下,恢复高考的决策,在执行中也并非一帆风顺。在当年第二次全国高校招生工作会议上,与会人员分歧很大,会期一拖再拖,从仲夏一直开到中秋,还是议而不决,关键是在推翻"两个估计"问题上迈不开步。对此,有人专门写了一首打油诗:"招生会议两度开,众说纷纭难编排。虽说东风强有力,玉(育)门紧闭吹不开。"

关键时刻,邓小平发怒了。熟悉邓小平的人都很清楚,邓小平性格内敛,平时沉默寡言,在工作场合,他一般都很严肃,但发怒却是极少见到的。在压在教育界、知识界头上的"两个估计"能否被推翻,高考能否按期恢复的紧要关头,邓小平决定破一次例。9月19日,邓小平召集教育部几位负责人进行了严厉的谈话,他说道:"教育部要争取主动。你们还没有取得主动,至少说明你们胆子小,怕又跟着我犯'错误'。""教育部首要的问题是要思想一致。赞成中央方针的,就干;不赞成的,就改行。"邓小平明确指示:招生会议要尽快结束。招生文件继续修改,尽可能简化,早点搞出来。"总之,教育部要思想解放,争取主动。过去讲错了的,再讲一下,改过来。拨乱反正,语言要明确,含糊其辞不行,解决不了问题。办事要快,不要拖。"

1977年12月，全国570万青年参加高考。

恢复高考后考入清华大学的1977级新生在听课。

邓小平的"9·19"谈话掷地有声。几天后，招生工作会议结束，新的招生文件基本定稿。"9·19"谈话的11天后，10月1日到3日，短短三天时间里，针对恢复高考招生工作，邓小平又接连作出了两份批示。10月1日，在《关于注意招收台湾省籍青年入学的请示》上，关于增写"注意招收一定数量的台湾省籍青年入学"，邓小平批示："应写这一句。请刘西尧同志参酌。"10月3日，在刘西尧报送的高等学校招生工作文件上，邓小平又作出了批示，并在附信中说："此事较急，请审阅后，批印政治局会议讨论批准。建议近几日内开一次政治局会议。"两天后，中央政治局讨论并原则通过。10月12日，国务院批转了《关于1977年高等学校招生工作的意见》，规定从1977年起，高等学校招生制度进行改革，恢复统一考试制度。至此，恢复高考的决策终于尘埃落定。

恢复高考的政策虽然已经确定，但在很多细节的操作上，还有不少亟待解决的问题。

"文化大革命"期间，以审查家庭出身和社会关系为主要内容的政治审查，曾断送了多少有为青年的读书梦。上海戏剧学院表演系1978级学生，曾在电视连续剧《历史转折中的邓小平》中成功扮演邓小平的著名演员马少骅就说道："考大学？有点像天方夜谭。我们家庭出身，那个时候受限制，不可能选择我们来读大学。"

邓小平不会再让这些"左"的条条框框成为拦路虎，他向教育部负责人提出："政审，主要看本人的政治表现。政治历史清楚，热爱社会主义，热爱劳动，遵守纪律，决心为革命学习，有这几条，就可以了。总之，招生主要抓两条：第一是本人表现好，第二是择优录取。"高考政审条件的改变，迅速波及征兵、招工、提干等各个领域，为无数屡受家庭出身、社会关系之累的可堪造就的青年才俊打破了枷锁，使他们获得了平等的竞争机会。

知识青年中有一个特殊的群体，他们是"文革"开始时在中学的初高中学生，被称作"老三届"。到了1977年，他们中的大多数人都已经到了而立之年，很多人结了婚，有了孩子。拖家带口的负担，很多高校不愿意向他们敞开大门。面对这批特殊考生的企盼，邓小平经过深思熟虑，作出了一个有针对性的决策。在1977年录取新生政策中特别规定：对实践经验比较丰富并钻研有成绩或确有专长的，年龄可放宽到三十岁，婚否不限，要注意招收一九六六、一九七七两届高中毕业生。并且还有一条特殊的规定：工龄到一定年限的可以带工资读书。

在当年教育部《关于高等学校录取新生中几个突出问题的请示报告》上，邓小平作出的批示中用了"急件"，足以看出他当时迫切的心情。围绕着这次特殊的高考，在短短四个月的时间内,邓小平先后作了多份批示,这些批示凝聚了一位73岁老人太多的思考和期许。

1977年12月10日,570万考生走进了他们期盼已久的考场,为了满足更多考生的需求,在1978年的夏天又进行了第二次高考。两次考试的1180万考生的总量,成为时代的有力注脚。许许多多青年压抑已久的激情完全绽放,无数人通过高考有了选择命运的权利。而随着千百万青年人生命运的改变,国家的前途也被重新照亮。40多年转瞬而过,当年参加高考的人如今已经成为各行各业的中流砥柱。对于他们而言,对于整个国家和民族而言,命运的转折都与邓小平,与1977年那次伟大的决策紧紧地联系在一起。

从1977年起,中国恢复的不仅仅是高校招生考试制度,还有全民族、全社会对教育事业的高度重视和着力发展。到2011年,我国各类高等教育总规模达到3167万人,高等教育毛入学率达到26.9%。教育事业的蓬勃发展,成为中华民族自立于世界民族之林的基础。

不仅国内的教育蓬勃发展,面对改革开放之初人才匮乏的严重局面,1978年6月,邓小平指示增大派遣留学生的数量。他强调,要成千上万地派,不是只派十个八个。这是五年内快见成效、提高我国科教水平的重要方法之一。

1979年,邓小平出访美国期间,请夫人卓琳代他看望刚到美国的留学生。卓琳对留学生们说:你们到美国来很不容易。国家是下了很大的决心的。你们要好好学习,把先进的东西带回去,报效祖国。如果你们都不回去或者多半不回去,小平同志睡不着觉啊!

1979年4月下旬,邓小平对教育部、国家科委、外交部《关于试行〈出国留学人员管理教育工作的暂行规定〉的请示》作出批示:"留学生生活费太少,根本不能同外国学生交往,此事必须解决。"

在邓小平的倡导下,形成了数量递增、规模空前的留学人员群体。仅从1978年至1997年,国家公派的留学人员就将近5万人,各单位公派9万余人,自费留学生15余万人。留学攻读的专业涉及了理、工、农、林、医以及人文、管理等学科。从1978年到2007年底,各类出国留学人员总数达121.17万人,遍布100余个国家和地区。留学回国人员总数达31.97万人。以留学身份出国,在外的留学人员有89.20万人。其中65.72万人正在国外进行本科、硕士、博士阶段的学习以及从事博士后研究或学术访问等。经过改革开放40多年的发展,如今,出国留学的总体格局已经发生了显著变化,正在由改革开放初期的公派留学、拔尖人才留学,向公派与自费结合、出国留学大众化趋势发展。

邓小平始终把教育摆在国家发展战略的重要位置，突出教育的基础作用，从现代化建设的战略全局来考虑教育问题，体现了他高瞻远瞩的战略眼光。他说："我们国家，国力的强弱，经济发展后劲的大小，越来越取决于劳动者的素质，取决于知识分子的数量和质量。一个十亿人口的大国，教育搞上去了，人才资源的巨大优势是任何国家比不了的。""我们要千方百计，在别的方面忍耐一些，甚至于牺牲一点速度，把教育问题解决好。"

邓小平强调，人才不是一天两天就能培养出来的，抓教育要从娃娃抓起。基础教育是现代文明的基础和标志，必须高度重视基础教育。邓小平说："高等院校学生来源于中学，中学学生来源于小学，因此要重视中小学教育。""从小学抓起，一直到中学、大学。我希望从现在开始做起，五年小见成效，十年中见成效，十五年二十年大见成效。"邓小平认为，抓基础教育就必须抓中小学教学的质量，抓好教育体制改革特别是教材的改革。因为我们要在科学技术上赶超世界先进水平，不但要提高高等教育的质量，而且首先要提高中小学教育的质量，按照中小学生所能接受的程度，用先进的科学知识来充实中小学的教育内容。他还特别强调："要办重点小学、重点中学、重点大学。要经过严格考试，把最优秀的人集中在重点中学和大学。"1985年颁布的《中共中央关于教育体制改革的决定》，把实行九年义务教育作为关系民族素质提高和国家兴旺发达的一件大事，突出地提了出来。1986年颁布的《中华人民共和国义务教育法》，进一步推动了九年义务教育的实施。民族精神和优秀传统道德的教育，也必须从基础开始，纳入国民教育全过程。同时，邓小平十分关注学生的思想品德教育。他提出的"四有"即"有理想，有道德，有文化，有纪律"，就是针对中小学生的思想品德教育提出的。在这"四有"中，理想、道德、纪律属于主要通过德育所形成的政治思想道德素质，它们和科学文化素质一起，构成了人才的综合的整体的素质。他说："革命的理想，共产主义的品德，要从小开始培养。我们党的教育事业历来有这样的优良传统。""文化大革命"期间，整个社会风气被搞坏了，邓小平认为："改变这种风气，要从小学教育开始。"邓小平从我国教育状况和未来出发，提出了在青少年中开展思想品德教育的战略意义，指出了抓好基础教育的重要性和紧迫性。

关于发展教育事业的方针，邓小平在1983年9月为北京景山学校题词："教育要面向现代化，面向世界，面向未来。""三个面向"是邓小平根据世界新技术革命和国内现代化建设的形势，针对我国教育现代化建设严重不适应的实际提出来的，具有特别重要的意义。这一战略思想反映了邓小平从当代世界发展和民族历史命运的高度，对我国社会

1979年7月，邓小平在黄山为大学生签名留念。

邓小平"三个面向"的题词。

主义教育事业提出的总体要求，即教育要为实现现代化的战略目标，为国家未来的发展服务，对我国的教育事业有着重大而深远的影响。"三个面向"的阐述高度凝练，内涵丰富，高屋建瓴地揭示出教育的目标定位及其实现途径。

"三个面向"阐明了教育与现代化建设的关系，拓宽了教育的国际视野，突出了教育的战略地位和重要意义，成为新时期发展教育事业的指导思想。今天，中国教育事业取得的成就和在现代化建设中发挥的作用，完全证明了邓小平同志当年的远见卓识。

同时，"三个面向"指导方针的意义已经超出了教育领域，成为对党和国家各项工作的总要求，是社会主义现代化建设具有长远指导意义的重要战略思想。面向现代化，要求我们一切工作都要着眼于实现现代化这一当前和今后很长一个时期的中心任务，决不能动摇；面向世界，要求我们的思想和胸襟一定要开阔和博大，要吸取人类社会历史上和当今世界一切优秀的先进的文明成果；面向未来，要求我们一定要坚持与时俱进，具有战略的前瞻性和超前意识。可以看出，邓小平关于"三个面向"的思想，反映了他对党和国家事业发展的很多深远考虑。他始终站在战略全局的高度，确定社会主义现代化的发展阶段、目标任务、方法步骤、战略部署，开创中国特色社会主义事业。他提出"三个面向"，是希望中国共产党和中国人民要有这样的一种眼光、一种胸怀、一种姿态、一种抱负，呼唤改革开放年代应该具有新观念、新状态，顺应世界潮流，体现时代精神，卓有成效地推进中国特色社会主义伟大事业。

【评价】

邓小平对自己国家的事务及影响中国的国际事务有着相当明智和非常广博的认识。

——英国前首相希思

三、"搞科技,越高越好,越新越好"

马克思说过,科学技术是生产力,事实证明这话讲得很对。依我看,科学技术是第一生产力。

——邓小平

过去也好,今天也好,将来也好,中国这么一个国家,必须在高科技领域里边有一席之地。

——邓小平

实现人类的希望离不开科学,第三世界摆脱贫困离不开科学,维护世界和平也离不开科学。

——邓小平

实现现代化,科学技术占有举足轻重的地位。在中国向现代化迈进的进程中,邓小平以特有的战略眼光,考察各国现代化发展经验,结合本国发展实际,提出了一整套有利于中国现代化的科技思想。邓小平曾对诺贝尔奖获得者、著名科学家李政道说:"对于科学我是外行,但我是热心科学的。"对于我国科技事业的各个领域,他都是始终关心、大力支持的。

1977年,当邓小平第三次复出,选择的拨乱反正突破口就是科技教育。他说:我知道科学教育是难搞的,但是我自告奋勇来抓。不抓科学、教育,四个现代化就没有希望,就成为一句空话。邓小平提出来自己要分管科技教育,就是看到中国在科技教育方面和发达国家有很大的差距。如果不在科学技术方面有所改善的话,中国不可能实现四个现代化。邓小平大声疾呼:要"尊重知识,尊重人才"。他向全国饱经磨难的科技工作者郑重表示:有了这样的科学人才,带动我们整个中华民族科学文化水平的提高,我愿意当大家的后勤部长。

当我们打开邓小平的思想宝库,关于发展科技的思想火花灿若繁星。其中,最为重要的是:"科学技术是第一生产力。"

1978年春,全国科学大会召开,那是在十一届三中全会历史转折之前,可以说是改革开放的前哨战,被称作"科学的春天"。3月18日,邓小平在全国科学大会上发表重要讲话:"正确认识科学技术是生产力,正确认识为社会主义服务的脑力劳动者是劳动人民的一部分,这对于迅速发展我们的科学事业有极其密切的关系。我们既然承认了这两个前提,那末,我们要在短短的二十多年中实现四个现代化,大大发展我们的生产力,当然就不能不大力发展科学研究事业和科学教育事业,大力发扬科学技术工作者和教育工作者的革命积极性。"

邓小平的讲话,重申并进一步阐明了"科学技术是生产力"的观点,在6000人的会场激起了强烈反响。参加会议的科学家如农科院院长金善宝,当时已经82岁,听了讲话以后非常激动,说要像28岁那样来继续奋斗。

春天的气息给全国人民带来了希望,邓小平则更敏锐地把握住时代的脉搏。重申马克思关于"科学技术是生产力"的基本观点,已经为我国的科技发展和社会进步注入了活力,但是从20世纪的历史发展趋势出发,领导中国巨轮的邓小平越来越感觉到,这一经典论断已经有所不足了。

在马克思、恩格斯所处的时代,往往是生产实践向生产技术和科学理论提出要求,当技术满足了生产的需要之后,相关的科学理论才在生产和技术的实践基础之上建立起来。而在新时期,科学理论的发展速度已经超过生产和技术的发展,成为技术和生产的先导。

结合中国的发展实际,邓小平进而指出:"四个现代化,关键是科学技术的现代化。没有现代科学技术,就不可能建设现代农业、现代工业、现代国防。"为了使东方古国能够快速赶上时代的步伐,邓小平对科学技术的认识和论断也不断深化。

1988年9月5日,邓小平接见来访的捷克斯洛伐克总统古斯塔夫·胡萨克。这是一次不同寻常的会面,因为在当天午宴上邓小平发表了一个崭新的论断。他说:"马克思说过,科学技术是生产力,事实证明这话讲得很对。依我看,科学技术是第一生产力。"当时参加会见活动的原国务委员戴秉国回忆:"当时为什么他跟捷克人谈科学技术问题呢?这个不偶然。捷克在'二战'前是世界上十大工业国之一,技术比较发达,现在它的技术水平在东欧地区也还是比较高的。……改革开放以后,他一直在思考科学技术问题,见到捷克人,因为捷克科学技术比较发达,他就在思考中发展他的思想。"

提出新的论断后,邓小平在许多场合反复地进行求证。1992年1月25日,邓小平来到

1986年3月3日，邓小平在王淦昌、陈芳允、杨嘉墀、王大珩《关于跟踪研究外国战略性高技术发展的建议》上的批示。

珠海亚洲仿真控制系统工程有限公司视察，他问公司总经理游景玉："科技是第一生产力，这个论断你认为站得住脚吗？"游景玉回答："我认为站得住脚，因为我们是用实践来回答这个问题的。"听到这些话，邓小平高兴地说："就是靠你们来回答这个问题。我相信这是正确的。"他还对大家说："搞科技，越高越好，越新越好。越高越新，我们也就越高兴。不只我们高兴，人民高兴，国家高兴。"

中国和世界发展的事实证明，"科学技术是第一生产力"这一论断，不仅是正确的，而且是对马克思主义理论的重要发展。它突破了传统的生产力认识范畴和对科学技术作用理解的局限性，强调科学技术对于现代生产力发展的决定性作用，为大力发展科学技术提供了重要理论依据。它使人们从更高层次上看到了人类社会的发展前景，指明了当代中国社会主义现代化建设的有效推动力量和发展社会生产力的根本途径。

不仅是理论指导，邓小平有更多的直接决策的国家科技战略。20世纪80年代，高新技术的迅速发展影响着世界格局。美国的"星球大战计划"，欧洲的"尤里卡计划"，日本的"今后十年科学技术振兴政策"相继出台，国际竞争开始了新的角逐。面对严峻挑战，中国该如何应对？中国的高层领导人、著名科学家和其他有识之士都在思考这个问题。

1986年3月3日，王大珩、王淦昌、杨嘉墀、陈芳允四位科学家联合提出《关于跟踪研究外国战略性高技术发展的建议》，建议中央全面追踪世界高技术的发展，制定中国高科技的发展计划。两天后，这份建议书到了邓小平的案头。今天，我们无法准确描述邓小平当时的具体心情，但事后的种种迹象表明，他看完后十分赞许。就在当天，便作了批示："这个建议十分重要。找些专家和有关负责同志讨论，提出意见，以凭决策。此事宜速作决断，不可拖延。"

1986年4月，全国200多位科学家云集北京，讨论制定《国家高技术研究发展计划纲要》。当时，关于高技术项目的选择是以发展国民经济为主，还是以增强军事实力为主，产生了不同意见。4月6日，邓小平在国家科委副主任吴明瑜的来信上作出批示："我赞成'军民结合，以民为主'的方针。"

国家科委原副主任吴明瑜接受采访时说："提出'军民结合，以民为主'的方针，这是符合中国的实际，也符合当时世界的实际的一个基本方针。我觉得这一条还是非常重要的，小平同志也非常明快的，当天就批下来了。就说决定'军民结合，以民为主'的方针。可见他已经不是临时看到那些文件，实际他自己思想上有很多的考虑了。"

1986年8月，国务院常务会议通过了《国家高技术研究发展计划纲要》。邓小平看过后十分高兴，当即批示道：我建议，可以这样定下来，立即组织实施。10月，中共中央政治局专门召开扩大会议，批准了《国家高技术研究发展计划纲要》，同时决定：拨款100亿元！后来专家提出将这一规划命名为"863"计划，以标志该计划是在1986年3月由邓小平亲自批准的。

"863"计划从1987年全面铺开，上万名科学家在七大领域协同合作、各自攻关，很快就取得了丰硕的成果，中国在高科技领域逐渐接近世界先进水平。1991年4月，邓小平为"863"计划题词："发展高科技，实现产业化。"

"863"计划七大领域中，航天技术位列第二。中国人的飞天梦，也是邓小平由来已久的梦想。自1958年5月，毛泽东在党的八大二次会议上郑重提出中国要发展航天事业起，作为第一代中央领导集体的重要成员和第二代中央领导集体的核心，邓小平以政治决策的方式全程参与了我国探索宇宙空间的伟大征程。从20世纪50年代的探空火箭练兵，60年代航天科研队伍建设，到70年代人造卫星上天，80年代运载火箭发射，90年代载人航天启动，每一个关键环节都与他的名字息息相关。国防科工委原主任丁衡高说："回顾这一领域科技突破的艰辛历程，可以说，正是在邓小平同志的支持下，我国的航天技术才能在比较短的时间内达到世界领先水平。"

中国发展航天技术始自20世纪50年代。1957年10月4日，苏联将人类历史上第一个航天器——"伴侣一号"人造地球卫星（简称人造卫星或卫星）送入环绕地球的运行轨道。此举轰动世界，对于刚刚建立的中华人民共和国来说，社会主义苏联老大哥在宇宙空间中的壮举，带来了巨大的鼓舞和示范作用。当时，中国的许多著名科学家根据人造地球卫星在科技、经济和军事上的重大价值，积极倡导开展中国的宇宙空间研究工作。1958年5月17日，毛泽东在中国共产党第八次全国代表大会第二次会议上郑重提出中国要发展航天事业的战略决策，他在讲话中指出："苏联卫星上天，我们想不想搞个把两个卫星，我们也要搞一点卫星。"毛泽东的这段指示，后来被概括为"我们也要搞人造卫星"，成为家喻户晓的奋斗目标。由此，东方古国在新政权的领导下开始了探索宇宙的新纪元。

之后不久，中央政治局会议研究了中国发展人造卫星的问题，同意以中国科学院为主搞人造卫星，并准备拨专款2亿元用于发展这项事业。要知道，1957年我国工农业生产总值只有1388亿元，启动可谓有力。此时，邓小平已在中共八届一中全会上当选中央

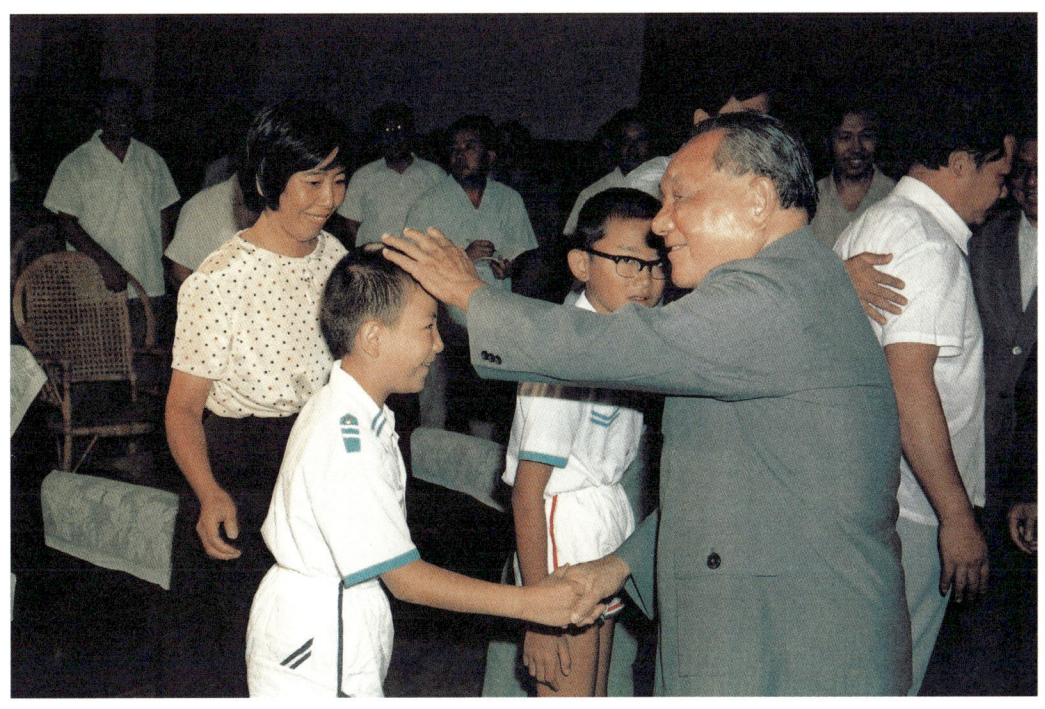

1987年夏，邓小平接见受中共中央邀请到北戴河休假的作出重大贡献的部分中年科学家，与科学家的家属亲切交谈。

政治局常委、中央委员会总书记，成为以毛泽东同志为核心的中国共产党第一代中央领导集体的重要成员。中央政治局关于发展人造卫星的决策，他是参与者。

此时，我国航天事业虽然开始起步，但是处在"大跃进"和"浮夸风"的社会环境中，关于发展计划的设想不太准确。当时举国上下对发射人造卫星的热情很高，对客观现实的考虑却不充分，在科研基础几乎一片空白的情况下，就盲目提出要研制采用高能推进剂的运载火箭、发射重型卫星和在中华人民共和国成立十周年之前把中国的第一颗人造地球卫星送上太空的奋斗目标。当时还有很多发展指标，比如农业亩产量，都以"放卫星"来形容。从日后的情况来看，如果按照这个过高的指标发展下去，可能会和当时许多建设项目一样，起步不久就面临夭折。

科学的发展需要冷静的思考。1958年10月，以中国科学院地球物理研究所所长赵九章为团长的中国科学院高空大气物理代表团启程赴苏联进行考察。专家们对比苏联和中国的国情，认识到发射人造卫星是一项技术很复杂和综合性很强的大工程，需要有较高的科学技术水平和强大的工业基础作后盾，12月下旬回国后向中央建议：鉴于我国尚未具备发射人造地球卫星的条件，空间探测事业应先从火箭探空搞起。

这一建议得到了邓小平的有力支持。当时，邓小平刚刚参加了毛泽东主持召开的一系列纠正"左"倾错误的工作会议，正在思考重新编制国家发展的各项指标。1958年底，邓小平明确指出："卫星明后年不放，(现在放卫星)与国力不相称"，"卫星还要放，但是要推后一点"。

1959年1月21日，中国科学院党组书记张劲夫向中国科学院领导和人造卫星任务(代号"581"任务)领导小组的科学家传达了邓小平的上述指示。遵照这个指示，中国科学院召开会议研究了人造卫星的工作方针问题，决定：调整空间技术研究任务，收缩空间技术研制机构，中止研制大型运载火箭和人造卫星，把空间技术的研制力量转到重点搞探空火箭上来。同年12月6号，邓小平来到空军某保密车间，视察了"探空五号"火箭的试制和总装情况。他在现场表示：这样搞很好，可以多搞一些，多取得一些经验。

实践证明，邓小平的决策调整是符合国情和完全必要的。探空火箭练兵、高空物理探测、创建空间环境模拟试验条件和探索卫星的发展方向，从技术和人才等方面为中国的航天事业在1965年转入人造卫星工程的研制打下了良好的基础。

另外，上世纪60年代初，当我国火箭技术刚刚完成仿制走上独立研制道路时，国防科研部门也准备和其他社会部门一样搞"上山下乡"，大批科技人员面临"下放"，火箭科研工作即将"下马",邓小平及时指示:"(国防部)五院的同志就不要上山下乡了,要集中力量,确保导弹上天。"依靠他的关心和支持,三年困难时期我国航天事业没有受到冲击,反而壮大了科研队伍,加快了研制步伐,终于在1970年4月24日成功发射我国第一颗人造卫星,使我国成为世界上第五个具有研制发射人造卫星能力的国家。70年代中期,邓小平主持全面整顿,积极支持主管中国导弹和航天科研生产的第七机械工业部进行整顿,指示限期消除派性,迅速扭转由于"文革"破坏造成的瘫痪局面。1975年,我国首颗返回式卫星发射成功,三天后平安返回,我国成为世界上第三个掌握卫星返回技术的国家。70年代的成就,奠定了我国在国际航天领域的有利地位,而此后的发展征途,依然与邓小平的名字息息相关。

1978年,中国开启了崭新的历史进程,我国航天科技事业的前景也与整个国家的未来一样光明。百废待兴之际,中国航天像各行各业一样,迫切希望改变落后局面,准备大干快上。然而,与20年前一样,邓小平再次给准备赶苏超美的航天人泼了一瓢冷水。

1978年8月初,邓小平专门听取第七机械工业部的工作汇报,对中国导弹和空间技术的发展方针作出指示。他指出:"中国是发展中的国家,在空间技术方面,中国不参加太空竞赛,现在不必上月球,要把力量集中到急用、实用的应用卫星上来。"

急切追赶世界领先水平的邓小平却没有急于发展举世瞩目的载人航天和探月工程,他是不是对此没有兴趣呢?

半年后,1979年大年初一,邓小平率中国政府代表团首次访问美国。很多熟悉情况的人都说,这实际上是一个科技代表团,在与美方签订的六个协定中,就包括一个航天技术合作协议。在美国期间,邓小平参观了美国国家航空和航天局——全名为"林登·贝恩斯·约翰逊太空中心",对宇航馆内的各种设施都表现出很大的兴趣。他登上航天飞机模型座舱进行模拟飞行,迟迟不愿下来。当时的亲历者回忆说,邓小平触摸月球表面岩石样本的时候,像个孩子一样兴奋。可见,对于载人航天和探月工程,邓小平的兴趣比别人还大得多。当时,他之所以要求科研力量集中到急用、实用的项目上来,一方面是考虑到当时中国经济社会和科技发展的实际情况,就是我国科技事业在"文革"期间受到很大冲击,与世界领先水平差距很大。1975年主持全面整顿时邓小平就说:"现在看来,同发达国家相比,我们的科学技术和教育整整落后了二十年。科技人员美国有一百二十万,苏联九十万,我们只有二十多万,还包括老弱病残,真正顶用的不很多。"另一方面是考虑到科研工作和经济建设的辩证统一关系:科学研究必须支持国民经济发展,将大批科研成

1980年5月18日,邓小平、聂荣臻等在北京指挥中心观看我国从西北向太平洋发射的远程火箭。

1991年2月,邓小平视察上海航天局新中华机器厂,观看火箭模型。后排中为朱镕基。

果局限在国防领域是不正确的;随着社会经济的发展,会有更大的力量发展科学技术,实现良性循环。实事求是地谋划属于中国人民的高科技发展之路,这才是科学态度。根据邓小平的指示和随后召开的十一届三中全会把工作重点转到社会主义现代化建设上来的战略决策,我国空间技术战线加快了国民经济和国防建设急需的应用卫星的研制步伐。1979年,"远望一号"航天测量船建成并投入使用,我国成为世界上第四个拥有远洋航天测量船的国家。1980年,我国向太平洋预定海域成功发射第一枚运载火箭,邓小平在北京指挥中心观看了实况。1981年,我国自主掌握了"一箭三星"技术。1984年,我国成功发射第一颗通信卫星。到1986年,中国的返回式遥感卫星已转入到实用阶段,通过进行国土普查揭开了中国用卫星直接为国民经济建设服务的序幕,气象卫星也取得突破,中国的通信卫星进入到实用阶段。这些突破为更高水平的科研项目打下了坚实基础,而1986年"863"计划的付诸实施又成为航天事业发展的重要契机。

"863"计划选择航天技术为中国今后高技术的发展重点之一,要求中国航天领域重点研究如何发展性能先进的大型运载火箭、研究如何发展天地往返运输系统并在此基础上开展载人空间站及其应用研究这两个主题。正是后一个主题项目的研究成果,尤其是在以屠善澄为首席科学家的专家委员会领导下开展的四年多的概念研究,为我国于1992年决定实施"神舟号"飞船载人航天计划提供了可靠的依据。在此期间,邓小平已经辞去全部领导职务,但这没有影响他对这一梦想向现实转变关键环节的关心。

"863"计划出台后,航天领域成立了两个专家组:一是大型运载火箭及天地往返运输系统,代号863-204;二是载人空间站系统及其应用,代号863-205。1987年,组建了"863计划航天技术专家委员会"和主题项目专家组,对发展我国载人航天技术的总体方案和具体途径以招标的形式进行全面论证,有60多家科研单位参加了这场大论证。经过一年多的论证,1988年7月20日至31日,上百位航天专家汇集哈尔滨,根据五种方案的主题报告,讨论决定最终"机型",最后集中到两个方案:一是原航天部下属的上海八院和北京一院提交的航天飞机方案,二是北京五院提交的飞船计划。此后,围绕中国载人航天到底选择哪一个发展方向,展开了长达三年的学术争论。1990年5月,专家委员会最终确定了"投资较小,风险也小,把握较大"的飞船方案,即利用我国现有的长征2E运载火箭发射一次性使用的宇宙飞船,作为突破我国载人航天的第一步。

1991年1月30日,中国宇航学会、中国科学院、国务院发展研究中心联合举办中国航天高技术报告会,这是对推动我国载人航天工程决策具有转折意义的一次会议。会后,航空航天工业部副部长刘纪原准备了两份文件：一份是《关于开展我国载人飞船工程研制的请示》，一份是《关于发展我国载人航天技术的建议》。据航空航天部计划司总工程师张宏显回忆，《建议》中特别写道：上不上载人航天，是政治决策，不是纯科技问题，不是科技工作者能定的。我国航天事业的发展，面临老一辈无产阶级革命家领导创建的、得来不易的航天国际地位得而复失的危险，恳请中央尽快决策。根据当时的情况，刘纪原适时地将两份文件提交给了邓小平，并很快得到批准。

邓小平具体是如何批复的，史料所限，尚不得而知。但可以确定的是，他十分关心这一问题。几天后的2月13日，邓小平来到上海航天局运载火箭总装车间视察。他驻足于"长征四号"运载火箭合练弹前，仔细询问相关情况。他问时任上海航天局局长苏世堃："长征四号"是液体还是固体？苏世堃回答：是液体的，固体一般搞武器，现在都是液体的。邓小平说：我也参加过这个决策。苏世堃随即表示：中国航天事业的发展，都是在党中央，在老一代无产阶级革命家开创下才发展起来的。邓小平讲：决策靠我们，我们是政治决策，但是把它干出来，还是靠你们。他对上海航天局负责人说："我们是社会主义国家，一旦国家需要就会集中力量来保证你们，这是社会主义的优越性。我们可以集中力量办几件事。你们要搞新型号，增加新的能力，相信你们会办得好的。这支队伍经过几十年的锻炼，没有失败过。"支持之意，溢于言表。

20世纪90年代初，在"863"计划载人航天领域前期研究论证的基础上，邓小平又亲自关心该领域从概念研究及时转入工程研制建设问题，为我国载人航天这一跨世纪工程的立项实施给予了有力支持，创造了有利条件。

1992年9月21日，中共中央政治局会议讨论同意了中央专委《关于开展我国载人飞船工程研制的请示》，正式批准实施我国载人航天工程，并命名为"921"工程，确定了载人航天"三步走"的发展战略。江泽民在会上指出："搞这个东西在政治、经济、科技、军事上都有意义，是综合国力的标志。"

"921"立项伊始，很快确定了飞船七大系统的研制方案。1995年7月，经中央专委批准转入初样阶段。1998年上半年，"921"进入飞船正样和无人飞行试验阶段，先后进行了四次无人飞船的飞行试验。2003年初，"921"正式开始载人飞行试验阶段。10月，"神舟五号"飞船首次实现了中国载人航天的伟大壮举，中国的航天事业登上了世界航天领域的一个新的制高点，中国成为世界上第三个掌握飞船载人航天技术的国家。2014年初，"嫦娥三号"实施探月工程，标志着我国航天技术又达到了一个更高的水平。

正负电子对撞机,为高能加速器的一种,是用人工方法把带电粒子加速到较高能量的装置,没有这一设施,许多高科技领域的研究工作都无法开展。邓小平多次谈到,科研设施的建设要从最先进的着手,高能加速器就是个重点。1977年10月10日,邓小平在会见美籍华人科学家邓昌黎后作出了决定。中国科学院理论物理研究所原所长郝柏林回忆:"小平同志接见邓昌黎,邓昌黎是一个美籍的华裔的加速器专家。他在接见邓昌黎的那个晚上拍板,说我们国家要搞这个东西。"

在邓小平的支持下,我国高能加速器的建设,迅速提上议程,而在具体方案的选择上也颇费思量。郝柏林说:"老实说呀,压了十几年以后,百废待兴,大家都觉得要做好多大事。所以那次规划上提出了一些很大的项目。那个时候想的加速器,可不是现在的对撞机,比这个大。后来真正冷静下来以后,知道这么大的东西有问题,才改了方案,变成正负电子对撞机,改方案也是小平同志同意的。"

1984年10月7日,邓小平来到中国科学院高能物理研究所,为中国首座高能加速器所在实验室——北京正负电子对撞机国家实验室奠基。国家科学技术委员会原副主任吴明瑜说:"当时小平同志对这个高能加速器是非常重视的,实验室的奠基典礼,就是他去挖第一锹的嘛,这个影响很大。因为当时高层上,是有争论的。对这个高能加速器,到底搞还是不搞,是有争论的。小平同志说,我们要在高技术上占领一席之地。他亲自去参加这个奠基典礼,建成以后他也去参观。所以小平同志是非常关心这个高能加速器的。"

经过几年的奋战,1988年10月16日凌晨,北京正负电子对撞机首次对撞成功,达到了世界实验室的最高水平。10月24日,为了祝贺我国在高科技领域取得的这一重大突破性成就,邓小平再次来到这座外形像一个硕大的羽毛球拍的宏伟科研设施。那一天,84岁的老人兴致勃勃,他先讲一件事:有一位欧洲朋友,是位科学家,向我提了一个问题:"你们目前经济并不发达,为什么要搞这个东西?"我就回答他,这是从长远发展的利益着眼,不能只看到眼前。随后,邓小平发表了一段著名的讲话:"过去也好,今天也好,将来也好,中国必须发展自己的高科技,在世界高科技领域占有一席之地……这些东西反映一个民族的能力,也是一个民族、一个国家兴旺发达的标志。现在世界的发展,特别是高科技的发展一日千里,必须一开始就参与这个领域的发展。"

如今,北京正负电子对撞机每天都在紧张地运转着,为我国众多的高技术研究提供有力支持,中国科学院高能物理研究所也位列世界八大高能加速器研究中心之一。

美籍华人物理学家李政道说:"没有小平先生,就不会有北京正负电子对撞机。而现

1984年，邓小平参加北京正负电子对撞机工程奠基仪式。

在不光是'一席之地',在这个领域里,全世界公认,中国是第一。"

多年以后,当邓小平即将离开他深情热爱的祖国和人民的时候,他留下的最后一篇华章,也是关于科技。

《邓小平文选》,这部发行量极大的著作对中国和世界影响深远,出版后人民出版社支付了80万元稿费。邓小平一辈子两袖清风,这笔稿费该如何使用却让他犯了难。他郑重其事地把家人召集起来开会,说:"咱们来研究研究这点钱能干什么,捐到什么地方去。"家人七嘴八舌商量了半天,最后邓小平自己说,还是捐给科技和教育吧。

2004年1月,邓小平的夫人卓琳致信中共中央总书记胡锦涛,表示遵照邓小平的遗愿,将其全部稿费捐给科技和教育事业。邓小平诞辰100周年之际,团中央、全国青联、全国学联、全国少工委共同设立了中国青少年科技创新奖励基金。这个基金就像一座桥梁,帮许多孩子抵达科学梦想的彼岸。正如邓小平所说:"科学的未来在于青年。青年一代的成长,正是我们事业必定要兴旺发达的希望所在。"

时至今日,我国不仅拥有了世界顶级的科研设施,还培养了世界规模第一的科技人才队伍,建成了相当完整的科学布局。嫦娥上天、蛟龙入海,我国在许多重要领域,都已跻身世界前列。发展中国自己的高科技,是邓小平终生的夙愿。他用高超的智慧和战略眼光为中国在世界高科技领域争得一席之地。

【评价】

由于思维活跃敏锐,所以他才能够在一生中经历了从接近于铁器时代的四川农村农家到卫星天线和核武器的新时代。

——美国东西方中心前主席奥克森伯格

热爱祖国,关心祖国科学和教育事业的发展,他谦虚而又果断的作风给我留下了深刻的印象。

——美籍华人科学家李政道

小平同志对国家、对人民作出了杰出的贡献,特别在教育、科技方面建立的功绩,更使我铭刻在心。

——数学家苏步青

四、"和平与发展是当代世界的两大问题"

现在世界上真正大的问题，带全球性的战略问题，一个是和平问题，一个是经济问题或者说发展问题。和平问题是东西问题，发展问题是南北问题。概括起来，就是东西南北四个字。南北问题是核心问题。

——邓小平

进入上世纪80年代以后，邓小平深刻分析国际局势的新变化，重新调整国际战略，坚持独立自主的和平外交政策，领导党和国家实现了由"战争与革命"到"和平与发展"的战略转变。

邓小平说："中国不打美国牌，也不打苏联牌，中国也不允许别人打中国牌。中国对外政策的目标是争取世界和平。在争取和平的前提下，一心一意搞现代化建设。"20世纪80年代中期，邓小平作出"和平与发展是当代世界的两大问题"的科学判断。邓小平卓越的战略思维，不仅为中国争取了有利的国际环境，促进了经济的长足发展，打造了现代化的革命军队，有力地保障了国家安全，而且也重塑了国际关系，为全世界的和平与发展作出了卓越贡献。

自党的十一届三中全会以来，邓小平多次谈到和平与发展的话题。如《邓小平文选》第三卷的119篇文章中，就有近四分之一即近30篇的内容主要是论述和平与发展问题的。1984年5月29日，他在同巴西总统菲格雷多谈话时指出："现在世界上问题很多，有两个比较突出。一是和平问题……二是南北问题。这个问题在目前十分突出。"1984年10月31日，他在同缅甸总统吴山友谈话时指出："国际上有两大问题非常突出，一个是和平问题，一个是南北问题。还有其他许多问题，但都不像这两个问题关系全局，带有全球性、战略性的意义。"1985年3月4日，他在会见日本商工会议所访华团时讲道："现在世界上真正大的问题，带全球性的战略问题，一个是和平问题，一个是经济问题或者说发展问题。和平问题是东西问题，发展问题是南北问题。概括起来，就是东西南北四个字。南北问题是核心问题。"1988年12月21日,他在会见印度总理拉吉夫·甘地时讲道:"当前世界上主要有两个问题,一个是和平问题,一个是发展问题。和平是有希望的,发展问题还没有得到解决。"1990年3月3日,他在同几位中央负责同志谈话时指出:"现在旧的格局在改变中,但实际上并没有结束,新的格局还没有形成。和平与发展两大问题,和平问题没有得到解决,发展问题更加严重。"他在1992年视察南方的谈话中讲道:"世界和平与发展这两大问题,至今一个也没有解决。社会主义中国应该用实践向世界表明,中国反对霸权主义、强权政治,永不称霸。中国是维护世界和平的坚定力量。"邓小平阐明了和平与发展是当今世界的两大问题,是当今时代的主题,并有预见性地指明了世界局势的发展方向,深刻揭示出中国与世界相互作用的客观基础与逻辑前提,从而为党的工作重心的转移和我国改革开放及现代化建设战略目标和步骤的确立,提供了崭新的理论依据与广阔的发展背景。

长期以来,我们党之所以强调"阶级斗争为纲",始终难以做到把工作重心真正转移到以经济建设为中心上来,从时代的影响来看,虽然客观上自中华人民共和国建立后的较长一段时间里,特别是20世纪60年代以来,受两极严峻对峙的"冷战"政治格局的牵制,但从主观上来说,我党当时对国际格局历史发展趋势认识不清,把握不准,没有察觉到世界格局发生重大变化的经济科技动因增长的潜能,从而过高地估计了世界战争爆发的危险性和可能性,而忽视当时许多国家都在注重埋头搞自己国内的经济建设。如日本、联邦德国、亚洲四小龙等国家和地区都是在这一时期得到迅速发展和实现经济起飞的。由于我们党当时认为战争迫在眉睫,奉行"以阶级斗争为纲"和"世界革命"的政治至上、斗争至上的战略决策,从而迟滞了我国现代化建设的进程。邓小平同志在总结这一历史经验教训时深刻指出:"过去我们的观点一直是战争不可避免,而且迫在眉睫。我们好多的决策,包括一、二、三线的建设布局,'山、散、洞'的方针在内,都是从这个观点出发的。这几年我们仔细地观察了形势,认为就打世界大战来说,只有两个超级大国有资格,一个苏联,一个美国,而这两家都还不敢打。首先,苏美两家原子弹多,常规武器也多,都有毁灭对手的力量,毁灭人类恐怕还办不到,但有本事把世界打得乱七八糟就是了,因此谁也不敢先动手。其次,苏美两家都在努力进行全球战略部署,但都受到了挫折,都没有完成,因此都不敢动。同时,苏美两家还在进行军备竞赛,世界战争的危险还是存在的,但是世界和平力量的增长超过战争力量的增长。这个和平力量,首先是第三世界,我们中国也属于第三世界。第三世界的人口占世界人口的四分之三,是不希望战争

1989年，邓小平会见来访的泰国总理差猜·春哈旺时指出：应当建立国际经济新秩序和国际政治新秩序。

的。这个和平力量还应该包括美苏以外的发达国家,真要打仗,他们是不干的呀!美国人民、苏联人民也是不支持战争的。世界很大,复杂得很,但一分析,真正支持战争的没有多少,人民是要求和平、反对战争的。还要看到,世界新科技革命蓬勃发展,经济、科技在世界竞争中的地位日益突出,这种形势,无论美国、苏联、其他发达国家和发展中国家都不能不认真对待。由此得出结论,在较长时间内不发生大规模的世界战争是有可能的,维护世界和平是有希望的。根据对世界大势的这些分析,以及对我们周围环境的分析,我们改变了原来认为战争的危险很迫近的看法。"

作为改革开放总设计师,邓小平敏锐地把握住时代和平发展的脉搏,把中国和平发展与世界和平发展,与时代主题变换的实际紧密相联系,科学地制定了一系列有关中国改革开放的重大决策,形成了"以经济建设为中心,坚持改革开放,坚持四项基本原则"的社会主义初级阶段基本路线。可以说,正因为邓小平能站在时代高度,以世界眼光来观察和思考中国的问题,才能准确判断世界格局和国际形势的转换,世界主题和时代主题的转换,并围绕这一重大转换作出一系列重大决策,提出一系列重要观点,使中国的内政外交从过去准备迎接世界大战的紧张状态中走出来,走上了以经济建设为中心的发展道路。同时,在国际事务中,奉行独立自主的和平外交政策,高举反对霸权主义的旗帜,维护世界和平。邓小平20世纪80年代初明确指出,80年代我们要做的"第一件事,是在国际事务中反对霸权主义、维护世界和平",不结盟、不当头、不打牌,谁搞霸权主义就反对谁。80年代末90年代初,国际形势发生深刻变化,两极格局已不复存在,世界向多极化发展。应当建立一个什么样的国际新秩序的问题,现实地摆在各国面前。邓小平指出:"世界总的局势在变,各国都在考虑相应的新政策,建立新的国际秩序。"在80年代末90年代初的国内国际政治风云变化中,邓小平预见到苏联东欧变化不可避免,提出了应对国内外形势发展变化的战略方针。他指出,社会主义的中国谁也动摇不了,对国际形势要冷静观察,稳住阵脚,沉着应付,韬光养晦,善于守拙,绝不当头,有所作为,干好自己的事,坚持改革开放,这是我们解决所有问题的关键,从而保证了国家的稳定和持续发展。在邓小平战略思维指导下,我国以和平共处五项原则作为新的国际政治、经济秩序的准则,进一步发展了中国与世界各国的友好关系,为中国的社会主义现代化建设创造了一个有利的国际和平环境。

党的十一届三中全会以来,邓小平经过对国际形势的深刻分析和科学判断,明确指出:战争的因素还存在,但防止新的世界战争爆发的因素也在增长,战争有可能避免和

1981年6月，邓小平任中央军委主席。

制止，我们可以利用和平有利的国际环境集中精力进行国内的改革开放和现代化建设。在此基础上，他领导了中国军队在新时期巨大的军事变革。

1984年11月1日，当人们仍旧为一个月前国庆阅兵那盛大壮观的场面而心潮澎湃的时候，中央军委座谈会在首都京西宾馆召开。会上，时任中央军委主席邓小平发表了近90分钟的讲话，表达了一个惊人的战略决心：在军队几次整编的基础上，再裁减员额100万！这并非心血来潮，也并非为赢得国际好评而哗众取宠，而是出自这位以高瞻远瞩、清醒果断著称的最高统帅对世界大势、国家大局和军队建设大目标的科学把握，是这位世纪伟人对国家、对人民、对军队高度负责的慎重抉择。

由于种种历史原因，人民解放军的"臃肿"问题由来已久。裁军"消肿"，是邓小平很早的心愿。据不完全统计，邓小平从1975年到1984年的十年间，对于"消肿"问题，大会讲、小会讲、集体谈、个别谈，多达数十次。他指出，军队臃肿不堪，不仅把很多钱花在人员的穿衣吃饭上面，更主要的是，真正打起仗来，不要说指挥作战，就是疏散也不容易。这是我们存在的一个最大问题。在此期间，虽进行过四次精简整编，但"消肿"问题一直未能得到很好解决。至1985年，人民解放军军费只有191亿元人民币，仅占同年美军军费的2%，不及苏联军费的零头，而人民解放军的员额却是美军的两倍，与苏军持平。对裁减100万，有些领导人担心会减弱军队的战斗力。邓小平做了一个生动、风趣的比喻，深入浅出地阐明了军队建设中数量与质量的关系：虚胖子能打仗？大力士、拳击运动员身体很重，但是不虚，虚就不能进行拳击。军队要多节省开支，改善武器装备，更要提高军政素质，这就必须减少数量；同时，保留下来的人员足以应付意外事件。在以上认识的基础上，邓小平充满信心地指出："减到三百万，一是必要，二是没有风险。好处多得很！"

军委座谈会后，总参按照邓小平确定的裁军100万的目标，重新起草了《军队改革体制精简整编方案》。1985年3月，中央军委常务会议原则同意修改后的《军队改革体制精简整编方案》。邓小平听了汇报，充分肯定这个方案，说：精简100万，是一件好事，不是消极的，是积极的，军队的组织机构精干了，工作效率提高了，战斗力加强了。5月23日，中央军委扩大会议开幕，军队高级将领济济一堂，讨论贯彻落实《军队改革体制精简整编方案》的措施和步骤。大家坚决拥护裁军百万的重大战略决策，决心按照中央军委的要求，有秩序、有步骤地完成这一任务。

裁军百万，这意味着在南疆自卫反击战炮火不断、北面苏军重兵压境的局势下，人民解放军员额要减少25%。6月10月，新华社将这一惊人决策公之于世，并进一步说明："这是

邓小平在烟台视察海军北海舰队。

1981年,邓小平在北京军区司令员秦基伟的陪同下观看军事演习。

中国共产党、中国政府和人民有力量、有信心的表现。它表明，拥有十亿人口的中华人民共和国，愿意并且用自己的实际行动对维护世界和平作出贡献。""参加军委扩大会议的陆、海、空三军高级干部，坚决拥护这一重大战略决策。"电讯迅速传遍全军，传遍全国，传遍全世界，引起国内外强烈反响。在国际裁军争吵多年，不见成效，两个超级大国明里裁军、暗里扩充军备的背景下，中国政府主动裁军百万的决策犹如平地惊雷，震惊了世界，全球瞩目。1985年，成为中国的"裁军年"。邓小平说：与其说是"精兵"，不如说是"精官"。"这是个得罪人的事情！我来得罪吧！不把这一矛盾留给新的军委主席。"

1987年4月4日，在六届全国人大五次会议举行的中外记者招待会上，人民解放军副总参谋长徐信宣布："中国人民解放军精简整编的任务已基本完成！裁减员额100万后，军队的总定额为300万。经过裁减100万，人民解放军的面貌发生了巨大的变化！"

各总部、各军兵种、各大军区和国防科工委机关及其直属单位，撤并业务相近部门和重叠机构，降低部分单位的等级，减少层次，人员精简40%，使机关和勤务部队在全军的编制比例下降，战斗部队、科研单位和院校的编制数额在全军总定额的比例提高。将原来的十一个军区合并为七个大军区，保留北京、沈阳、济南、兰州、成都、广州、南京军区，撤销武汉、昆明、福州、乌鲁木齐等四个军区。调整后的军区，战区范围扩大，兵源充足，物质资源雄厚，战役纵深加大，从而提高了大军区的独立作战能力，有利于统一调整后方布局，避免因重复部署造成人力、物力、财力的浪费。减少军级单位31个，师团级单位4054个。海军和空军淘汰陈旧落后的飞机和舰艇，相应减少了人员。一些担任内卫执勤任务的部队移交公安部门，改为人民武装警察部队。2529个县级人武部划归地方建制，工作人员改为地方干部，任务不变，实行地方和军队双重领导。较大幅度地调整各兵种的编成比例，加强了特种兵部队。陆军军级建制全部改编为"合成集团军"。装甲兵的全部，炮兵的大部及部分野战工兵部队，划归集团军建制。同时，充实扩编通信、防化、运输部队，有的还增建了电子对抗部队。与原陆军部队相比，集团军的火力、突击力、机动能力都有所加强，提高了现代条件下的合成训练和作战能力。合成集团军的组建，是人民解放军在建设现代化合成军队的道路上迈出的具有历史意义的一步，"从某种意义上讲，这个意义不亚于在战争年代开辟一个根据地"。全军撤销或合并了一些初级指挥院校和专业技术院校。院校数量精简12%，人员数量减少20%。指挥院校形成了初、中、高三级培训体系。初级指挥院校按中专、大专、本科三个层次培养各军兵种初级指挥员。军事学院、政治学院、后勤学院合并为国防大学，培养军级以上军事、政治、后勤指挥

1985年6月,邓小平在中央军委扩大会议上宣布,中国人民解放军三年内裁减员额100万。

员，大军区以上机关高级参谋人员，军队高级理论研究人员，并开展国防和现代化建设问题的研究，为中央军委和总部的决策提供咨询。此外，海、空军各试办一所士官学校，并在全军42所军事院校内设置士官大队，完善军官教育体系，使指挥院校的结构更加合理，专业技术军官的培训体制更加健全。已经组建的预备役师、团，正式列入中国人民解放军序列，授予番号和军旗。形成常备军与后备力量相结合的新体制。在确定实行义务兵和志愿兵相结合的服役制度后，军队中原先由军官担任的行政管理、技术领导等76种职务，改由军士长担任，其中包括连队的司务长、电影放映队队长及电台台长、各类修理技师等。全军官兵比例由原来的1∶2.45降到1∶3.3，其中陆军部队官兵比例降到1∶6.4。此外，还减少了指挥机关里的副职，使指挥系统更加精干。结合精简整编，按照革命化、年轻化、知识化、专业化的方针调整配备了三总部、大军区、军兵种的领导班子。调整后的三总部领导班子的人数比原来减少23.8%，大军区领导班子的人数比原来减少一半。在平均年龄上，由原来的64.9岁下降到56.7岁，每个班子中都有40岁、50岁、60岁左右的干部，基本上形成了梯次结构年龄。知识结构也进一步改善，60%的干部具有大专以上文化程度，75%的干部经过院校培训。他们都有着丰富的部队工作经验，有的还是战斗英雄。一批德才兼备、年富力强的干部走上军队高级领导岗位，使人民解放军的高级领导层更加富有朝气和活力。此外，人民解放军高级领导班子的配备，不仅重视领导成员个人素质，而且注重整个班子的群体素质，合理地配备各种类型的人才，提高了整体效能。1992年7月，邓小平在审阅十四大报告时指出："中国的武装力量，人数可以减少，但是质量要提高，不能削弱。中国是个大国，没有足够的武装力量，保证不了国家的安全。军队的问题是加强装备，加强作战指挥能力，提高战斗力。"

邓小平着眼于国际大势和国家大局，着眼于军队新时期的历史使命，按照建设一支强大的现代化、正规化的革命军队的要求，确定了加强军队建设的一系列方针原则，开创了有中国特色的精兵之路。军队实现了军队建设指导思想的战略性转变，即由准备"早打、大打、打核战争"转到和平时期建设的轨道上来，摆脱多年来在临战状态下进行应急式建设的被动局面，在服从和服务于国家经济建设的前提下，有计划有步骤地进行现代化建设，朝着精兵、合成、高效的方向迈出重要一步。百万大裁军举世瞩目，它为世界和平作出了贡献，受到全世界的称赞。

邓小平的战略思维极大地促进了中国社会主义现代化建设的发展，并有其独特性。毫无疑问，邓小平是属于中国的，也是属于世界的，他的战略思想不仅改变着当今时代，

中国核潜艇大洋练兵。

而且深刻影响着世界的未来,对世界所有爱好和平与发展的人们将继续产生积极而深远的影响。

【评价】

他不仅是现代中国的设计师,也是20世纪后期重新塑造国际关系格局的一位最为重要的人物。

——印度前总理拉吉夫·甘地

邓小平不仅对中国,而且对世界有着重要影响。中国执行的改革开放政策,不仅符合中国的利益,而且也符合世界的利益,同时也符合美国的利益。

——美中关系全国委员会前会长兰普顿

正是由于邓小平思想的指引,中国在当时美苏争霸的国际形势下,争取到了更多的国际活动空间,为改革开放赢得了良机。中国从此跻身于世界强国之列,为人类的和平和发展作出了贡献。

——巴西前参议长兼国会主席萨尔内

邓小平是和平的缔造者,是各国人民之间相互理解的倡导者,是当代历史的杰出导演。他是打开通向各国和睦相处、相互尊重和国际合作新纪元大门的领导者之一。

——哥伦比亚新闻界

他在治国、治党、治军以及在处理我们国家与外部世界的关系方面,从言论到运作,从洞悉到把握,都充满着创见和智慧,其手笔之大,远非一般政治家所能达到。

——作家雷抒雁

我们纪念邓小平同志,就要学习他坦荡无私的博大胸襟。坦荡无私,是邓小平同志一生最光辉的人格魅力,也永远是中国共产党人应该锤炼的品质修养。

邓小平同志始终以劳动人民的一员看待自己,始终以共产党员的标准要求自己,不屈不挠面对困难,有情有义对待同志,一以贯之严格自律,自始至终谦虚谨慎,为我们树立了共产党人自觉加强党性修养的光辉典范。

邓小平同志始终把党和国家前途命运放在心中最高的位置,从不计较个人得失。他说:"我自从十八岁加入革命队伍,就是想把革命干成功,没有任何别的考虑。"他一生"三落三起"都是因为敢于坚持真理、修正错误,每次被错误批判打倒都豁达乐观、沉着坚韧,对未来充满希望;每次复出重新回到工作岗位都无私无畏、以顽强的意志排除各种干扰,坚定不移推动正确路线方针政策的形成和实践。"文化大革命"结束后,邓小平同志再度出来工作,依然表示:"我出来工作,可以有两种态度,一个是做官,一个是做点工作。我想,谁叫你当共产党人呢,既然当了,就不能够做官,不能够有私心杂念,不能够有别的选择。"邓小平同志真正做到了心底无私天地宽。

邓小平同志客观公正对待党的历史、对待同志、对待自己,谦逊随和,平易近人,善于同人合作共事。革命战争年代,他同刘伯承同志共事13年,形成亲密无间的革命友谊。他善于团结和使用同自己意见不同的人一道工作,从不以个人恩怨待人处事。他说:"要抛弃个人恩怨来选择人,反对过自己的人也要用。"邓小平同志一贯反对特权、反对腐败,对亲属和身边工作人员总是严格要求。

邓小平同志功高至伟却从不居功自傲。他多次讲:"永远不要过分突出我个人。我所做的事,无非反映了中国人民和中国共产党人的愿望。"他以唯物主义者的精神看待生死问题,对家人说:"我哪天去,哪天走,不关紧要。自然规律违背不得,你们要想透这个问题。"他逝世后,按照他的遗愿,把角膜捐献给了医院,遗体供医学解剖,骨灰撒入大海,奉献了自己的一切。

共产党人拥有人格力量,才能无愧于自己的称号,才能赢得人民赞誉。我们要学习邓小平同志公而忘私、无私无畏的博大胸怀,加强党性修养,严于律己、宽以待人,正确对待组织,正确对待同志,正确对待自己,正确对待权力,积极践行社会主义核心价值观,为党和人民事业赤诚奉献,以身作则推动营造风清气正的党风、政风和社会风气。

——习近平在纪念邓小平同志诞辰110周年座谈会上的讲话(2014年8月20日)

第六章　坦荡无私

邓小平为共产主义事业和国家的独立、统一、建设、改革事业奋斗了70多年，他始终能够正确对待个人与党和人民的关系，胸襟宽广，谦虚谨慎，从不居功自傲。他总是把党和国家的前途命运放在心中最高位置，心底无私，襟怀坦荡，从不计较个人得失和荣辱进退，一直保持着一颗普通人的平常心，一直保持着把自己当作人民儿子的无私情怀。

一、"毛泽东思想这个旗帜丢不得"

我们要对毛主席一生的功过作客观的评价。我们将肯定毛主席的功绩是第一位的，他的错误是第二位的。

——邓小平

毛泽东思想不仅过去引导我们取得革命的胜利，现在和将来还应该是中国党和国家的宝贵财富。

——邓小平

"文化大革命"结束后，在如何对待毛泽东的问题上，众说纷纭，甚至出现了"非毛化"倾向。邓小平在"文化大革命"中被打倒，复出后又因全面整顿被再次打倒。这两次被打倒与毛泽东不无关系，但这丝毫没有影响邓小平科学地评价毛泽东。邓小平反对全盘否定毛泽东，实事求是地在区别毛泽东思想的科学原理和毛泽东晚年的错误的基础上，既态度鲜明地批评和纠正毛泽东晚年的错误，又理直气壮地肯定毛泽东的历史地位和贡献，坚持和高举毛泽东思想的旗帜，表现出巨大的政治勇气、卓越的政治智慧、高超的驾驭局势的能力和宽广无私的胸襟。

在对待毛泽东的问题上，当时国内出现了不同的甚至截然相反的倾向。一种是"左"

的倾向,坚持"两个凡是"的错误方针,在强调必须坚持毛泽东思想、高举毛泽东思想的旗帜的时候,把毛泽东晚年的错误也包括在内,以至于其实际意义就是继续维护这种错误。另一种是右的倾向。有些人把中华人民共和国成立后的历史看成一团漆黑,在要求纠正"文化大革命"的错误的时候,将"文化大革命"的错误归结为毛泽东思想的错误,把中国共产党的失误,甚至把林彪、"四人帮"的罪行也归罪于毛泽东。这种倾向把毛泽东思想和毛泽东晚年的错误混淆起来,因而对于要不要继续坚持毛泽东思想,要不要继续高举毛泽东思想的旗帜,发生怀疑和动摇。更有极少数人打着所谓"社会改革"的幌子,以反个人崇拜为名,极端贬低毛泽东的历史功绩,极端夸大毛泽东的错误,全盘否定毛泽东、否定毛泽东思想。

国外也非常关注毛泽东以后的中国如何评价毛泽东和毛泽东思想。一些媒体,尤其是西方国家的一些传媒散布,中国共产党纠"左"和拨乱反正是否定毛,搞"非毛化"。港台的媒体也推断:"大陆批毛,势在必行。"不少社会主义国家的党和第三世界国家领导人对中国如何评价毛泽东和毛泽东思想非常关注,而许多西方国家则以此作为观察中国今后政治走向的风向标,作为制定对华政策的重要依据。因此,科学评价毛泽东的历史地位和毛泽东思想的指导作用,对于澄清国际舆论,回击国际敌对势力的污蔑,创造良好的外部环境,至关重要。

1977年4月,"两个凡是"提出不久,邓小平还没有恢复工作,就致信党中央,率先批评"两个凡是"的错误方针,提出要世世代代用完整的准确的毛泽东思想来指导我们全党全军和全国各族人民。

1977年7月,中共十届三中全会恢复邓小平的工作。邓小平在全会的闭幕会上讲话,又进一步论述了如何正确对待毛泽东思想的问题。更加明确地阐述了"完整""准确"这一提法的含义。他说,只有对毛泽东思想体系有完整的(不是零碎的)、准确的(不是随意的)认识,并且运用它来指导我们的各项工作,才不至于割裂、歪曲毛泽东思想。

1978年11月,在中共十一届三中全会前夕召开的中央工作会议期间,邓小平明确指出:"我们不能要求伟大领袖、伟大人物、思想家没有缺点错误,那样要求就不是马克思主义者。外国人问我,对毛主席的评价,可不可以像对斯大林评价那样三七开?我肯定地回答,不能这样讲。党中央、中国人民永远不会干赫鲁晓夫那样的事。"他在这次会议的闭幕会上作的《解放思想,实事求是,团结一致向前看》的讲话中,再次充分肯定了毛泽东的功绩:"没有毛主席就没有新中国,这也丝毫不是什么夸张。毛泽东思想培育了我们

1960年，邓小平在二届全国人大二次会议休息时与毛泽东交谈。

1973年，邓小平在韶山参观毛泽东旧居。

1978年12月，邓小平在十一届三中全会主席台上。右起：汪东兴、李先念、叶剑英、华国锋、邓小平、陈云。

整整一代人。我们在座的同志,可以说都是毛泽东思想教导出来的。没有毛泽东思想,就没有今天的中国共产党,这也丝毫不是什么夸张。"同时他也指出:"当然,毛泽东同志不是没有缺点、错误的,要求一个革命领袖没有缺点、错误,那不是马克思主义。我们要领导和教育全体党员、全军指战员、全国各族人民科学地历史地认识毛泽东同志的伟大功绩。"

1979年是中华人民共和国成立30周年。这是对新中国30年历史总结的机会。6月,中共中央正式决定由叶剑英代表中央在庆祝国庆30周年大会上作讲话。邓小平非常关心这篇讲话稿的起草,多次对稿子的修改提出意见。他强调稿子的主要问题是对毛泽东怎么讲的问题。他说:"还是要讲在三十年的历史上毛主席是有伟大功绩的,我们的一切成就是在毛泽东思想照耀下取得的。我们的党、军队、人民是受毛泽东思想教育,在毛主席领导下建立功勋的。""要讲我们有了正面经验,也有了反面经验,两方面的经验经过总结,教育了我们人民,教育了我们党,说明马列主义、毛泽东思想是指引我们前进的指南,正是因为这样,我们党就站住了,我们的社会主义制度也站住了。毛主席指引我们战胜重重障碍,克服一切艰难险阻,经过惊涛骇浪,终于使社会主义的中国在世界上站得更高了,高高地站住了。"

邓小平特别强调:现在要注意,有些从"左"的方面来攻击党的人,也打着维护毛主席的旗号。这是一个新动向。所以,这个稿子要批判来自"左"的以及右的错误思想的干扰。要使人看了文章以后得出一个总的印象,我们党和人民现在是在真正搞毛泽东思想,完整准确地学习、运用毛泽东思想,是真正将毛主席为我们制定的路线、方针、政策付之实现,不是搞片言只语。这是个非常大的问题。

1979年9月29日,在庆祝中华人民共和国成立30周年大会上,叶剑英代表中共中央、全国人大常委会和国务院发表了重要讲话。讲话恢复了中共七大对毛泽东思想的提法,即:毛泽东思想是马克思主义的普遍真理同中国革命具体实践相结合的产物。并且明确指出:"毛泽东思想不止是毛泽东同志一个人智慧的产物,也是他的战友们、党和革命人民智慧的产物。"讲话对毛泽东和毛泽东思想的历史地位和指导作用,给予充分的肯定,对"文化大革命"前十七年毛泽东在理论和实践上的功绩、贡献作了充分的阐述,至于他的失误、缺点,虽未明说,但"无论党内党外,看了都会知道,虽然没有直接批评,但是暗含着一种批评"。

随着时间的推移,以邓小平为核心的中共中央领导集体认识到,尽快用党的决议的形式,对"文化大革命"、毛泽东的历史地位、毛泽东思想的指导作用等重大问题作出正式结论,极端重要和紧迫。1979年11月,中共中央正式成立以胡乔木为主要负责人的《关于建国以来党的若干历史问题的决议》起草小组。

《决议》的起草是这一时期邓小平集中抓的一项主要工作。从1979年11月开始,到1981年6月《决议》完成,在《决议》起草一年多的时间里,邓小平先后同起草工作小组的胡乔木、邓力群等人进行过多达十六七次的谈话,他关注的核心问题就是如何科学评价毛泽东的历史地位和毛泽东思想。

1980年3月,起草小组拟出《决议》提纲,送邓小平审阅。邓小平看后,感到铺得太宽了。他认为要写得集中一些。对重要问题要加以论断,论断性的语言要多些,当然要准确。

邓小平指出,中心的意思应该是三条:

"第一,确立毛泽东同志的历史地位,坚持和发展毛泽东思想。这是最核心的一条。不仅今天,而且今后,我们都要高举毛泽东思想的旗帜。十一届五中全会为刘少奇同志平反的决定传达下去以后,一部分人中间思想相当混乱。有的反对给刘少奇同志平反,认为这样做违反了毛泽东思想;有的则认为,既然给刘少奇同志平反,就说明毛泽东思想错了。这两种看法都是不对的。必须澄清这些混乱思想。对毛泽东同志、毛泽东思想的评价问题,党内党外和国内国外都很关心,不但全党同志,而且各方面的朋友都在注意我们怎么说。"

"第二,对建国三十年来历史上的大事,哪些是正确的,哪些是错误的,要进行实事求是的分析,包括一些负责同志的功过是非,要做出公正的评价。"

"第三,通过这个决议对过去的事情做个基本的总结。还是过去的话,这个总结宜粗不宜细。总结过去是为了引导大家团结一致向前看。争取在决议通过以后,党内、人民中间思想得到明确,认识得到一致,历史上重大问题的议论到此基本结束。"

4月1日,邓小平又召集胡耀邦等人,谈修改后的《历史问题决议》提纲的看法。强调:"决议中最核心、最根本的问题,还是坚持和发展毛泽东思想。党内党外、国内国外都需要我们对这一问题加以论证,加以阐述,加以概括。"他要求尽快搞出个稿子来。针对当时把过去党和国家工作中的错误都统统算到毛泽东一个人身上的偏向,邓小平指出:"讲错误,不应该只讲毛泽东同志,中央许多负责同志都有错误。'大跃进',毛泽东同志头脑发热,我们不发热?刘少奇同志、周恩来同志和我都没有反对,陈云同志没有说话。在这些问题上要公正,不要造成一种印象,别的人都正确,只有一个人犯错误。这不符合事实。中央犯错误,不是一个人负责,是集体负责。在这些方面,要运用马列主义结合我们的实际进行分析,有所贡献,有所发展。"

不料,《决议》草稿出来后,邓小平不满意,觉得草稿写得太沉闷,不像个《决议》,没有很好体现原来的设想,即确立毛泽东同志的历史地位,坚持和发展毛泽东思想。

6月27日,他同胡耀邦、胡乔木、姚依林、邓力群等人谈话,毫不客气地提出这样的稿子"不行,要重新来",必须进行大的修改,指出:"要说清楚关于社会主义革命和社会主义建设,毛泽东同志有哪些贡献。他的思想还在发展中。我们要恢复毛泽东思想,坚持毛泽东思想,以至还要发展毛泽东思想,在这些方面,他都提供了一个基础。要把这些思想充分地表达出来。"他说:"重点放在毛泽东思想是什么、毛泽东同志正确的东西是什么方面。错误的东西要批评,但是要很恰当。单单讲毛泽东同志本人的错误不能解决问题,最重要的是一个制度问题。毛泽东同志说了许多好话,但因为过去一些制度不好,把他推向了反面。毛泽东同志晚年在理论和实践上的错误,要讲,但是要概括一点,要恰当。主要的内容,还是集中讲正确的东西。因为这符合历史。"他要求起草小组的同志对一些错误意见就是要硬着头皮顶住,不能接受。整个地说,就是要同这些意见唱反调。要坚定不移地按原来的设想改好《决议》,不受这些意见的影响。

在这个重大原则问题上,邓小平的态度始终是一贯的和坚定不移的。当时如果没有邓小平,维护毛泽东的历史地位将非常困难。

7月,起草小组根据邓小平的意见,对草稿作了较大修改,将修改意见提交中央书记处讨论。就在起草小组紧张工作的同时,北京在悄然进行着一个行动。

1980年7月30日,人民大会堂的两幅毛泽东的巨幅画像和两块巨型标语牌被摘了下来。尽管中共中央随后作了说明,强调这样做是鉴于以往毛泽东主席画像、语录、诗词在公共场所悬挂得太多,但此举还是令刚从"文化大革命"的狂热中走出来的中国人产生了很多疑惑。当时外国人对中国了解还不多,对中共十一届三中全会以后中国发生的伟大历史性转折的了解更少,因而更难以理解中国共产党此举的真正含义。

1980年8月21日,著名意大利女记者奥琳埃娜·法拉奇就是怀着满腹疑惑,专程采访邓小平的,她提的问题相当尖锐。

法拉奇问:"天安门上的毛主席像,是否要永远保留下去?"

邓小平的回答也相当明了:"永远要保留下去。过去毛主席像挂得太多,到处都挂,并不是一件严肃的事情,也并不能表明对毛主席的尊重。尽管毛主席过去有段时间也犯了错误,但他终究是中国共产党、中华人民共和国的主要缔造者。拿他的功和过来说,错误毕竟是第二位的。他为中国人民做的事情是不能抹杀的。从我们中国人民的感情来说，我们永远把他作为我们党和国家缔造者来纪念。"

法拉奇又问："对西方人来说，我们有很多问题不理解。中国人民在讲起'四人帮'时，把很多错误都归咎于'四人帮'，说的是'四人帮'，但他们伸出的却是五个手指。"

显然西方是把毛泽东的错误同"四人帮"的罪行混同了。

对此，邓小平明确答道："毛主席的错误和林彪、'四人帮'问题的性质是不同的。毛主席一生中大部分时间是做了非常好的事情的，他多次从危机中把党和国家挽救过来。没有毛主席，至少我们中国人还要在黑暗中摸索更长的时间。毛主席最伟大的功绩是把马列主义的原理同中国革命的实际结合起来，指出了中国夺取革命胜利的道路。应该说，在六十年代以前或五十年代后期以前，他的许多思想给我们带来了胜利，他提出的一些根本的原理是非常正确的。他创造性地把马列主义运用到中国革命的各个方面，包括哲学、政治、军事、文艺和其他领域，都有创造性的见解。"同时，邓小平也非常客观地指出了毛泽东的错误，并分析了发生错误的原因，他说："他在一生的后期，特别在'文化大革命'中是犯了错误的，而且错误不小，给我们党、国家和人民带来许多不幸。你知道，我们党在延安时期，把毛主席各方面的思想概括为毛泽东思想，把它作为我们党的指导思想。正是因为我们遵循毛泽东思想，才取得了革命的伟大胜利。当然，毛泽东思想不是毛泽东同志一个人的创造，包括老一辈革命家都参与了毛泽东思想的建立和发展。主要是毛泽东同志的思想。但是，由于胜利，他不够谨慎了，在他晚年有些不健康的因素、不健康的思想逐渐露头，主要是一些'左'的思想。有相当部分违背了他原来的思想，违背了他原来十分好的正确主张，包括他的工作作风。这时，他接触实际少了。他在生前没有把过去良好的作风，比如说民主集中制、群众路线，很好地贯彻下去，没有制定也没有形成良好的制度。这不仅是毛泽东同志本人的缺点，我们这些老一辈的革命家，包括我，也是有责任的。我们党的政治生活、国家的政治生活有些不正常了，家长制或家长作风发展起来了，颂扬个人的东西多了，整个政治生活不那么健康，以至最后导致了'文化大革命'。"

但当法拉奇提出对"四人帮"进行审判的时候，以及开下一届党代会时，在何种程度上会牵涉到毛主席时，邓小平非常坚决地说："我们要对毛主席一生的功过作客观的评价。我们将肯定毛主席的功绩是第一位的，他的错误是第二位的。我们要实事求是地讲毛主席后期的错误。我们还要继续坚持毛泽东思想。毛泽东思想是毛主席一生中正确的部分。毛泽东思想不仅过去引导我们取得革命的胜利，现在和将来还应该是中国党和国家的宝贵财富。所以，我们不但要把毛主席的像永远挂在天安门前，作为我们国家的象

1980年8月，邓小平在人民大会堂连续两次接受意大利女记者奥琳埃娜·法拉奇的采访，明确表示：天安门上的毛主席像要永远保留下去。

1974年底,毛泽东称赞邓小平人才难得,政治思想强。

征,要把毛主席作为我们党和国家的缔造者来纪念,而且还要坚持毛泽东思想。我们不会像赫鲁晓夫对待斯大林那样对待毛主席。"

几天后,法拉奇在美国的《华盛顿邮报》全文发表了这次采访记录,在世界范围内引起了巨大反响。邓小平通过法拉奇,给世界所有关注中国的国家和个人吃了一颗"定心丸"。

《决议》草稿从1980年9月起在一定范围内征求意见。其中影响最大的一次是1980年10月在党内4000人范围内征求意见。讨论中,大多数同志对草稿中历史地科学地评价毛泽东和"文化大革命",对肯定毛泽东思想,表示赞同,但也有些同志,提出了不同意见,对毛泽东提出了不正确的批评,特别是有些挨过整的人,意见相当极端。

邓小平仔细看了讨论情况的简报,他首先给予肯定,认为"畅所欲言,众说纷纭,有些意见很好"。同时邓小平认为,对于讨论中出现的偏激意见,必须澄清。

10月25日,他又召集胡耀邦、胡乔木、邓力群谈话,说讨论中出现的这些错误意见是否定毛泽东。他再次明确阐述自己的看法:"不提毛泽东思想,对毛泽东同志的功过评价不恰当,老工人通不过,土改时候的贫下中农通不过,同他们相联系的一大批干部也通不过。毛泽东思想这个旗帜丢不得。丢掉了这个旗帜,实际上就否定了我们党的光辉历史。"

对于讨论过程中,有人把许多问题都归结到毛泽东的个人品质上的错误意见,邓小平认为是不对的,他说:"实际上,不少问题用个人品质是解释不了的。即使是品质很好的人,在有些情况下,也不能避免错误。""对于错误,包括毛泽东同志的错误,一定要毫不含糊地进行批评,但是一定要实事求是,分析各种不同的情况,不能把所有的问题都归结到个人品质上。毛泽东同志不是孤立的个人,他直到去世,一直是我们党的领袖。对于毛泽东同志的错误,不能写过头。写过头,给毛泽东同志抹黑,也就是给我们党、我们国家抹黑。这是违背历史事实的。"

1981年6月27日,中共十一届六中全会通过《关于建国以来党的若干历史问题的决议》。在邓小平的领导和主持下制定的《关于建国以来党的若干历史问题的决议》,对"文化大革命"的错误和导致这个错误的由来,作出了历史的结论。同时,对建党以来和新中国成立以来取得的伟大的历史成就,作出了充分的评价,维护了毛泽东在我们党和我们国家历史上的崇高地位,肯定了坚持和发展毛泽东思想对于指导我们事业的重大意义。《决议》指出:"毛泽东同志是伟大的马克思主义者,是伟大的无产阶级革命家、战略家和理论家。他虽然在'文化大革命'中犯了严重错误,但是就他一生来看,他对中国革命的功绩远远大于他的过失。他的功绩是第一位的,错误是第二位的。他为我们党和中国人民解放军的创立和发展,为中国各族人民解放事业的胜利,为中华人民共和国的缔造和我国社会主义事业的发展,建立了永远不可磨灭的功勋。他为世界被压迫民族的解放和人类进步事业作出了重大贡献。"

尽管邓小平在"文化大革命"中遭遇了挫折,但邓小平在面对全面否定毛泽东错误思潮的时候,仍然表现出了作为一名真正的共产党员实事求是的立场和坦荡无私的胸怀。参与起草《历史决议》的邓力群曾说:"小平同志三次被打倒,两次是被毛泽东打倒。要讲毛泽东整干部,整邓小平整了两次,整得相当厉害啊,特别是后来一次。如果邓小平不是从全党的利益出发,不是从大局的利益出发,不考虑整个国家的利益,不考虑到整个党的利益,不考虑到几十年历史的经验的话,那就不可能这样理直气壮地来批驳这些完全错误的意见。在起草决议时,如果小平同志把毛泽东放在一个普普通通的地位,对毛泽东思想也采取可有可无的态度,决议也可能通过,那就根本起不到后来这个决议所能起到的作用。""所谓伟人确确就是在这一点上。"随着国内建设的发展和国际局势的变化,越来越显示出邓小平作出这个重大决策的深远意义。邓小平科学评价毛泽东和毛泽东思想,对于后来中国继往开来,沿着正确轨道快速发展,形成今天这样的大好局面,起了不可估量的作用。

【评价】

邓小平拯救了中国。没有他,中国可能会像苏联一样。

——新加坡前总理李光耀

正是小平同志坚持高举马列主义、毛泽东思想的旗帜,维护了毛泽东同志的历史地位,科学地评价了毛泽东思想,充分体现出小平同志作为一个共产党人的博大胸怀。

——原国家经委主任袁宝华

二、"从来不搞小圈子"

自我评论，我不是完人，也犯过许多错误，不是不犯错误的人，但是我问心无愧，其中一点就是从来不搞小圈子。

——邓小平

邓小平性情随和，平易近人，善于团结同志，合作共事。他与老战友们之间结下了深厚的革命友谊，其中，交往、合作时间最长的当数周恩来总理。

邓小平与周恩来初识于20世纪20年代初的法国。1920年，邓小平和周恩来相继来到法国。在巴黎，周恩来加入了中国共产党八个发起组之一的巴黎共产主义小组，后又成为共产党旅欧支部的创立者和负责人之一。邓小平则由于华法教育会不再资助留法勤工俭学生，北洋政府也拒绝救济，而不得不离开学校，去工厂做工。所幸的是，邓小平很快结识了周恩来、赵世炎等人，在他们的影响下，走上了革命道路。

1923年，邓小平加入旅欧中国共产主义青年团，并在周恩来的指导下，从事《赤光》杂志的编辑工作。这段时间，邓小平和长他六岁的周恩来十分亲近。年轻时的周恩来稳健潇洒、朝气蓬勃，更是一位善解人意的兄长，邓小平从他身上学到了很多东西。白天，邓小平负责杂志的刻写、印刷、装订，晚上，要是工作得太晚，他就在周恩来的小房间里打个地铺。

1927年，回国后的邓小平几经周折，辗转到武汉中共中央机关工作，此时的周恩来是中共中央政治局常委和中央军事部长。邓小平再度在周恩来的直接领导下工作。八七会议后，中共中央机关迁至上海。周恩来和邓小平在白色恐怖的上海开始了又一次的默契合作。有一段时间，邓小平和新婚妻子张锡瑗同周恩来、邓颖超夫妇同住在一所房子里，相处得像一家人。

中华人民共和国成立后不久，主政西南的邓小平调任中央工作，更加密切地与周恩来一起工作。1952年7月，邓小平奉命进京担任政务院副总理。从这个时候开始，邓小平协助周恩来工作，两人的默契合作持续了十几年。

1956年，邓小平在八届一中全会上当选为中央委员会总书记。他与周恩来一个是党内总管，一个是政府总理，互相信任，互相理解，互相支持。

那时候党中央召开书记处会议，但凡涉及一些比较重要的问题，周恩来都会参加。在书记处召开第一次会议时，邓小平看见周恩来到场，便说："周总理，你来了，那请你主持。"周恩来则说："这个会我不适合主持，还是你来主持。"

然而，这段和谐美好的时光并没有一直持续下去，周恩来和邓小平两人之间良好的合作关系，因为突然到来的"文化大革命"而中断。

1969年，在"文革"中被打成"党内第二号走资派"的邓小平，被疏散到江西劳动。在北京苦苦支撑危局的周恩来，仍竭尽所能地为老友一家作了细致安排。周恩来特意给江西省革命委员会打电话，交代邓小平即将去江西疏散的情况。在接到周恩来的指示后，江西省革委会提出让邓小平夫妇去赣州。周恩来否定了这个方案。在周恩来看来，赣州交通不便，山区条件差，他提出应该将邓小平安排在江西南昌市郊，并住两层楼房，独家独院，便于照顾和保证安全。

据原江西省革委会核心领导小组办公室主任程惠远回忆，那时候周恩来对邓小平的疏散作了极为细致的安排，连屋里有没有暖气、房费收得高不高这些问题都一一过问。

1972年1月6日，在"文革"中受到冲击的陈毅元帅在北京与世长辞，毛泽东带病出席了追悼会。追悼会上，里穿睡袍外罩大衣的毛泽东当众提到邓小平属于人民内部矛盾。一旁的周恩来敏锐地捕捉到了这个政治信号，开始积极为邓小平的复出铺路。

1973年2月，邓小平一家在江西被软禁了三年之后终于踏上返京之路。随后，他们住进了周恩来为他们准备好的住地。第一个到邓家看望邓小平的就是邓颖超。在江西一直与世隔绝、不知中央情况的邓小平，第一次从邓颖超口中得知了周恩来的病情。卓琳当场就哭了，邓小平则陷入了长久的沉默。

事实上，自从1972年5月周恩来被确诊后，医护人员就一再要求周恩来减少日常工作以配合治疗。但周恩来坚持一定要等邓小平回来以后再住院。

1973年3月10日，《关于恢复邓小平同志党的组织生活和国务院副总理职务的决定》发至全党、全军、全国。在周恩来的大力推动下，邓小平复出之事终于尘埃落定。在办完这件大事后的当天，心力交瘁的周恩来终于松了一口气，正式向中央提出告假休息。

在周恩来的安排下，1973年4月12日，邓小平亮相于人民大会堂欢迎西哈努克亲王一

1963年春，邓小平与周恩来在颐和园。

行的宴会上,这是邓小平自1967年离开政治舞台后的首次亮相。邓小平的正式复出成为世界舆论轰动一时的新闻。

1974年4月6日,邓小平前往美国参加联合国大会第六次特别会议。出行当天,周恩来不顾病体,亲自到机场送行。几天后,邓小平从联合国归来。在踏出机舱门的那一刻,第一个落入他视线的,依旧是周恩来瘦弱却依然坚挺的身影。

四届人大会议结束后,周恩来向中央提出了一项重大建议。他建议国务院的日常工作由邓小平全面负责。复出工作仅一年多,邓小平就被赋予了党政军大权。他不负老战友的重托,大张旗鼓、大刀阔斧地开展全面整顿。面对这样的情形,"四人帮"在恼怒、恐慌之余,开始不断寻找并利用一切机会,企图阻碍邓小平的正常工作。邓小平一方面义无反顾地推动整顿,一方面同"四人帮"针锋相对地斗争,承受着巨大的压力。然而,压力再大,工作再忙,邓小平也会抽出空来,陪着邓颖超一起同周恩来的主治医生定期开会,研究治疗方案。

1975年9月的一天,周恩来因为病情迅速恶化,需要进行一次大型手术。邓小平、李先念、汪东兴、邓颖超等都在医院守候,这中间还有张春桥。

在将要到达手术室门口的时候,周恩来突然问道:小平同志在吗?邓小平赶紧走了过来,俯在周恩来的头旁。周恩来紧紧握着邓小平的手,激动地看着他,声音扬得很高,说:"过去一年多的工作证明你比我强得多!"

经过五个小时的手术,医生发现周恩来体内的癌细胞已经扩散到全身,无法医治。得知这个消息后的邓小平内心极度悲伤,他忍住悲痛,指示医疗组:减少痛苦,延长生命。

1976年1月8日,78岁的周恩来永远停止了呼吸。在那场举国哀痛的追悼会上,邓小平为周恩来致悼词。据邓小平女儿邓榕说,母亲曾经告诉她,自己和邓小平结婚几十年,从来没见过邓小平掉眼泪,也从未见过他大悲或大喜的情绪表露。但在周恩来总理的追悼会上,邓小平在致悼词的时候哽咽了。

1980年的8月,邓小平在接受意大利女记者奥琳埃娜·法拉奇的采访中,曾这样谈起过周恩来:"周总理是一生勤勤恳恳、任劳任怨工作的人。他一天的工作时间总超过十二小时,有时在十六小时以上,一生如此。我们认识很早,在法国勤工俭学时就住在一起。对我们来说他始终是一个兄长。我们差不多同时期走上了革命的道路。他是同志们和人民很尊敬的人。"

邓小平另一位长期合作的老战友就是刘伯承。1938年1月,邓小平调任129师政委,

1945年，邓小平、卓琳和刘伯承、汪荣华（左三）两家人在河北武安县。

1949年底，邓小平与刘伯承在重庆。

由此开始了与刘伯承的并肩合作。

从抗战时期开辟太行山根据地，到解放大西南，整整13年的戎马生涯，刘邓二人共同经历过晋冀鲁豫、中原和西南三大战略区。烽火弥漫中，他们一直并肩浴血太行，驰骋解放战场，同舟共济，亲密无间，结下了深厚的友谊。邓小平曾在回忆刘伯承的文章中写道："我认识伯承，是一九三一年在中央苏区。初次见面，他就给我留下忠厚、诚挚、和蔼的深刻印象。我们一起工作，是一九三八年在八路军一二九师，一个师长，一个政治委员，以后在晋冀鲁豫野战军、中原野战军、第二野战军，前后共事十三年，两人感情非常融洽，工作非常协调。我比他小十多岁，性格爱好也不尽相同，但合作得很好。人们习惯地把'刘邓'连在一起，在我们两人心里，也觉得彼此难以分开。同伯承一起共事，一起打仗，我的心情是非常愉快的。"

1940年，为了粉碎日本侵略者的"囚笼政策"，争取华北战局有利发展，八路军总部决定向华北日军占领的交通线和据点发动大规模破击战役。刘邓率领所部38个团参加，共进行大小战争500余次。

据原129师政治部科长张香山回忆："有一天，参谋长打电话叫我到师长那里去，一进去看到邓小平同志拿着洋蜡，在窑洞里贴着的一个五分之一的地图上找地名。因为师长一只眼睛是失明的，不大方便看东西，所以有些地名要找到的话，得小平同志帮着他。小平同志拿着洋蜡，刘师长顺着洋蜡的光线看地图，一个说什么地名什么地名，两个人就商量，怎么样跳出包围圈，怎么样抵御、防备进攻。他们真的是非常亲密的战友。"

在129师工作过的同志都知道，只要刘伯承表态过的事，去问邓小平，邓小平一定说："照刘师长讲的办。"同样，凡是邓小平说过了话，再去请示刘伯承，刘伯承也必定会说："按邓政委讲的办。"129师师部好多同志都记得师长常说的一句话：政委说了就是决定，立即执行。百团大战、激战淮海、进军大西南，一个个惊天动地的大战，无不显示了刘邓的默契合作。即使在大别山，因为斗争需要分成两个指挥所，部队接到的战略战术指示，仍然是出自一个刘邓司令部。"刘邓不可分"，一直是129师和二野部队老同志中流传的佳话。

曾经在二野担任过新华社前线特派记者李普说过："在刘邓之间，是难以放进一个顿号的。"邓小平自己说过："人们说我跟刘伯承两个刘邓不分家，中间没有顿号，连在一起，实际上就像穿了连裆裤一样，一直是刘邓、刘邓；中央发来电报都是刘邓，别人都管我们叫刘邓。所以刘邓大军中间也没有点。"

1942年春夏，日军对晋冀鲁豫抗日根据地进行了两次春季扫荡，给根据地造成了很大损失。为了尽快扭转不利局面，组织上决定刘伯承长留太行山区指挥反扫荡作战，邓小平率772团一部去太岳区布置检查工作。

要去太岳，必须通过敌人设置封锁的白晋线，路途上危险重重。为了保证邓小平的安全，刘伯承事先作了严密部署，但邓小平出发后，他还是放心不下。据原129师司令部机要科科长杨国宇回忆："刘伯承一个人在家里，老惦记政委，心里悬吊吊的样子，不放心。有一天半夜，他跑来了两次，说陈赓那里有电报来没有？有什么消息没有？开始作战处的人来问，我们都烦了，就把门锁起来，不让他进来。最后刘伯承来问，他进来看到我们正在译邓小平的电报，这下他就放心了。"

1947年8月底，刘邓大军经过千里跋涉到达大别山。面对国民党33个旅围攻大别山的严峻形势，他们决定实施战略再展开，即刘邓分兵，分别成立野前、野后指挥部。邓小平后来电告中央军委："我及先念率指挥所在大别山。伯承因身体不好，暂率野后在淮河以北，并指挥各纵。"12月10日晚，刘邓二人在王家湾分别时，邓小平说："我到底比你年轻，留在大别山指挥，你到淮西去指挥全局。"刘伯承说："警卫团都给你留下，我只带一个排就行了。你在大别山行动频繁，我带电台在淮西给你提供敌情。"分手的那一天，邓小平冒着雨雪给刘伯承送行。他们都没有上马，并肩步行，一坡又一坡，一程又一程。尽管他们把分兵后可能遇到的问题都研究过，但是都像有一肚子话要说。刘再一次提出把警卫团给邓留下，并叮嘱李达特别注意政委的安全；邓则提出要刘保护"心灵的窗户"，晚上少用眼睛，并再三叮嘱管理处，无论如何要给司令员准备一盏美孚煤油灯。

新中国成立后，1950年10月的一天，即将去南京组建军事学院的刘伯承将自己年轻时的一张照片赠给了邓小平，作为临别的纪念。在照片的背面刘伯承亲自题字："一九一六年袁世凯称帝，发生了反袁战争。我在反袁战争中于是年阴历二月十七日在四川丰都县城脑顶受伤，右眼残废。此为前一年所照之相，历尽三十六个年头了始获之。置之座右，可博一粲。刘伯承敬赠。"这张照片是刘伯承在35年前所拍摄的，一度在战乱中遗失，辗转多年刚刚回到他的手中。照片中的刘伯承刚刚23岁，英姿勃发，就在照完这张照片的一年后，刘伯承就因战争右眼失明。而正是这样一张珍贵的照片，刘伯承选择将它赠给了并肩作战多年的战友邓小平。

1986年10月7日，刘伯承与世长辞。10月14日，邓小平携全家来到住地与他的老战友作最后的诀别。10月21日，邓小平含悲写下了《悼伯承》一文："伯承久病，终于不治。我和他长期共事,相知甚深。他的辞世,使我至为悲痛。"痛惜之情,溢于言表,由此可见刘邓二人之间战斗友情之深厚笃切。

除了周恩来、刘伯承,邓小平与陈毅、聂荣臻、叶剑英、罗荣桓等众多老一辈革命家都在战斗和工作中培养了深厚的革命友谊。

中央政治局原委员宋任穷曾称赞邓小平拥有"帅才",善于发挥领导班子的集体作用。邓小平虽然长期担任主要领导职务,但不擅权,对领导班子的其他成员也十分尊重,善于团结一班人共同工作。当大家有不同意见,包括对重要人事安排有不同意见,便进行反复讨论,畅所欲言,大家认为哪种意见比较正确,就一致地按这种意见去办。

作为领导者,邓小平愿意放手让下属去做事。一旦作出决定后,他就会大胆放手让有关部门和各地区根据实际情况开展工作,不作具体干预。据中组部原部长陈野苹回忆:"邓小平交代工作任务和方针政策非常明确,原则非常坚定,具体方法,他不多讲,给你留下广阔的用武之地,让你去充分发挥自己的创造性。这样一来,下属们既感到心情舒畅,也有了充分发挥智慧和施展才干的机会。"

有人疑惑,在经济领域来说,邓小平不是专家,对于科学技术来说,他也不是专家。但是,他却能够抓经济工作,能够推动市场经济的发展,能够高屋建瓴地提出"科学是第一生产力"的思想。这是为什么?关键就在于,邓小平善于用人。当他对某一领域发生兴趣,或是觉得这个领域的工作很重要,他就会选用这个领域里的专家、能人。他选用真正懂经济的人、懂科技的人,并且能够从他们那里提炼出一些方向性的东西。邓小平一贯倡导要尊重知识,尊重人才。在第三次复出工作伊始,他就自告奋勇,要求分管科技和教育工作,着手科教战线的拨乱反正,呼吁要在党内制造"尊重知识,尊重人才"的空气。1978年3月,全国科学大会召开,为了支持科技人员更好地更专心地钻研科研事业,邓小平在讲话中诚恳地表示愿意当大家的"后勤部长"。正是在邓小平的支持和鼓励下,一大批在"文化大革命"中遭到冲击的专家学者重回研究岗位,为中国科教事业的发展贡献了巨大力量。同时,在邓小平的大力倡导下,杨振宁、李政道、丁肇中、吴健雄等一大批身在海外的华人学者纷纷回国讲学、授课。每次有海外学者回国,百忙之中的邓小平总要尽量抽空接见,听取他们对国家经济和科技事业的意见和建议。

此外,邓小平还善于团结和使用同自己意见不同的人一道工作,从不以个人恩怨待人处事。邓小平自己说过:"要抛弃个人恩怨来选择人,反对过自己的人也要用。"

在女儿邓楠看来,父亲是一个心胸非常开阔的人,她说:"只要你是有才能的人,他

1984年，邓小平亲切会见老朋友、美籍华人物理学家、诺贝尔物理学奖获得者杨振宁（右二）、李政道（左一）、丁肇中（右一）。

1986年，邓小平会见美籍华人物理学家、美国哥伦比亚大学教授吴健雄（中）和她的丈夫袁家骝教授。

就用，而且不会因为你在什么时候反对过我，我就去反对你。他看重的是你的才能，看重的是你能不能在这个岗位上胜任，所以很多人才愿意在他的领导底下进行工作。他心胸非常开阔，所以他能够把各方面、各种意见的人团结起来。"在邓楠眼里，父亲驾驭各种事务、驾驭局面的能力与他宽阔的胸怀是密切相关的。

邓小平善于团结人，但从来不搞所谓的"小圈子"。1989年5月，邓小平在与两位中央负责同志谈话时曾坦诚地说过："三十年代在江西的时候，人家说我是毛派，本来没有那回事，没有什么毛派。能容忍各方面、团结各方面是一个关键性的问题。自我评论，我不是完人，也犯过许多错误，不是不犯错误的人，但是我问心无愧，其中一点就是从来不搞小圈子。过去我调任这样那样的工作，就是一个人，连勤务员都不带。"

【评价】

小平同志的帅才，还表现在他善于发挥领导班子的集体作用。他长期担任主要领导职务，但不擅权，对领导班子的其他成员十分尊重，善于团结一班人共同工作。

——原中顾委副主任宋任穷

正因为他自己一身正气，从不搞拉拉扯扯、亲亲疏疏的一套，批评错误的东西不徇私情，所以二野的干部感到在邓政委领导下工作有一种无形的压力。

——全国人大常委会原副委员长秦基伟

小平同志的一生，坎坷曲折、大起大落，但他始终胸怀坦荡、高风亮节。他从不搞拉拉扯扯的小动作，坚持原则，照顾大局，不计较个人得失。

——中共中央书记处原书记李雪峰

他看起来很严肃，实际上一旦有空时，他跟我们摆龙门阵，话家常，谈思想，问学习，使人感到可钦可敬。

——原成都军区副司令员陈明义

三、"永远不要过分突出我个人"

我个人做了一点事,但不能说都是我发明的。其实很多事是别人发明的,群众发明的,我只不过把它们概括起来,提出了方针政策。

——邓小平

永远不要过分突出我个人。我所做的事,无非反映了中国人民和中国共产党人的愿望。

——邓小平

我自己能够对半开就不错了。但有一点可以讲,我一生问心无愧。

——邓小平

邓小平为党和人民建立了丰功伟绩,但始终谦虚谨慎,正确对待个人的历史作用,正确对待个人与党和人民的关系。他对自己的历史地位看得很淡,从来不愿提及自己的功劳。

邓小平在1980年接受意大利女记者奥琳埃娜·法拉奇的采访时曾经说过:"我自己能够对半开就不错了。但有一点可以讲,我一生问心无愧。"

在1980年2月召开的十一届五中全会上,为了党和国家的长治久安,邓小平向全党发出呼吁:当前最重要的还是选好接班人,时间紧迫,再不及早妥善解决这个问题不行。邓小平和老一辈革命家把培养接班人,实现干部队伍年轻化提上了重要议程。在同年8月召开的中央政治局扩大会议上,邓小平代表中央政治局常委会作了《党和国家领导制度的改革》的讲话,系统阐述了我国政治体制改革的指导思想和基本思路,再次发出了加快培养接班人的号召。随即,在第二年6月召开的十一届六中全会上解决了中央最高领导层的调整问题。

推进选拔培养年轻干部工作,遇到的最大困难就是如何妥善解决老干部的离职问题。此前,我们党和国家在人事制度上实际一直实行的是干部领导职务终身制。在邓小平看来,这种现象的形成"同封建主义的影响有一定关系,同我们党一直没有妥善的退休解职办法也有关系"。为了解决这一问题,邓小平提出了设立顾问委员会以容纳一些老同志的想法。1982年9月,党的十二大正式宣布在中央和省级设立顾问委员会,并规定了各自的性质和权限。9月13日,邓小平在中顾委第一次全体会议上指出:"从某种意义上说,顾问委员会是一种过渡性质的组织形式。我们的国家也好,党也好,最根本的应该是建立退休制度。应当说,这一次在解决新老交替问题上迈出了相当大的一步。如果花两个五年的时间,通过这种过渡的形式,稳妥地顺当地解决好这个问题,把退休制度逐步建立起来,那就是很大的胜利。这对于我们国家以后的发展,是办了一件很好的事情。所以,可以设想,再经过十年,最多不要超过十五年,取消这个顾问委员会。"顾问委员会作为中国特定历史条件下的产物,对于实现新老干部交替、废除干部领导职务终身制作出了历史性的贡献。

在1987年召开的党的十三大上,邓小平辞去了中央政治局委员和常委、中央委员及中央顾问委员会主任的职务。1988年,在会见捷克斯洛伐克共产党中央总书记米洛什·雅克什时,邓小平说:"我现在已经半退了,准备过一两年真正全退。当然,还要听党的决定。不过我的心情是全退,这对党有益处,对国家有益处。"他说:"一个国家的命运建立在一两个人的声望上面,是很不健康的,是很危险的。不出事没问题,一出事就不可收拾。""退休以后,我最终的愿望是过一个真正的平民生活,生活得更加简单一些,可以上街走走,到处去参观一下。"同时,他深切地表示:"作为一个为共产主义事业和国家的独立、统一、建设、改革事业奋斗了几十年的老党员和老公民,我的生命是属于党、属于国家的。退下来以后,我将继续忠于党和国家的事业。"

1989年9月,在中共十三届五中全会上,邓小平辞去中央军委主席职务,从党、国家、军队的领导岗位上完全退下来,为党的第二代中央领导集体向第三代中央领导集体顺利过渡,确保党的事业后继有人和国家长治久安,发挥了决定性的作用。美国前总统尼克松在评价邓小平时说:"邓小平一生中有许多杰出的成就将为后人所铭记。但是,能主动正视自己的生命是有限的,而不是在别人的强制下完成这一认识——这样坚强的领导人在历史上是不多的。"

邓小平对自我的评价十分谦虚。1986年2月,加拿大麦吉尔大学东亚研究所主任林达光教授致信邓小平,征询是否可应美国的矮脚鸡出版公司要求写《邓小平传》。他批示:"我本人从不赞成搞我的自传。"

1986年9月,邓小平对来访的美国记者华莱士说:"就我个人来说,我从来不赞成给我写传。""如果要写传，应该写自己办的好事，也应该写自己办的不好的事，甚至是错事。"

在与来访的捷克斯洛伐克总统胡萨克谈话时，邓小平曾说过："很多外国记者要来采访我，搞我的什么传，我都婉拒了。我认为过分夸大个人作用是不对的。"

1989年9月4日，邓小平同几位中央负责同志谈话时又说："我多次拒绝外国人要我写自传。如果自传只讲功不讲过，本身就变成了歌功颂德，吹嘘自己，那有什么必要？至于一些同志回忆自己的历史，写一些东西，那很有益处。聂荣臻同志写的那一段亲身经历的事，很真实。有人也写了自己的错误，比如李维汉同志。但有些还是宣扬自己的多，这种事情不值得赞扬。"

在邓小平看来，如果要写传，既应该写自己的优点，也应该写出自己的缺点；既要写出自己办的好事，也不能掩盖错误，这样的自传才有实际意义。

邓小平被称为中国改革开放的总设计师，他所倡导的改革开放政策，使我国经济出现了持续稳定的发展，人民生活水平也有了很大提高。面对这样举世瞩目的辉煌成就，邓小平从来没有居功自傲，而总是将功绩归于党的集体领导和集体决策，从不突出他个人。

1984年10月，邓小平在中顾委第三次全体会议上说："我觉得现在我们的中央是个成熟的中央，各种问题都处理得比较妥善，有条不紊。现在外国报刊都是讲我在里边起了什么作用。有作用，主意出了一点，但主要的工作，繁重的事情，是别的同志做的。比如《关于经济体制改革的决定》。""这两天国内外对这个决定反应很强烈，都说是有历史意义的。这个文件，我没有写一个字，没有改一个字，但确实很好。实际情况就是这样。所以，不要宣扬我起的作用有什么特别了不起。"

1985年10月23日，邓小平会见了美国时代公司组织的以亨利·格隆瓦尔德为团长的美国高级企业家代表团。美国《时代》杂志海外版编辑普拉格提问："我想问一个关于你个人的问题。在你漫长的革命经历中，你多次改变了中国人民的命运和方向。如果今后你不在了，你希望人民如何来怀念你？"邓小平回答道："永远不要过分突出我个人。我所做的事，无非反映了中国人民和中国共产党人的愿望。"

在邓小平接受美国记者迈克·华莱士采访时，华莱士曾向邓小平发问："到现在为止，还没有看到在中国的任何场合挂您的照片，这是为什么？"邓小平答复："我们不提倡这个。个人是集体的一分子。任何事情都不是一个人做得出来的。"

1987年11月16日，邓小平在会见日本社会党委员长土井多贺子的谈话中说："我们党的十三大报告是集体创作，集中了几千人的智慧，有许多内容并不是我提出来的。当然，其中也有我的看法和意见，但大部分意见是集体的意见。一九七八年党的十一届三中全会以来的路线、方针、政策的制定，我是出了力的，但不只是我一个人。所以，不能把九年来的成绩都写到我个人的账上，可以写我是集体的一分子。过分夸大一个人的作用并不有利。"

除了将取得的功绩和成果归功于集体，邓小平也反复强调人民群众的智慧创造在社会主义事业中起到的巨大作用。他说："我个人做了一点事，但不能说都是我发明的。其实很多事是别人发明的，群众发明的，我只不过把它们概括起来，提出了方针政策。"

20世纪80年代，我国的乡镇企业在短时间内取得了迅猛发展。邓小平在与外宾谈及乡镇企业时说："我们完全没有预料到的最大的收获，就是乡镇企业发展起来了，突然冒出多种经营，搞商品经济，搞各种小型企业，异军突起。这不是我们中央的功绩。"

1992年7月，邓小平在审阅十四大报告后指出："乡镇企业是谁发明的，谁也没有提出过，我也没有提出来过，突然一下子就冒出来了，发展得很快，见效也快。家庭联产承包责任制也是由农民首先提出来的。这是群众的智慧，集体的智慧。我的功劳是把这些新鲜事物概括起来，加以提倡。报告对我的作用不要讲得太过分，一个人、几个人，干不出这么大的事情。"

邓朴方在评价父亲时说道："我父亲这个人很少谈到自己，但他有几句话我印象特别深。他说：'如果说我有功劳，我只不过是把人民群众的创造发明给总结了，加以推广，这就是我做的事情，这就是我的功劳。'我父亲这个人很朴实，他从来不愿意宣传自己。他认为为他的祖国，为人民做事，是一个国家领导应该做的事情。"

据原邓小平身边工作人员黄琳回忆，1997年1月，躺在病床上的邓小平观看了中央电视台播出的大型电视文献纪录片《邓小平》，那时他视力下降看不清画面，当听到电视里对他的评价时，他的脸上露出了欣慰的微笑和孩子般的羞涩。

【评价】

历史上，很少有坚强的领袖人物能正视自己的终将逝去，而不是被别人迫使他承认这一点。邓说："我要在还未老糊涂之前退下来。"这句简单的话充分证明了他的伟大。

——美国前总统尼克松

1984年10月，邓小平在中共中央顾问委员会第三次全体会议上发表讲话。

四."我是中国人民的儿子"

  我荣幸地以中华民族一员的资格,而成为世界的公民。我是中国人民的儿子,我深情地爱着我的祖国和人民。

——邓小平

  我的生命是属于党、属于国家的。

——邓小平

  你们年轻、有文化、有希望,你们要把广安建设好。

——邓小平

  邓小平的家乡是四川广安。1920年,邓小平从重庆留法勤工俭学预备学校毕业后,告别生活了16年的家乡,踏上远赴法国求学的旅途。没想到这一走,邓小平就再也没有回去过。

  邓小平1904年8月出生在四川省广安县牌坊村。作为邓家的长子,父亲邓绍昌对他寄予了极大的期望,为他取名邓先圣。到了上学的年纪,邓先圣进入了邓家本族所设的私塾——翰林院子读书,因为私塾先生觉得"先圣"的名字有对圣人孔子不敬之嫌,于是为他改名"希贤"。邓希贤这个名字一直用到1927年,因为地下工作的需要才改成后来举世闻名的"邓小平"。

  读了一年多的私塾后,邓小平进入了望溪乡初级小学堂。在这里,他不再学习私塾里的《千字文》《三字经》、四书五经等传统课程,转而开始接受国文、算术、修身、体操等科目的新式教育。1915年,邓小平以优异的成绩考入广安县立高等小学堂,后经过近四年的学习,14岁的邓小平考入广安县立中学校住校读书。

  1919年,邓小平的父亲邓绍昌在重庆得知汪云松在重庆夫子祠开了一个留法勤工俭学预备学校,就毅然作出决定将邓小平送去读书。据邓小平的弟弟邓垦回忆,当时他们的母亲淡氏是坚决反对邓小平去法国留学的。在那个时代,出城都算是出远门了,更何

广安县立中学校。

况是去国外,作为母亲自然是万分担心。但邓小平也有自己的主见,他将自己反锁在房间里,不吃饭,闹起了绝食。心疼儿子的母亲最后只好作出妥协。

虽然自16岁离家后一直未曾回过广安,但对于家乡亲人,邓小平十分惦念。1986年1月,邓小平到四川视察工作。其间,他特意托人去广安请舅舅淡以兴和舅母杨明凤。2月13日,邓小平在成都金牛宾馆与淡以兴夫妇见了面,并与亲人合影留念。

对于家乡广安的发展,邓小平也一直非常关心。1978年2月,邓小平在考察四川期间,特意在成都金牛宾馆接见了来自家乡广安的代表。

1978年1月的一天,四川省委办公厅给广安县委打来电话,说省里要来客人,希望广安县委派人送一份工业生产的简报去成都。电话里,省委的工作人员并没有透露这位客人是谁,但广安县委办公室主任邓欲治等人还是从报纸的新闻上发现了信息。新闻说邓小平结束了对缅甸的访问后回到了成都。由此,他们作出了一个大胆的猜测,这位客人就是邓小平。于是,2月1日下午,邓欲治等三位同志就带着广安的工业生产简报和一些广安产的白市柚、金橙,驱车到达成都。赶到金牛宾馆后,邓小平正在接见成都军区的领导。他们找到邓小平的警卫秘书张宝忠,说:"我们是小平同志家乡来的,我们想见一见小平同志。"张宝忠说:"现在他没空,你们等一等。"

这一等让邓欲治的心里没了底,看着工作人员匆匆忙忙地进进出出,不禁犯起了嘀咕。直到下午4点,金牛宾馆的工作人员来请邓欲治等几位同志到1号楼去,说小平同志要接见他们。

到了1号楼,在小会客厅里等了一会儿,邓小平果然出现了。邓欲治等赶紧上前。邓小平和蔼地向大家问好,并与每一位同志握了手,招呼大家随便坐。

邓欲治说:"广安县委委托我们来看望小平同志,顺便带了点水果来。"邓小平听后笑了笑说:"我们中午已经吃过啦!"这时,在一旁的卓琳也笑了:"他(邓小平)最喜欢那个酸苦酸苦的那一种,白市柚!"谈到这里,邓小平就迫不及待地询问起了来自家乡的干部:"广安今年粮食情况怎么样?前几年有点差哟!这一年翻了点。我在报上已经看到了。"听到邓小平一口亲切的乡音,邓欲治一下子放松下来,于是汇报道:"广安1976年粮食产量是288斤一亩,到了1977年增产到377斤一亩。"

闻听家乡的产粮情况,邓小平皱起了眉头,一向"善于算账"的他立刻就掰起指头给邓欲治算了起来:377斤是原粮,三七二十一,七七四十九,实际才二百五十六十斤。一年360天200多斤,口粮不多,过不了关。邓欲治听了这话,赶紧表态,说广安县委定了计划

邓小平故居。

1986年在成都与舅舅、舅母等亲属合影。

争取1978年粮食要亩产800斤。邓小平则摇了摇头:"你们广安啊,过去是60多万人口。"

听到这里,对县里情况了如指掌的邓欲治脱口而出:"是80多万人口。"结果,邓小平却斩钉截铁地说:"不是,我说的是我离开的时候,是60万。"邓欲治没有料到,此时距离邓小平离开广安已经过去了58年,但家乡的人口他却依旧记得很清楚。

邓小平接着说:"你们是人多地少,粮食亩产800斤不够用,要亩产千斤,力争1500斤。交集体500斤,分粮1000斤,除了口粮外还可以养猪、喂鸡。"

说完粮食问题,邓小平又交代要搞好农村基本建设,把农业搞上去:"水利基本建设,要多少年不间断地搞才行。过去多少年没搞了,耽搁了……粮食能不能搞上去,要看政策对不对,还要靠基本建设搞得好,过得硬。"邓小平沉思了片刻,又说:"种子很重要。美国有种子公司,每年都出卖种子。我们是收起来,选一选,第二年又种下去,那不行。种两年就退化了,必须换新的种子。"

在了解了家乡各项生产发展的大致情况后,邓小平最后对家乡的干部们交代:你们回去带话给县委,要尽快把农业搞上去。

1986年,邓小平到成都过年,又一次接见了广安县委的负责人。会面中,他再次殷殷嘱咐家乡的干部们:"你们年轻、有文化、有希望,一定要把广安建设好。"

离家虽久,但邓小平从来没有忘记家乡,他一直惦记着家乡的发展。当广安人民在县城的秀屏山上建起了公园,在渠江之滨的凉滩建起了电站时,邓小平应广安县委之请,分别于1982年12月25日、1984年8月30日,欣然题写了"萃屏公园"和"凉滩电站",以此鼓励家乡父老要把家乡建设好。

邓小平既然时刻牵挂着家乡,但为何没有再回过家乡?对此,社会上一直有各种议论和猜测。他的家人懂得他的心思。

在邓小平妹妹邓先群看来,邓小平之所以终生没有回家,正是因为他不愿意炫耀自己。因为如果要回老家,在一般人看来肯定是因为当了官,所以回到家里去光宗耀祖,但邓小平不会有这样的想法。

邓榕则解释说,父亲曾经告诉过他们,如果他要回广安就会兴师动众,骚扰地方,骚扰老百姓。所以不但他不回去,为了避免骚扰地方,也不希望孩子们回广安。

除了不回家乡,邓小平也不愿意搞纪念他的故居、纪念馆等。解放初期,邓小平的继母带着女儿离开了广安,邓家的院子就空了出来。土改时,在邓小平的建议下,邓家的老院子分给了当地的14户农民,邓家的物件也分给了乡亲们。70年代末,当地政府发现旧居年久失修，想要拨款重修，被邓小平拦阻了下来。1986年邓小平在成都接见广安干部时，当地干部又一次提出要重修旧居，再次被邓小平拒绝了。卓琳按照小平同志的一贯思想，说："不要把钱花在旧居上。要用在人民的事业上，用在经济建设上，旧居保存下来就行了。"直到1987年5月，住在邓家院子里的人才全部搬出。在修复旧居时，当地政府本想好好装修一番，但邓小平又一再叮嘱"照原样，不要搞纪念馆"。他说：不要建那么多钢筋水泥的东西，多种几棵树，我死了以后不要给我建纪念馆，不要用死人来占活人的地。直到邓小平去世多年以后，经过中央批准，才在邓小平的家乡广安建立了邓小平故居陈列馆。

邓小平16岁迈出邓家老宅，离开广安，义无反顾地投入到波澜壮阔的革命洪流之中。在长达70多年的革命生涯中，邓小平为了祖国、为了人民，呕心沥血，矢志奋斗，他的心里惦记的是整个中国的命运与全国人民的幸福，一句"我是中国人民的儿子，我深情地爱着我的祖国和人民"道出了一切。为了全中国人民的幸福与安康，邓小平无私奉献了自己的一生。

【评价】

　　言谈之间，可以强烈地感受到邓小平心中装的是如何发展中国经济，如何使中国强大起来，如何提高中国人民的生活水平。邓小平是使中国走上强盛之路的功臣。

——马来西亚前总理马哈蒂尔

　　邓小平坚定地为党和国家谋利益，不为自己的朋友捞好处。自16岁离家之后，他再没有回去看望过父母或回乡探过亲。他明确表示自己不代表某地、某派或某些朋友。

——美国学者傅高义

五、"我哪天去,哪天走,不关紧要"

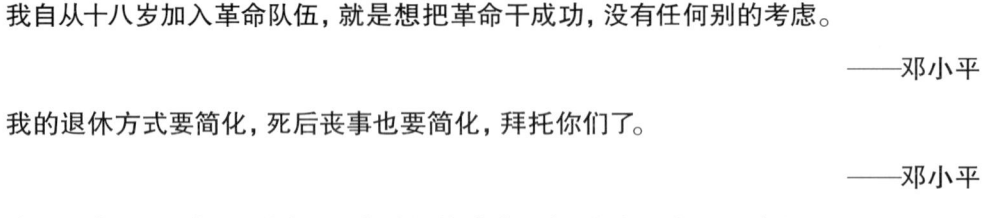

我自从十八岁加入革命队伍,就是想把革命干成功,没有任何别的考虑。

——邓小平

我的退休方式要简化,死后丧事也要简化,拜托你们了。

——邓小平

我哪天去,哪天走,不关紧要。自然规律违背不得,你们要想透这个问题。

——邓小平

邓小平是彻底的唯物主义者。对待人生,他通透豁达;对待生老病死,他处之淡然。

邓小平对病痛有极大的承受力。他身体不舒服时,也不愿意麻烦医生,常常是医生和护士细心观察才发现的。

1976年,邓小平因患前列腺炎,严重尿潴留,在三〇一医院接受了一次手术。手术前一天,泌尿科的专家去病房看望他。邓小平见到医生后便说道:"你放心,我没事。"他还宽慰医生说:"你早点回去睡觉吧。世界上没有绝对的事情,出了什么问题,由我、由我们全家负责。"

在邓小平的保健医生郭勤英的记忆中,邓小平的健康状况一直都很不错,只是到晚年患上了"帕金森病"。这是一种损害神经系统的疾病,非常折磨人。但郭勤英记得,邓小平从来没有呻吟过一声,他躺在那里很安静,就像没有人在房间里一样。

护士黄琳回忆说:"他是一个非常坚强的人。我们在医院也见过很多最后被疾病折磨得非常痛苦的病人,一般肯定会有些呻吟,有些叫喊,或者跟医生护士反映说怎么难受,而且有的时候脾气也会比较暴躁。还有的病人不同医生合作,对治疗有抵触情绪。可是在首长身上没有,他总是一声不吭。我知道他临终前还是比较痛苦的,但他仍然表现得很平静。我们有时候也问:您想说点什么吗?他就会说:'该说的都说过了。'"

在邓小平的影响下,邓家全家经常谈到生死的问题。邓小平也从不忌讳谈他去世的问题。他曾经对家人说:"我哪天去,哪天走,不关紧要。自然规律违背不得,你们要想透这个问题。"

在家里的饭桌上,大家开玩笑,经常就会谈论起这个问题。邓小平总是坦荡地说:"将来我要是死了,你们不要给我建墓碑,也不要保留我的骨灰。"

有一次在谈起这个话题时,邓小平跟家人说:"要是我死了,就把我的骨灰撒到院子里的樱桃树下吧。"结果家里人也开玩笑地说:"你要是把骨灰撒在那儿,那樱桃树结的果子我们就不敢吃啦!"邓小平笑了笑说:"那就拿到厕所里冲了。"

生死这件事在邓家从来不是禁忌。邓小平女儿邓榕说:"父亲经常说早年跟周伯伯这些人都有约定,将来死了以后,不留骨灰,全部都要撒掉。所以后来周伯伯的骨灰撒掉了,父亲的骨灰也撒掉了。他喜欢大自然,热爱大自然,他认为他是属于大自然的。我们也觉得应该让他回归大自然,正好这样可以让父亲无时无刻不在,他永远都跟我们在一起,在天地万物之间。父亲也说过,遗体全部捐献给医学研究,还要有点用。"

1989年9月,邓小平在同中央负责同志商量退休问题时也曾说过:"我的退休方式要简化,死后丧事也要简化,拜托你们了。"

1997年2月19日,邓小平因帕金森晚期并发呼吸功能衰竭抢救无效而逝世。按照邓小平生前的愿望,他将角膜捐献了出来,遗体解剖作为医学研究,骨灰撒入了祖国的大海,什么也没有留下。

1997年3月2日,一架银色的专机在首都北京的上空盘旋一周后,飞向了辽阔的大海。专机上,邓小平的骨灰被鲜红的中国共产党党旗静静覆盖。邓小平的夫人卓琳和5个儿女在胡锦涛等中央领导同志的陪同下,将邓小平的骨灰撒入大海,完成了邓小平生前"捐献角膜,解剖遗体,不留骨灰,撒入大海"的最后嘱托。

邓小平曾经说过:"我自从十八岁加入革命队伍,就是想把革命干成功,没有任何别的考虑。"他是这样说的,也是这样做的,他始终把党和国家前途命运放在心中最高的位置,从不计较个人得失。

邓朴方在回忆父亲时曾经说过:"我最佩服的是他真是一个无私的人,一个有人情味的人。他真的是为了中国的老百姓能过上幸福的生活,为了中国的富强倾注了一生,而对自己不要求任何的回报。比如说'文化大革命'他刚出来的时候,他跟'四人帮'斗争,他跟毛主席说:'毛主席你是把我放在刀尖上。'他跟周总理说,他的个性要跟'四人帮'斗,所以要大刀阔斧地搞整顿。那时候他的想法就是,'反正让我干,我就要真的为老百姓做点儿实事，为中国扭转'文化大革命'的局势，把崩溃的经济扭转过来，要是有一天我被打倒了那就算了'。他真的做好了再一次被打倒的准备，所以再一次被打倒也是他意料之中的事情。后来他再出来已经是70多岁了，他认为应该培养年轻人，所以从来也没有做过中国的一把手，国家主席他没有做过，总书记也没做过，他最多就是当过军委主席和中顾委主任。所以，他根本不在意自己的位置，他全心全意要交好这个班，确实我觉得他这一辈子真的很无私，真是把自己的心掏给了中国的老百姓。"

"出来工作，可以有两种态度，一个是做官，一个是做点工作。我想，谁叫你当共产党人呢，既然当了，就不能够做官，不能够有私心杂念，不能够有别的选择。"邓小平，这位坦荡无私的老共产党员，用一生印证了自己的这句朴实的话语。

【评价】

小平是一代伟人，特别是十年动乱以后，扭转乾坤靠他，那时国家的经济已经濒于崩溃，什么都乱了，是他改变了这个局面。他具有雄才大略，是个了不起的人，他挽救了国家和民族，他的贡献盖世无双。

——中国佛教协会原会长赵朴初

波澜壮阔的中国革命和建设的历史，铸就了邓公起伏跌宕的人生。凭着凛然正气、乐观性格、坚定信仰、襟怀坦荡，邓公百折不挠，愈挫愈勇。邓公1975年第三次"下"的时候，他已经是72岁的老人，许多人认为他的政治生涯将就此结束了，但是，当时我就强烈地感到，邓公还会复出，这不仅因为天将降大任于斯人而必先苦难于斯人，而且因为邓公有过的苦难，是我们民族苦痛的缩影；邓公身上蕴含的睿智豁达的禀赋，是我们民族毅力和智慧的象征。

——香港中华总商会原会长曾宪梓

图书在版编目（CIP）数据

邓小平品格风范 / 邓小平故里管理局编著. -- 杭州：浙江人民美术出版社, 2022.8（2022.12重印）
ISBN 978-7-5340-9432-3

Ⅰ.①邓… Ⅱ.①邓… Ⅲ.①邓小平（1904-1997）—生平事迹 Ⅳ.①A762

中国版本图书馆CIP数据核字(2022)第048292号

策　　划：骆振龙　霍西胜
责任编辑：余雅汝
文字编辑：吕逸尔
营销编辑：华清清
责任校对：黄　静
责任印制：陈柏荣

邓小平品格风范

邓小平故里管理局　编著

出版发行：浙江人民美术出版社
地　　址：杭州市体育场路347号（邮编：310006）
电　　话：0571-85174821
经　　销：全国各地新华书店
制　　版：杭州美虹电脑设计有限公司
印　　刷：浙江海虹彩色印务有限公司
版　　次：2022年8月第1版
印　　次：2022年12月第2次印刷
开　　本：787mm×1092mm　1/16
印　　张：19
字　　数：270千字
书　　号：ISBN 978-7-5340-9432-3
定　　价：88.00元

如发现印刷装订质量问题，影响阅读，请与出版社营销部联系调换。